Petra Welitschkin

D1705231

An Russland

kann man nichts
als glauben...

Verlag Rockstuhl

Die 1. Auflage erschien 2005 durch die Autorin Petra Welitschkin im Eigenverlag.

_____

Impressum

Umschlaggestaltung: Harald Rockstuhl, Bad Langensalza

Titelbild: Alexej Welitschkin

2. Auflage 2018
ISBN 978-3-95966-292-5

Innenlayout: Harald Rockstuhl, Bad Langensalza

Satz: Petra Welitschkin

Druck und Bindearbeit: Digital Print Group Oliver Schimek GmbH, Nürnberg/Mittelfranken

Gedruckt auf alterungsbeständigem Papier nach ISO 9706

Die Deutsche Nationalbibliothek verzeichnet diese Publikation in der Deutschen Nationalbibliografie. Detaillierte bibliografische Daten sind im Internet über *http://dnb.d-nb.de* abrufbar.

Inhaber: Harald Rockstuhl
Mitglied des Börsenvereins des Deutschen Buchhandels e.V.
Lange Brüdergasse 12 in D-99947 Bad Langensalza/Thüringen
Telefon: 03603 / 81 22 46   Telefax: 03603 / 81 22 47
www.verlag-rockstuhl.de

Inhaltsverzeichnis

Vorwort

„Verstand wird Russland nie versteh'n –
kein Maßstab sein Geheimnis rauben –
So, wie es ist,
so lasst es steh'n,
an Russland kann man
nichts als glauben." (Fjodor Tjutschew)

Es ging mir gar nicht um das Eindringen in das Geheimnis der „russischen Seele", als ich vor nunmehr fünfunddreißig Jahren in die Sowjetunion reiste. Vorerst erfüllte ich mir einen langjährigen Wunsch und gleichzeitig für mein Land einen gesellschaftlichen Auftrag – ich nahm ein fünfjähriges Studium in diesem riesigen, mit der DDR befreundeten, durch Schule und Medien eigentlich vertrauten und nicht desto weniger geheimnisumwitterten Land auf.

Mit der Zeit ergab es sich von selbst, dass ich mit dem Mysterium „russische Seele" oder einfacher gesagt, der russischen Mentalität, eine freundschaftliche Beziehung einging. Denn nicht vordergründig das, was ein Studium im Allgemeinen ausmacht (die Vorlesungen und Seminare in der Universität, die Studienpraktika, das Selbststudium usw.) prägte mein Verhältnis zum Gastvolk und Gastland und auch die spätere Erinnerung an die Studienzeit. Viel mehr drückte die Kulisse des Studiums – das Geschehen außerhalb der Hörsäle, das tägliche Miteinander im Alltag der sowjetischen Menschen – meinem privaten emotionalen Gedächtnis ihren Stempel auf. Antworten auf Fragen, die über den Studienalltag hinausgingen, fand ich nicht mittels oberflächlicher Betrachtung von Erscheinungen und auch nicht in Werken von Wissenschaftlern. Ich musste schon „dahinter schauen", wenn ich die Menschen und ihr Leben wirklich verstehen wollte.

Jeder Blick hinter die Schauseite der Gesellschaft bedeutete einen Schritt näher zu der Erkenntnis, dass die Fassaden mehr *verbargen* als offenbarten, sei es menschliche Tragik oder menschliche Größe, Verschwendung oder Mangel, Wahrheit oder Lüge. Gold und Grau als Fassadenanstrich konnten blenden und täuschen, denn das Leben dahinter war viel komplizierter.

Der abstrakte Begriff der „russischen Seele" füllte sich für mich während meines Aufenthaltes im Lande östlich von Bug und Dnestr erst allmählich mit konkretem Inhalt. Zunächst speicherte ich vielfältige und auch gegensätzliche Eindrücke in Form von Bildern, Melodien, Gerüchen. Konkret meine ich damit die städtischen Parkanlagen mit ihrem Geruch reiner Natur, im Gegensatz zum Abfallgestank der Hinterhöfe, die einfache Eleganz städtischer Gebäude und Anlagen und daneben den achtlos weggeworfenen Unrat auf öffentlichen Plätzen, die sehnsuchtsvolle Melodie des „Einsamen Hirten" im Gleichklang mit dem sanften Plätschern des Springbrunnens am Kolzowski Square und im Gegensatz dazu das Gekreisch in den Kaufhallen und O-Bussen, das Schweben unzähliger weißer Watteflöckchen der Pappeln im Frühsommer und den eisigen Schneeflockenwirbel in der winterlichen Stadt.

Erinnerungen sind persönlicher Natur. Ob sie im späteren Leben als positiv und wertvoll, unangenehm, peinlich oder bedeutungslos empfunden, in die Tiefe des Vergessens gestoßen oder „als schönste Zeit des Lebens" immer wieder heraufbeschworen werden, hängt in erster Linie vom Lebensgefühl und der Grundstimmung zum Zeitpunkt der Wahrnehmung und Handlung ab.

Mich hätte es nicht befriedigt, auf der Stufe der Betrachtung als noch Außenstehender stehenzubleiben und die Fragen nach dem „Woher", „Warum" und „Wohin", die sich an jedem neuen Tag aufdrängten, als lästig und überflüssig abzutun. Da ich in diesem Land studierte, hielt ich es für eine Selbstverständlichkeit, seinen Menschen mit Offenheit und Interesse zu begegnen und nicht bloßer Beobachter zu bleiben.

Mein Lebensweg fügte sich so, dass ich mich durch die Gründung einer Familie in enger Weise an das russische Volk anschloss. Aus den fünf Studienjahren wurde eine lebenslange Bindung an mein ehemaliges Gastvolk. Und dennoch komme ich oft, wenn ich über das „Warum" vieler Dinge nachsinne, nicht über Ahnungen statt rationaler Erklärungen hinaus. Es ist nun einmal das Schöne am Leben, dass Erkenntnis und Selbsterkenntnis als Leistungen des menschlichen Verstandes ihre Grenzen an Ungesagtem, Unerkanntem, Unverstandenem, Geheimnisvollem finden.

Ich kenne das russische Land nun seit fünfunddreißig Jahren, habe mitten unter den Menschen gelebt, ihr Dasein geteilt, ihren Frust, ihre Hoffnung und ihre Enttäuschung immer wieder miterlebt und mitempfunden. Von 1982 bis 1988 studierte ich in der Sowjetunion, lebte mit meiner Familie von 1989 bis 1991 in der Ukraine und hatte dort eine Arbeit, die mir Spaß machte. Im Sommer 1991 kam ich mit meiner Familie in das vereinigte Deutschland und verbringe seitdem regelmäßig die Sommerurlaube in der Heimat meines Mannes, in Shigajewo, einem Dorf im Gebiet Kursk im Südwesten der Russischen Föderation.

Jedes Mal, wenn die Reise dorthin bevorsteht, stelle ich mir voller Erwartung die Weite der Landschaft, die unendlich scheinenden sommerlichen Getreidefelder und bunten Wiesen des Zentralen Schwarzerdegebietes mit der darüber brütenden Hitze und den würzigen Geruch der Sommerblumen und Kräuter vor. Besonders aber hoffe ich auf ein wenig Ruhe, die jeder Mensch von Zeit zu Zeit braucht, um zu sich zu finden. Die Landschaft scheint wie geschaffen zum Philosophieren über Ewigkeit und Unendlichkeit.

Nirgendwo ist es, glaube ich, einfacher, die mitteleuropäischen Alltagssorgen zu vergessen, als in der mehr als zweitausend Kilometer entfernten russischen Großräumigkeit. Wir Mitteleuropäer des einundzwanzigsten Jahrhunderts sind wieder dabei, die „Langsamkeit" zu erlernen, weil uns das Tempo der unzähligen Prozesse und Abläufe, in die wir eingebunden sind, an den Rand der Erschöpfung bringt, uns die Ruhe nimmt, uns oft vergessen lässt, was Großzügigkeit und Weitherzigkeit sind. Alles ist aufeinander abgestimmt, genau berechnet, unsere Zeit und unsere Worte, auch unser Verhältnis zu den Mitmenschen, das Künstliche ersetzt das Natürliche.

Noch bis zu Beginn des neuen Jahrtausends fand ich vieles im geschmähten Russland, was ich bedauerlicherweise im heutigen Deutschland vermisse. Es gibt außer Geld, Karriere und Perfektion noch andere Dinge auf Erden, die ein Leben erfüllen. Erstaunlicherweise hat sich die traditionelle Geselligkeit und Gastfreundschaft der Russen gerade bei vielen Menschen gehalten, denen es an Geld und Wohlstand fehlt. Und dennoch lässt sich – zu meinem Bedauern – seit Ende der neunziger Jahre des vergangenen Jahrhunderts eine zunehmende

Tendenz der gegenseitigen Entfremdung der Menschen und der Ökonomisierung ihrer Beziehungen feststellen, was mit dem täglichen Kampf um die eigene Existenz unter den Bedingungen des russischen Kapitalismus der Oligarchenherrschaft und einer allmächtigen Bürokratie zusammenhängt. Deren hässliche Fratze schreckt bereits an der Staatsgrenze ausländische Touristen ab.

Ja, das Gesicht Russlands wandelt sich, in mancher Hinsicht zum Besseren, in vieler Hinsicht zum Schlechteren. Besser als früher sind zum Beispiel die Straßen und das Warenangebot der Geschäfte, die materielle Ausstattung der Schulen, Hochschulen und öffentlichen Einrichtungen, der Service im Dienstleistungssektor. Die größten Probleme sind meines Erachtens die Korruption in allen Bereichen und auf allen Ebenen des öffentlichen Lebens, der wirtschaftliche Niedergang und die Entvölkerung des ländlichen Raumes Russlands, der ungleich verteilte gesellschaftliche Reichtum in diesem so reichen Land und die Schwäche der Demokratie, der Ausschluss der Menschen von der Gestaltung der Politik in ihrem Land. Die Lösung der innenpolitischen Probleme lässt seit Jahrzehnten auf sich warten, statt dessen setzen die Regierenden auf außenpolitische Aktivitäten, die das Prestige des Landes in den Augen seiner Einwohner erhöht, und auf einen neuen russischen Patriotismus, der den Blick von den Problemen der Innenpolitik ablenkt. Mit Sorge verfolge ich diese Entwicklung und hoffe, dass wenigstens der Frieden auf Dauer erhalten bleibt.

Russland und seine Menschen sind für mich Teil meines Lebens geworden, jede Erinnerung und jede Erfahrung ist auch von der „russischen Seele" geprägt.

Nachwort zum Vorwort:

Das russische Volk und sein „Geheimnis"

Im neunzehnten Jahrhundert verlieh der russische Dichter Fjodor Tjutschew dem russischen Phänomen die Gestalt des oben genannten Verses, dessen vier Zeilen im Grunde genommen nicht viel und gleichzeitig alles über ein Land aussagen, das von einem Volk besiedelt wird, welches für die Völker des Westens von einem Schleier des Unheimlichen umwoben ist.

Die gewöhnliche – europäische – Elle scheint ein Stück zu knapp und vor allem zu endlich, nicht für russische Dimensionen geeignet.

Nehmen wir unser Mitteleuropa, suchen wir einen Maßstab und einen Rahmen – ob geografischer, kultureller oder historischer Art – in den es passt, und siehe da, wir werden nicht sehr lange suchen müssen. Mitteleuropa – das ist vor allem Endlichkeit. Wir finden begrenzte – zweifellos schöne und abwechslungsreiche – Landschaften, Sehenswürdigkeiten der Natur und Zeugnisse der Kultur, Abwechslung auf engem Raum. Die natürliche und kulturelle Endlichkeit fand sich im Altertum in den philosophischen Denkstrukturen der Griechen und Römer wieder, von den Liebhabern der Weisheit wurde der Grundstein für die weltanschaulichen Systeme der Moderne gelegt. Die mitteleuropäische Gesellschaft wuchs aus den Trümmern der antiken Welt empor und ließ nach einem dunklen Jahrtausend die antiken Traditionen wieder aufleben.

Die Analyse des Seins, des irdischen und nichtirdischen, sowie des menschlichen Bewusstseins, Rationalismus, das Einordnen in Kategorien und Systeme – und vor allem Berechenbarkeit – sind europäische Attribute und Tradition. Europäische Philosophen des Altertums und der Neuzeit sahen das Höchste der Erkenntnis in wohlgeordneten weltanschaulichen Systemen, mit deren Hilfe sie die Widersprüche des Seins aufzudecken und zu beseitigen hofften.

Die gewöhnlichen europäischen Maßstäbe an Russland anzulegen, um zu Erkenntnissen zu gelangen, würde zu falschen Schlussfolgerungen führen. Russland, dessen Territorium sich über zwei Kontinente erstreckt, ist weder nur Europa noch nur Asien.

Das Bemühen um Verständnis des russischen Phänomens setzt die Berücksichtigung eines bedeutsamen Faktors voraus: Die Tatsache, dass die atemberaubende Weite der Landschaften und die ungewöhnliche Großflächigkeit des Staatsgebietes, dass Europa *und* Asien sowohl die dort lebenden Menschen in ihrer Lebens- und Denkweise als auch die politischen Prioritäten des russischen Staates unbestreitbar geprägt haben.

Im Gegensatz zum Grenzen durchzogenen Europa erscheint Russland als unendlich weiter Naturraum: inmitten der endlos scheinenden Felder der Waldsteppe, unter dem wie darüber gespannten blauen Himmel und den darunter schwebenden weißen Wölkchen fühlt man sich winzig klein, man strengt das Auge an, sucht den Horizont und begreift auf einmal die Kugelgestalt der Erde. (Auf den höchsten Bergen Mitteleuropas, im jahrtausendealten Gletschereis der Alpen, in Wolkennähe, empfindet man eher die Unendlichkeit der Zeit als die des Raumes.)

Die sogenannte „russische Seele" ist kein geheimnisvolles Phänomen, sie steht für die Eigenheiten der Lebensart der russischen Menschen, welchem Milieu sie auch immer entstammen, welche Erziehung sie auch genossen haben und wo immer auf dem Erdball sie in der Diaspora leben. Großzügigkeit, Natürlichkeit, Direktheit, Spontanität, aber auch eine große Gelassenheit, Improvisationstalent und Nachlässigkeit, Gutgläubigkeit, Geselligkeit und ein entspanntes Verhältnis zum Tod kennzeichnen die sogenannte „russische Seele". Gewöhnt an Weiträumigkeit und Großzügigkeit, kommen sich diese Menschen außerhalb ihres Landes in Mitteleuropa oft eingeengt vor, mit ungewohnten Etiketten und Kleinlichkeit konfrontiert, fühlen sie sich, wie sie sagen, „nje v swojej tarelke" (zu deutsch: „nicht in ihrem Teller").

„Das russische Volk ist in höchstem Maße ein polarisiertes Volk, es ist eine Verquickung von Gegensätzen. Man kann von ihm begeistert oder aber enttäuscht sein, man kann immer Unerwartetes von ihm erwarten, es ist in höchstem Maße fähig, starke Liebe und starken Hass zu we-

cken. Es ist ein Volk, das die Besorgnis der Völker des Westens hervor-
ruft. Es ist ein ganzer Weltteil, ein riesiger Orient-Okzident, es vereinigt
zwei Welten ... Man kann im russischen Volk gegensätzliche Eigenschaf-
ten finden: Despotismus, Hypertrophie des Staates und Anarchismus,
Ungebundenheit; Grausamkeit, Neigung zur Gewalt und Güte, Humani-
tät, Nachgiebigkeit; Ritenglaube und Wahrheitssuche; Individualismus,
verschärftes Persönlichkeitsbewusstsein und persönlichkeitslosen Kol-
lektivismus; Nationalismus, Eigenlob und Universalität, globale Huma-
nität;...Sklaverei und Auflehnung."

In dieser Weise charakterisierte Nikolaj Berdjajew, selbst Russe und
Philosoph des ausgehenden neunzehnten und beginnenden zwanzigsten
Jahrhunderts, die Eigenheiten seines Volkes.
Aber nicht nur geografische Spezifika prägen einen Volkscharakter,
diese Schlussfolgerung wäre zu oberflächlich, wenngleich die natürlichen Gegebenheiten eine wesentliche Voraussetzung für die Herausbildung der spezifischen Lebensweise von Menschen eines bestimmten
Territorialgebietes darstellen.
In diesem Zusammenhang sollte man unbedingt die Wechselbeziehung
zwischen den natürlichen Existenzbedingungen, der Lebensweise, der
wechselseitigen Kontakte mit anderen Volksgruppen und der Historie
eines Volkes berücksichtigen.

Die Geschichte des russischen Staates begann an der Schwelle des
neunten und zehnten Jahrhunderts, mit der Gründung der Kiewer Rus,
in der das Kiewer Fürstentum die führende Rolle spielte. Dem Zerfall
des Kiewer Staates Anfang des zwölften Jahrhunderts folgte eine
Periode des Aufblühens einzelner russischer Fürstentümer, bis die
mongolisch-tatarische Intervention im dreizehnten Jahrhundert der
eigenständigen unabhängigen Entwicklung auf russischem Gebiet für
zweieinhalb Jahrhunderte ein Ende bereitete. Das Aufstreben des
Moskauer Fürstentums führte nach der Befreiung von der asiatischen
Fremdherrschaft zur Herausbildung des Moskauer Russlands am Ende
des fünfzehnten Jahrhunderts, eines Staates, der von der europäischen
Entwicklung so gut wie unberührt blieb. Die „Moskauer Periode", des
„Dritten Roms", wird von Nikolaj Berdjajew als die schlechteste in der

russischen Geschichte bezeichnet, ihrem Typ nach als schwülste, asiatisch-tatarischste.

Erst Ende des siebzehnten, Anfang des achtzehnten Jahrhunderts, wurde von Peter dem Großen die Tür zum Westen aufgestoßen. Damit öffnete sich Russland aber gleichzeitig dem Vergleich mit dem Westen, was für die weitere russische Geschichte ernsthafte Folgen haben musste. Das Bestreben, nachzuziehen und die wirtschaftlich höher entwickelten Länder der Westens einzuholen, nur annähernd deren Wirtschaftskraft und Produktivität zu erlangen, sich der westlichen Kultur anzupassen, begann seit Peter dem Großen die Staatspolitik maßgeblich zu beeinflussen.

Die konträren Anschauungen in Bezug auf das Schicksal und die Bestimmung Russlands in der Welt fanden sich in zwei geistigen Strömungen wieder. Während die „Sapadniki" („die Westler") die Ansicht vertraten, dass der Weg des Westens – das Privateigentum an Produktionsmitteln, die Industrialisierung und der Kapitalismus – auch Russland vorbestimmt sind, glaubten die „Slawofilen", auf die russischen Spezifika verweisend, an einen rein russischen Weg. Gerade die „Jungfräulichkeit des Bodens" und die Rückständigkeit Russlands würden dessen eigenen Weg begründen.

„Wir gehören zu den Nationen, die sozusagen nicht zur Gesamtmenschheit gehören und die nur zu dem Zweck existieren, der Welt irgendeine wichtige Lehre zu erteilen."
„Ich bin der festen Überzeugung, dass wir dazu berufen sind, einen großen Teil der Probleme der sozialen Ordnung zu lösen, einen großen Teil der Ideen, die in den alten Gesellschaften entstanden sind, zu vollenden, auf die wichtigsten Fragen, die die Menschheit beschäftigen, zu antworten." (Tschaadajew)

Die „Slawofilen" begründeten ihren Optimismus mit den ihrer Meinung nach drei wichtigsten Grundlagen Russlands: dem russisch-orthodoxen Glauben, der Selbstherrschaft und der Volkstümlichkeit. Die bäuerliche Gemeinde sollte dazu auserkoren sein, ohne den westlichen Individualismus und das Privateigentum zur Entfaltung zu gelangen und zur

Keimzelle einer künftigen, sozial gerechten russischen Gesellschaft zu werden.

Wie die Geschichte des neunzehnten und zwanzigsten Jahrhunderts gezeigt hat, wurde Russland auf den beschwerlichen, opfervollen Weg des Wettbewerbs mit dem Westen gebracht. Es wäre interessant, ist aber müßig zu spekulieren, was geworden wäre, falls Russland nicht diesen Weg gegangen wäre. Eine separate Entwicklung außerhalb des sich weltweit ausbreitenden Kapitalismus und dessen Expansionsdrang zur Erschließung immer neuer Märkte und ihrer Verwertung für das Kapital wäre wohl auch keine reale Alternative für Russland mit seinem ungleich riesigen Marktpotenzial gewesen.

Das zwanzigste Jahrhundert hat für das russische Volk Reformen und Revolutionen, Freiheit und Diktatur, Stagnation, großes Leid, große Hoffnungen, Erfolge und Niedergeschlagenheit gebracht. Es war sowohl Subjekt als auch Objekt in der großen Politik. Mit seinem Enthusiasmus und auf seinen Knochen wurde die Industrialisierung durchgepeitscht. Das jahrhundertelange Ziel, den Westen hinsichtlich der Wirtschaftskraft und Effektivität einzuholen und den materiellen Lebensstandard der Menschen auf westliches Niveau zu heben, wurde nie erreicht. Die Entwicklung des Landes ist auch heute auf den Westen fixiert, die wirtschaftlichen, sozialen und ethnischen Probleme sind erheblich. Für viele einfache Menschen ist es bitter, Spielball der herrschenden Elite gewesen zu sein und auch heute nur eine Statistenrolle im großen Spiel zu spielen. Das heutige Gesellschaftssystem lässt in Bezug auf seine Demokratiefähigkeit vieles zu wünschen übrig, die gesellschaftliche Realität kennt wertvolle und wertlose Menschen, und was den Schutz der Menschenwürde betrifft, so kann sich der russische Staat wahrlich kein Ruhmeszeugnis ausstellen lassen. Das einundzwanzigste Jahrhundert mit seinen Krisen und Kriegen lässt am Horizont kaum einen Hoffnungsschimmer auf eine grundlegende Besserung sehen.

Aber die einfachen Menschen, sosehr sie sich auch unter den neuen, nicht einfacheren Bedingungen anpassen müssen, sind nicht weniger liebenswert als in früheren Zeiten. Es ist die Mühe wert, ihr Leben kennenzulernen und sie als ebenbürtige Zeitgenossen, die in ihrer nicht selbst verschuldeten Armut ihren Stolz als Menschen bewahrt haben, zu akzeptieren.

Straßen und Grenzen

Neben meinem Bett schrillt mit anhaltendem Piepton der Wecker. Ich schrecke auf, denn ich bin, wie ich glaube, gerade eben in den Tiefschlaf gefallen. Dabei hatten wir uns extra früh (22 Uhr) zur Ruhe gelegt, um vor der bevorstehenden großen Reise wenigstens ein paar Stunden Schlaf zu haschen. Ärgerlich, dass es mit dem schnellen Abdriften in den Schlaf überhaupt nicht klappen wollte, zu aufgedreht war ich, aufgeregt, mir graute, ehrlich gesagt, vor der langen Fahrt mit ihren unvorhersehbaren Überraschungen. Ich wusste, dass ich an die kleinsten Details zu denken hatte, die für die Reise von wesentlicher Bedeutung waren – die Reisedokumente, die Fahrzeugpapiere, Versicherungsnachweise, Geld, Reiseproviant in ausreichender Menge, das Reisegepäck. Noch am Abend zuvor hatten wir die 2 großen Reisetaschen mit Gepäck und einen riesigen Reisesack mit diversen Geschenken für unsere zahlreichen Verwandten in Russland gefüllt, Geld abgehoben und auf mehrere mitzunehmende Portemonnaies verteilt, die Reisedokumente gesichtet und in einer sicheren Bauchtasche verstaut, den ADAC-Schutzbrief, weiterhin mehrere Kugelschreiber, einen Minitaschenrechner, ein Taschenmesser und ein Päckchen Papiertaschentücher – die Bauchtasche war zum Platzen voll und würde mir mit ihrem Gewicht lästig werden.
Mit Reiseproviant hatten wir uns ebenfalls eingedeckt, so dass wir sicher sein konnten, nicht verhungern oder verdursten zu müssen. Immerhin standen uns mindestens zwei Tage und zwei Nächte bevor, in denen wir auf uns selbst gestellt sein würden – in jeder Beziehung. Eine Nachlässigkeit bei der Vorbereitung konnte den Urlaub in Gefahr bringen; diesbezüglich lasteten äußerst unangenehme Erfahrungen aus dem Vorjahr auf uns. Ein fehlendes Transitvisum für die Ukraine zog eine Kausalkette von widrigen Ereignissen nach sich, die uns unser neues Auto kosteten und den Urlaub gründlich verdarben. Das sollte

uns nicht noch einmal passieren, diesmal glaubten wir, für alle möglichen Eventualitäten gewappnet zu sein. Dennoch und gerade deshalb ging mir so vieles im Kopf herum, so dass sich der ersehnte Schlaf erst kurz vor dem aufreizenden Klingelton einstellte.

Der Wecker zeigt gerade zwanzig Minuten nach drei, am östlichen Horizont deutet sich ganz zaghaft ein Streifen der Morgendämmerung eines neuen Hochsommertages an. Heute also beginnt wieder einmal unsere große Reise, es gibt kein Zurück mehr, wir werden heute der Sonne so lange entgegen fahren, bis sie am Zenit steht, dann werden wir die schnell heranziehende Dunkelheit und die kommende Nacht vor uns haben, denn wir fahren heute immer nur gen Osten.

Das Frühstück, bestehend aus einer Tasse Kaffee, ist schnell eingenommen, so früh am Morgen hat noch niemand Lust auf Essbares. Frühstücken würden wir unterwegs, auf irgendeiner Raststätte entlang der Europastraße 30.

Wir verstauen die Taschen in aller Eile im Kofferraum unseres Mitsubishi-Lancer; was keinen Platz mehr findet, kommt nach vorn, unter die Füße oder auf die hinteren Sitze, unter anderem auch eine Decke für die Kinder, denn morgens ist es noch kühl. Einen Teil der Getränke haben wir gestern Abend schon unter den Sitzen verstaut. Ein letzter Kontrollgang durch die Wohnung, die Fenster sind überall geschlossen, das Licht wird gelöscht, die Wohnungstür sorgfältig abgeschlossen. In drei Wochen werden wir voraussichtlich zurück sein. Dann wird die Reise hinter uns liegen.

Die erste Teilstrecke auf deutschen Straßen verläuft wie üblich ohne Probleme, wir haben ein Bilderbuchsommerwetter, die Sonne strahlt am wolkenlos blauen Himmel und nach viereinhalb Stunden nähern wir uns der deutsch-polnischen Grenze, dem ersten Hindernis auf unserer Fahrt.

Wenn der Weg lang ist, möchte man schnell vorankommen. Allerdings endet unser Vorwärtsstürmen abrupt weit vor dem deutsch-polnischen Grenzposten in einer schier endlosen Autoschlange auf dem linken Fahrbahnrand. Bis zum Horizont und noch weiter ziehen sich Straße und Autoschlange. Auf der rechten Spur stehen unbeweglich und in langer Reihe Lastkraftwagen aus vorwiegend osteuropäischen Ländern, und zwischen unserer Autoschlange am linken Fahrbahnrand und der

Lkw-Schlange rechts flitzen ständig Autos von hinten nach vorn, an der Schlange der Wartenden vorbei. Die Vorstellung, Stunden hier sinnlos in der Warteschlange zu verbringen, ist beinahe unerträglich. Außerdem: Sind wir etwa weniger clever als diejenigen, die mit einer erstaunlichen und beneidenswerten Selbstverständlichkeit zwischen den wartenden Autos hindurchhuschen und damit schneller ans Ziel gelangen?

Nachdem wir einige Zeit geduldig wartend auf der linken Spur ausgeharrt haben, entschließen wir uns trotz einiger Bedenken ebenfalls, auszuscheren und unsere Warteschlange zu überholen. Mit dieser Aktion ziehen wir allerdings den Zorn der Wartenden auf uns.

Eine Frau springt aus einem Fahrzeug mit litauischem Kennzeichen, genau vor unser fahrendes Auto, und mit ausgebreiteten Armen versucht sie, uns zu stoppen und am Weiterfahren zu hindern. In einer solchen Situation lässt das Verständnis füreinander zu wünschen übrig und der Streit, der sich nunmehr entspinnt und in einem Kauderwelsch von Deutsch, Russisch und Englisch geführt wird, ist mehr als unangenehm. Ich merke, wie Nervosität und Angst an mir hochkriechen, wer weiß, wie das Theater hier endet. Wir fahren trotz der Proteste der Litauer weiter, langsam, um niemanden unter die Räder zu bekommen. Nach zirka einhundert Metern werden wir erneut gestoppt, diesmal von deutschen Urlaubsreisenden aus Brandenburg, die in die Masuren fahren. Sie reden auf uns ein und überzeugen uns schließlich, dass es anständiger sei, unseren Alleingang aufzugeben und gemeinsam gegen die Überholer vorzugehen.

Ein Fahrzeug der deutschen Urlauber verlässt die Warteschlange, um die mittlere Spur zwischen den Fahrzeugreihen am rechten und linken Fahrbahnrand zu blockieren. So soll verhindert werden, dass sich weitere Fahrzeuge von hinten vordrängeln. Dennoch gibt es dreiste Fahrer, die versuchen, die Sperre zu ignorieren. Sofort stellen sich mehrere Leute vor diese Fahrzeuge und stoppen somit deren Weiterfahrt. Einige der Blockierer setzten sich sogar auf die Motorhaube einer vorwitzigen Mercedeslimousine und lassen sich nicht abschütteln.

Immer mehr Menschen geraten in die Auseinandersetzungen hinein. Je höher die Sonne steigt und je heißer es wird, desto mehr heizen sich auch die Emotionen an. Um eine Eskalation zu verhindern, beauftragen *wir einen älteren Motorradfahrer in schwarzer Lederkleidung, dem vor Hitze und Aufregung der Schweiß von der Stirn läuft, sich mit einer gemeinschaftlich auf einem zufälligen Stück Papier verfassten Petition zum Grenzposten durchzuschlagen. Wir bitten die Beamten, Ordnung auf der Straße zu schaffen.*

Offenbar hat es der Abgesandte geschafft, denn tatsächlich kommt, nachdem einige Minuten vergangen sind, ein Streifenwagen mit gemächlichem Tempo angefahren und hält dort, wo das hitzigste Wortgefecht im Gange ist. Die Beamten reden beruhigend auf die Streitenden ein, die Warteschlange ordnet sich allmählich, tatsächlich überholt niemand mehr und – welch Wunder – die Schlange beginnt sich, wenn auch in Meterschüben, fortzubewegen. Die Stimmung unter den Wartenden wird zusehends besser, man lässt sich sogar zu Scherzen hinreißen. Der Grenzposten rückt unaufhaltsam näher und kurz vor ein Uhr passieren wir die deutsch-polnische Staatsgrenze, nachdem die Abfertigung selbst nur wenige Minuten in Anspruch genommen hat.

Geschafft! Zuerst haben wir vierhundert Kilometer in viereinhalb Stunden, anschließend vier Kilometer in vier Stunden geschafft. Unser Plan sieht vor, noch heute die polnisch-ukrainische Grenze zu erreichen und sie je nach Lage im Verlaufe der Nacht oder am nächsten Morgen zu passieren. Also liegen heute noch fast siebenhundert Kilometer Fahrt vor uns. Dass das zu schaffen ist, haben wir uns schon auf früheren Reisen bewiesen. Nur die bevorstehenden Grenzen bereiten uns Unbehagen. Wir wissen, dass die deutsch-polnische Grenze erst der Anfang und im Vergleich zu den östlicher gelegenen Staatsgrenzen eigentlich ein Klacks war.

Als die Sonne am westlichen Horizont in unserem Rücken den Tag verglühen lässt, haben wir vierhundert Fahrtkilometer durch Deutschland und etwa siebenhundert durch Polen zurückgelegt und nähern uns, nachdem wir das ostpolnische Städtchen Chelm passiert haben, dem heutigen Ziel – der polnisch-ukrainischen Grenze.

Es ist bereits stockdunkel, als wir unvermittelt bremsen müssen, da kein Weiterkommen mehr möglich ist: Die schmale Straße, auf der wir uns befinden, ist mit Lastkraftwagen vollgestopft, auf der rechten Fahrbahnspur stehen Lkw, vor uns stehen Lkw, und aus Richtung

Grenze kommen uns in der schmalen Gasse zwischen den Lkw links und rechts Fahrzeuge entgegen, deren grelle Scheinwerfer uns blenden. Umgekehrt versuchen mehrere Autos, auf derselben Spur in umgekehrter Richtung zur Grenze durchzukommen. Der Run auf die Grenze hat begonnen, denn jeder ist sich bewusst, dass dort langes Warten angesagt ist. Unser Moment, der Falle zu entschlüpfen, ist da, als der Lkw vor uns die Straße geräumt hat und wir Platz zum Ausscheren bekommen. Wir schließen uns eilig den Fahrzeugen an, die in der Dunkelheit mit zügigem Tempo und auf Schleichwegen in Richtung Grenze jagen.

Unsere Fahrt endet als Schlusslicht in einer Autoschlange von schätzungsweise sechzig Fahrzeugen, vor der Schranke des polnischen Grenzpostens. Hier werden wir sofort von Halbwüchsigen einer polnischen Fensterputzkolonne belästigt, die unser Fahrzeug umdrängen und versuchen, trotz unserer Proteste die Scheiben unseres Mitsubishi einzuseifen und zu polieren. Zur Sicherheit schließen wir die Zentralverriegelung, denn die eifrigen Fensterputzer mustern ungeniert das Innere unseres Fahrzeuges, so dass uns unheimlich wird.

Als sie nicht von unserem Auto ablassen und eine Auseinandersetzung mit dem erwachsenen Chef der Putzkolonne droht, wenden wir uns in unserer Not an den polnischen Grenzposten am Schlagbaum. Wir tragen ihm unsere Beschwerde vor, machen ihm klar, dass uns die Kinder keine Ruhe lassen. Der Mann versteht offensichtlich die Zusammenhänge nicht richtig und meint, wenn uns unsere Kinder keine Ruhe ließen und weinten, sollten wir doch bis zu ihm vorfahren, er hätte Verständnis und würde uns außer der Reihe passieren lassen. So kommt es, dass wir dank dieses Missverständnisses selbstbewusst an der Warteschlange vorbeirollen, uns am Anfang dieser Schlange als sechstes Fahrzeug einreihen dürfen und mit Sicherheit mehrere Wartestunden einsparen. Dank sei dem familienfreundlichen polnischen Wachposten!

Den Schlagbaum, der uns von der Grenz- und Zollabfertigungsrampe trennt, können wir nach der Kontrolle der Fahrzeugpapiere durch die polnischen Grenzer schnell passieren, auch die eigentliche Grenz- und Zollabfertigung durch die Polen verläuft recht zügig. Danach überqueren wir eine lange Brücke aus Stahlgerüsten, die Polen von der

Ukraine trennt. Uns entgegen kommt auf der Gegenspur eine endlose scheinende Reihe von Fahrzeugen, die den ukrainischen Grenzposten passiert haben. Auf der ukrainischen Seite erwartet uns eine erneute Geduldprobe: Diesmal stehen vier Fahrzeugschlangen nebeneinander und harren ihrer Abfertigung an den vier Abfertigungsrampen. Wir werden zunächst in eine der mittleren Schlangen eingewiesen und wechseln in einem günstigen Moment in die linke Schlange über, in der die Abfertigung scheinbar etwas zügiger verläuft. Da es inzwischen weit nach Mitternacht ist und sich die Kolonne nur halbstündlich in Schüben von 5 Fahrzeugen vorwärts bewegt, nutzen wir die Gelegenheit, um für eine halbe Stunde die Augen zu schließen. Nur die Stechmücken stören uns in unserer Ruhe. Öffnen wir die Wagenfenster, weil das Atmen in der stickigen Luft des Autos schwerfällt, kommen die kleinen Biester sofort herein und summen uns um die Ohren. Aber bei geschlossenen Scheiben in der Schwüle im Fahrzeug zu sitzen ist glatter Selbstmord.

Zirka eine Stunde nach Mitternacht erreichen wir gemeinsam mit fünf weiteren Autos den ukrainischen Grenzposten. Alle Insassen müssen die Fahrzeuge verlassen und sich in Reih und Glied vor dem verglasten Postenhäuschen aufstellen, in dem der ukrainische Grenzer mit undurchdringlichem Gesichtsausdruck die Pässe prüft und die Lichtbilder mit unseren übernächtigten Gesichtern vergleicht. Mir ist mulmig, mein Herz schlägt aufgeregt, obwohl eigentlich alles in Ordnung sein müsste. Aber ich kann die Aufregung nicht beherrschen, solange der Wink zum Weiterfahren nicht gegeben wird.

Nachdem die Pässe und der am Schlagbaum empfangene Passierschein abgestempelt worden sind, dürfen wir ein paar Meter bis zum Zollkontrollpunkt weiterfahren. Während die Kinder im Auto sitzen bleiben, füllen wir 2 Zollerklärungen aus – eine für unser Fahrzeug und eine, die uns als Reisende betrifft. Vorab müssen wir aber Gebühren für die Benutzung der ukrainischen Verkehrsstraßen und für Ökologie entrichten und empfangen dafür jeweils einen Stempel. Wir lassen uns auf einen Wortwechsel ein, als man uns zum Abschluss einer Krankenversicherung für die Durchfahrt durch die Ukraine zwingen will. Wir weigern uns standhaft und weisen die ADAC-Krankenversicherung vor, die für alle Länder der Welt gültig ist. Die eifrigen und am Abschluss der Versicherung und natürlich am Abkassieren der Gebühr interessierten

Damen der Versicherungsgesellschaft verstehen jedoch leider nicht den in Deutsch, Englisch und Französisch abgefassten Text und verlangen eine russische Übersetzung. Erst als wir drohen, uns zu beschweren und ihre Machenschaften in der Presse anzuprangern und die Damen endlich einsehen, dass wir tatsächlich nicht gewillt sind, ihrer sinnlosen Forderung nachzukommen, winkt man ab und drückt den notwendigen Stempel auf den Passierschein. Der nunmehr mit allen notwendigen Stempeln versehene Passierschein verbleibt beim Passieren der Grenze bei dem ukrainischen Grenzposten.

Als gegen 2.30 Uhr im Osten ein heller Streifen den neuen Tag ankündigt, haben wir die Grenze hinter uns gelassen. Einige Stunden fahren wir zügig gen Osten, um dann endlich auf einem Rastplatz nahe der Stadt Rowno eine einstündige Schlafpause einzulegen. Da der Schlaf nach all dieser Aufregung wieder einmal auf sich warten lässt und der Innenraum unseres Mitsubishi für vier Personen, die schlafen wollen, wenig Komfort bietet, liege ich verkrümmt auf meinem Sitz, weiß nicht recht, wohin mit den Beinen und Armen und döse nur vor mich hin. Draußen gießt es inzwischen in Strömen, die Fensterscheiben des Autos beschlagen allmählich durch den Temperatur- und Feuchtigkeitsunterschied draußen und drinnen. Während die anderen im Schlaf liegen und ich mit der Unbequemlichkeit und der Schlaflosigkeit zu kämpfen habe, schweifen meine Gedanken in eine Vergangenheit, die beinahe zwanzig Jahre zurückliegt und von der ich mein Leben lang nicht mehr loskommen werde und auch nicht will, denn sie war Teil meines Lebens.

Die Idee, in der Sowjetunion zu studieren

Als ich an einem sonnigen Julitag des Jahres 1982 mein sprichwörtliches Ränzlein, das in Wirklichkeit ein bis obenhin vollgestopfter überdimensional großer olivgrüner Seesack war, zusammenschnürte, um nach Woronesh (Zentrales Schwarzerdegebiet der Russischen Föderation) aufzubrechen und dort fünf Jahre an der Universität Geschichte zu studieren, zählte ich achtzehn Jahre.

Ich befand mich also in dem günstigen Alter, in dem weder das Gestern noch das Morgen zählt und jeder neue Tag neue Überraschungen verspricht. Kein Wenn und Aber, das bei jedem gewichtigen Schritt und jeder Entscheidung im Erwachsenenleben immer wieder abgewogen werden muss, sollte mich von meinem Vorhaben abbringen.

Ich hatte bis dahin noch niemals länger im Ausland geweilt und wollte mich einfach selbst ausprobieren, herausfinden, wie ich einen mehrjährigen Aufenthalt in einem fremden Land, weit weg von zu Hause, bewältigen würde. Angst vor der neuen Situation verspürte ich nicht, eigentlich war ich nur gespannt, was mich dort erwarten würde.

Außer der Spannung erfüllte mich Stolz auf meinen Entschluss, besonders nachdem ich den Bescheid des Ministeriums für Hoch-und Fachschulwesen der DDR über die Zulassung zum Studium in der Union der Sozialistischen Sowjetrepubliken in der Hand hielt. Bevor ich mich für die Sowjetunion als Studienland entschied, hatte ich auch andere sozialistische Länder als mögliche Studienländer in Erwägung gezogen. Natürlich kam aus objektiven Gründen ein Studium in einem nichtsozialistischen Land nicht in Frage, aber ich empfand darüber durchaus kein Bedauern. Studienabschlüsse sowjetischer Universitäten hatten in der DDR einen hohen Stellenwert. Da in der DDR ab der fünften Klasse Russisch zu den Pflichtfächern gehörte (so wie heute Englisch in den Schulen der Bundesrepublik), würde es mit dem Verstehen und Sprechen aller Wahrscheinlichkeit nach keine größeren Probleme geben.

Nicht zuletzt gab dieses Moment den Ausschlag, dass ich mich für die Sowjetunion entschied, zumal dort bedeutend mehr Studienorte zur Auswahl standen als in den anderen sozialistischen Ländern, in denen junge Leute aus der DDR studierten. Das Angebot umfasste zahlreiche Studienrichtungen: Slawistik, Geschichte, Kunstgeschichte, Jura, Internationale Beziehungen, Chemie, Forstwirtschaft, Medizin, Geologie, Vermessungstechnik, Militärwesen usw., die an Hochschulen in Moskau, Kiew, Leningrad, Nowosibirsk, Baku, Iwanowo, Kasan, Krasnodar und anderen Städten gelehrt wurden. In Bezug auf ihre Wertigkeit nahmen die Studienabschlüsse der Lomonossow-Universität Moskau den höchsten Rang ein. An dieser Universität studieren zu dürfen kam einer Auszeichnung gleich.

Die Bewerbung für das Auslandsstudium war in der elften Klasse der Erweiterten Oberschule fällig. Nach welchen Kriterien die Auswahl getroffen wurde, lag auf der Hand. Zweifellos spielten die schulischen Leistungen, die gewünschte Studienrichtung und nicht zuletzt die politische Zuverlässigkeit die entscheidende Rolle. Da das Studium vom Staat finanziert wurde, behielt sich der Staat vor festzulegen, wer im Ausland studieren durfte, aber auch zu entscheiden, welcher junge Mensch nicht geeignet war, seinen sozialistischen Staat im Ausland zu repräsentieren.

Die Mehrzahl der künftigen Auslandsstudenten absolvierte an der Arbeiter-und Bauernfakultät in Halle ein Vorbereitungsjahr, wo sie das Abitur der Erweiterten Oberschule an besagter Einrichtung sozusagen unter erschwerten Bedingungen ablegten. In dieser Institution erteilte man den Fachunterricht teilweise in russischer Sprache, die künftigen Studenten wurden auf Suworow'sche Art gemäß dem Motto „Je schwerer die Ausbildung, desto leichter der Kampf" auf die Härten des Studiums vorbereitet. Die angehenden Studenten aus allen Bezirken der Republik durften nicht an jedem Wochenende nach Hause fahren, um in den Vorgeschmack dessen zu kommen, was sie im Ausland erwartete. Beantragte jemand ein Heimfahrtwochenende, hatte das Klassenkollektiv zu entscheiden, ob die Zustimmung erteilt werden sollte. Häufig wurden die Anträge abgelehnt, mit der Begründung, es sei ungerecht den anderen gegenüber, die an diesem Wochenende nicht nach Hause durften; außerdem würde man im Ausland auch nicht die vorlesungsfreien Tage zu Hause bei den Eltern und Geschwistern verbringen können. Vielen Absolventen der ABF Halle erschien das Vorbereitungsjahr tatsächlich wie ein Härtetest.

Ich blieb zu meinem Glück von dieser Rosskur verschont, da man mir aufgrund meiner schulischen Leistungen und gesellschaftlichen Arbeit eine erfolgreiche externe Vorbereitung auf das Studium zutraute.

Diese bestand darin, dass ich mir zunächst das Lehrbuch „Zyklogramm G" (Gesellschaftswissenschaftliches Russisch) besorgte, die ersten Lektionen gewissenhaft durcharbeitete und mir zahlreiche Redewendungen, die mir wichtig erschienen, einprägte. Später erkannte ich allerdings, dass diese passive Art der sprachlichen Vorbereitung auf das Studium so gut wie keinen Nutzen brachte. Im Vergleich zu den Absolventen der

Arbeiter- und Bauernfakultät fehlten mir in den ersten Wochen meines Aufenthaltes in der UdSSR die Erfahrungen im freien Sprechen und verstehenden Hören.

Weiterhin las ich die in Vorbereitung auf das Geschichtsstudium die als Lektüre empfohlene Arbeit des damaligen Generalsekretärs der Kommunistischen Partei der Sowjetunion, Leonid Iljitsch Breshnew, „Neuland", die mich hinsichtlich ihres Stils und Inhalts zwar nicht sonderlich beeindruckte, sich aber wie ein Mosaiksteinchen in meine damaligen Vorstellungen über den Aufbau des Sozialismus in der UdSSR einfügte. Die Erschließung des Neulands in Kasachstan in den sechziger Jahren, gepriesen als gewaltige patriotische Leistung insbesondere der sowjetischen Jugend, erwies sich, ohne die individuellen Leistungen und den Enthusiasmus der Menschen zu schmälern, als eines der Großprojekte extensiven Wirtschaftens. Es gelang, die landwirtschaftliche Nutzfläche beträchtlich zu erweitern und die Bruttoerträge der Produktion zu steigern, brachte jedoch die sowjetische Landwirtschaft der so notwendigen Intensivierung keinen Schritt näher.

Ich muss gestehen, dass ich die rosarote Brille, durch die ich den sogenannten realen Sozialismus zu Hause und später in der Sowjetunion betrachtete, noch lange trug.

Als Schülerin, die von den wirtschaftlichen Realitäten keine Ahnung, sondern nur Ahnungen hatte, nahm ich den Inhalt der Broschüre unkritisch auf, zumal ich ja den in der Sowjetunion real existierenden Sozialismus noch gar nicht kannte. Ich hatte zwar 1981 als Touristin in Moskau und Kiew geweilt, aber die bekannten Sehenswürdigkeiten, wie der Rote Platz in Moskau mit dem Kreml und das Höhlenkloster in Kiew sagten bestenfalls etwas über vergangenes russisches Leben aus, gaben jedoch keinen Aufschluss darüber, wie die Menschen heute lebten. Dass es in den sowjetischen Hotelrestaurants damals (wie in der politischen Realität) ebenfalls eine Teilung in „Deutsche aus dem Westen" und „Deutsche aus dem Osten" gab und womit diese zusammenhing, nahm ich einfach nicht wahr. Mir fehlte der Elementarmaßstab Praxis, an dem ich den Wahrheitsgehalt des Gelesenen hätte messen können.

Mein Interesse galt außerdem (und damit unterschied ich mich von der absoluten Mehrzahl meiner Mitschüler, die mich wahrscheinlich für verrückt erklärt hätten, wenn sie gewusst hätten, was ich lese) den Arbeiten von Wladimir Iljitsch Lenin.

Die Werke „Staat und Revolution" und „Der Imperialismus" las ich mit großem Interesse und großer Begeisterung. Das ist nicht übertrieben gesagt. Besonders beeindruckte mich die Streitschrift „Materialismus und Empiriokritizismus" wegen des brillanten polemischen Stils Lenins in der Auseinandersetzung mit anderen philosophischen Auffassungen.

Die Person Lenins galt ein Dreivierteljahrhundert als Verkörperung des Aufbruchs in ein neues, besseres Zeitalter, in dem die Menschheit von Kriegen befreit und der freien Entwicklung eines jeden Mitglieds der Gesellschaft in einer sozial gerechten Gesellschaft keine Hindernisse mehr im Wege stehen. Dieses hohe Ziel, so die plausibel scheinende Schlussfolgerung, rechtfertigte die Opfer, die dafür gebracht werden mussten. Die Blutopfer der vorangegangenen Klassengesellschaften waren ungleich größer gewesen. Lenin hatte das „letzte Gefecht" eingeleitet und die Internationale würde „das Menschenrecht erkämpfen".

Den Sozialismus in der Sowjetunion stellte ich mir in meiner buchstäblichen Blauäugigkeit wie den DDR-Sozialismus vor, nur etwas entwickelter – wie, wusste ich damals selbst nicht genau (die Vorstellungen waren mehr theoretischer Art), denn immerhin eilte ja die Sowjetunion den anderen sozialistischen Ländern in ihrer Sozialismusentwicklung, zumindest, was den zeitlichen Rahmen betraf, um Jahrzehnte voraus. Ich besaß hübsche, farbenprächtige Ansichtskarten von meinen sowjetischen Brieffreundinnen, auf denen Denkmale, moderne Verwaltungsgebäude, beeindruckende Theaterbauten und Pionierpaläste abgebildet waren. Ich kannte zahlreiche sowjetische Lieder, in denen der Patriotismus und Enthusiasmus der Menschen des Landes besungen wurde, ich hatte von Pawel Kortschagin und Alexej Meressjew, den Flieger ohne Beine mit der unwahrscheinlichen Willenskraft, und von der Standhaftigkeit der sowjetischen Menschen im Großen Vaterländischen Krieg gelesen. Aus diesen Dingen bastelte ich „meine" sowjetische Welt zusammen.

Zwar erfuhr ich von ehemaligen Studenten, die in der UdSSR ein einjähriges Teilstudium absolviert hatten, dass es auch dort, ebenso wie in anderen sozialistischen Ländern, Versorgungsprobleme gab und stellte mich entsprechend darauf ein, indem ich allerlei Lebensmittel kaufte und diese in meinem Seesack verstaute. Aber ich maß dieser Tatsache keine große Bedeutung bei, denn was waren solche profanen Dinge – fehlendes Klopapier und keine Salami in den Lebensmittelgeschäften – gegen meinen Idealismus!

Die Versorgungsprobleme sollten mich nicht abschrecken. Allein die Perspektive, dass ich im fortschrittlichsten Land der Erde studieren würde, bedeutete für mich alles. Für die Probleme dieses Landes würden sich früher oder später plausible Erklärungen und Lösungen finden. So dachte ich damals und sah den auf mich zukommenden Dingen gelassen entgegen. So wie die Menschen dort lebten, würde auch ich eine Zeitlang leben können.

Teil I: Studium in der Sowjetunion

Abreise ins Abenteuer Studium

Treffpunkt des neuen Jahrgangs von Studenten, die demnächst in der Sowjetunion ihr Studium beginnen sollten, war der Berliner Ostbahnhof. Die Anreise zum Studienort sollte per Bahn in zwei Etappen erfolgen: von Berlin bis Moskau/Weißrussischer Bahnhof und von Moskau/Kasaner Bahnhof nach Woronesh, in Richtung Süden. Die vielen jungen Leute mit ihren Koffern und Seesäcken, die sich am späten Abend des 25. Juli 1982 auf dem Berliner Ostbahnhof für mindestens ein halbes Jahr von ihren Eltern verabschiedeten, hatten den gleichen Weg wie ich gewählt. Begleitet wurden wir von einigen Dozenten der Arbeiter- und Bauernfakultät Halle und zwei Studenten, die schon einige Studienjahre in der Sowjetunion hinter sich gebracht hatten.

Alles war neu und interessant. Der Zug durchquerte die Volksrepublik Polen und hielt, nachdem wir den Bug überquert hatten, gegen zwei Uhr nachts an der polnisch-sowjetischen Grenze, im Bahnhof Brest, der weißrussischen Heldenstadt.

Unvermittelt flammte das grelle Deckenlicht im Abteil auf und der Zug ruckte noch ein paarmal vor und zurück, als wüsste er nicht wohin, bevor er endgültig stehenblieb. Die Erschütterungen rissen auch die letzten Schläfer aus dem Schlaf. Unlustig und müde saßen wir auf den unteren Liegestätten und hielten unsere Reisedokumente bereit. Niemand durfte den Zug und sein Abteil verlassen, die Abteilschaffnerin verschloss vorsorglich die Toiletten, damit sich niemand auf dem Örtchen der Kontrolle entziehen konnte.

Ich hatte kurz vor meiner Abreise Jules Vernes „Reise um die Erde in achtzig Tagen" gelesen und musste mich in diesem Moment daran erinnern, wie der englische Kommissar Fix dem britischen Konsul in Suez gegenüber äußert, dass Pässe immer nur dazu dienen, den rechtlichen Menschen zu schikanieren und die Flucht der Gauner zu begünstigen.

Nachdem die uniformierten Grenz- und Zollbeamten mit unbewegten Gesichtern die Pässe kontrolliert und die Zollerklärungen entgegengenommen hatten, hatten wir „rechtlichen Menschen" vor unseren Abteilen im Gang anzutreten, um die Beamten nicht bei der gründlichen Durchsuchung der Bettkästen und der sich unter der Abteildecke befindlichen Kofferablage zu behindern. Vor einer Gepäckkontrolle blieben wir glücklicherweise verschont. Bei uns im Abteil wurden die Beamten nicht fündig, wir hatten unsere Waffen und die Schmuggelware zu gut versteckt.

Nach Abschluss dieser Prozedur, die uns das Tor zu unserem Gastland öffnete, konnten die Fahrgäste wählen, ob sie im Zug bleiben oder diesen für etwa eineinhalb Stunden verlassen und sich auf dem halbdunklen Brester Bahnhof die Zeit vertreiben wollten, denn nun wurden die Fahrgestelle von Lokomotive und Waggons umgetauscht. Dieser Akt war technisch notwendig, da die russischen Gleise um einige Zentimeter breiter sind als die, auf denen wir gekommen waren. Ob dieses technisch wesentliche Detail deshalb ausgeklügelt worden war, um potentiellen Feinden das schienenmäßige Vorwärtskommen im Russischen Reich zu erschweren? Ich entschloss mich, ebenso wie die meisten anderen Fahrgäste, auszusteigen und mir die Beine zu vertreten und mich gleichzeitig im Bahnhof umzuschauen. Allerdings gab es nicht viel zu sehen und nichts zu erleben. Als wir fröstelnd wieder einsteigen durften, brach im Osten der neue Tag an.

Die Fahrt von Berlin bis Woronesh dauerte insgesamt zwei Tage. Einen knappen Tag hatten wir in Moskau Aufenthalt, wo jeder auf eigene Faust oder in Gruppe die Stadt erkundete. Nach der langen Zugfahrt und einem unwesentlichen Stimmungstief hatte sich aller wieder eine erwartungsvolle Stimmung bemächtigt, und so fuhren wir mit der berühmten Moskauer Metro ins Stadtzentrum, wo wir den Roten Platz, den Alexandergarten und die Kremlmauer, an der die bedeutendsten Persönlichkeiten der Sowjetunion ihre letzte Ruhestätte fanden, besichtigten. Auch Lenin in seinem Mausoleum war uns einen Besuch wert.

Die menschliche Warteschlange nahm im Alexander-Park ihren Anfang und zog sich mehrere Hundert Meter lang bis zum Eingang des Mausoleums. Die Menschen in der Reihe unterhielten sich auffallend gedämpft, es war zu spüren, dass man dem toten Lenin großen Respekt zollte. Schritt um Schritt näherten wir uns dem Eingang, vor dem zwei bewaffnete junge Soldaten, wie zu Salzsäuren erstarrt, standen. Beim Eintritt in die dämmrige Kühle des Mausoleums wurde jeder Besucher von uniformiertem Wachpersonal durchdringend fixiert. Das Mitnehmen von Fotoapparaten war verboten, wer diese Regelung nicht beachtete, dem blieb der Eintritt kompromisslos versagt. Es ging dann ein paar Stufen hinab, um eine Ecke und dann erblickte ich den gläsernen Sarg, in dem die mit sanftem gelbem Licht angestrahlte sterbliche Hülle Wladimir Iljitsch Uljanows Lenins lag. Friedlich ruhte dieser kleine große Mann nun schon seit sechzig Jahren an dieser Stelle und flößte seinen Landsleuten selbst aus der anderen Welt die Gewissheit ein, dass ihre Zukunft hell und strahlend sein würde.

Ohne den Blick von der Gestalt Lenins zu wenden, ging ich als Teil der Besucherschlange langsam um den Sarg herum, immer vom aufmerksamen Wachpersonal beobachtet, und niemand wagte in der erhabenen Stille zu husten oder sich gar zu schnäuzen. Ehe ich mich versah, befand ich mich wieder im Freien unter lebenden Zeitgenossen und atmete auf. Der helle warme Sommertag nahm mich wieder gefangen.

Langsam spazierten wir durch den Alexandrow-Park, leckten das berühmte Moskauer Waffeleis „Eskimo" und studierten die Tafeln mit den Namen der Persönlichkeiten, die sich der Ehre leider nicht mehr bewusst werden konnten, an der Jahrhunderte alten Kremlmauer ihre letzte Ruhestätte gefunden zu haben.

Kurz darauf konnte ich beobachten, wie ein frischvermähltes junges Ehepaar zu Ehren der im Großen Vaterländischen Kriege gefallenen Sowjetsoldaten am Ewigen Feuer einen Strauß Blumen niederlegte und einen Moment in Stille verharrte. Bewacht wurde das Ewige Feuer von zwei Posten in Pionierkleidung, die sicher davon träumten, als erwachsene Menschen ebensolche Heldentaten für ihr Volk vollbringen zu dürfen. Ob in der Armee, der Industrie oder Landwirtschaft – alle Wege standen ihnen offen. Schon als Kinder sangen sie es in ihren selbstbewussten Liedern und hörten und lasen es in den Medien. Welchen jungen Menschen macht so viel Vertrauen in seine Kraft und seine Zukunft nicht stolz?

Der Ernst der Besucher des Mausoleums und der jungen Wachsoldaten vor dessen Eingang, der jungen Brautpaare und der Pioniere, und auch die Stadt Moskau selbst mit ihrer Geschäftigkeit erweckten den Eindruck, dass es nichts in der Welt geben würde, das dieses Leben in seiner Selbstverständlichkeit erschüttern könnte. Unzählige Rituale, die im täglichen Leben ihren festen Platz hatten, trugen dazu bei, dass die Menschen in ihrer Überzeugung von der Richtigkeit des Weges, den sie beschritten, nicht erschüttert wurden. Es gibt keinen Glauben ohne Rituale.

Die ersten Erkundungsschritte vermittelten mir auch keineswegs den Eindruck, dass es in den Geschäften sichtbar an irgendetwas gemangelt hätte. Vor allem hatten es mir die Kunstgewerbeläden angetan, wo es Vasen, Geschirr, bunte Teppiche und viele verlockende Dinge mehr in Hülle und Fülle zu kaufen gab. Dass Moskau zu den Städten der ersten Kategorie gehörte, die vorzugsweise mit Waren versorgt werden mussten, bekam ich erst viel später mit.

Als ich mich am späten Abend in den Woronesh-Express setzte, hatte ich nach dem Moskauer Tag ein gutes Gefühl, was die Zukunft hier betraf. Natürlich war es auch gut, dass Moskau uns mit strahlendem Sonnenschein empfangen hatte. Was das Wetter so ausmacht!

Wir richteten uns in den Abteilen gemütlich ein und zogen die weißen Gardinen, auf denen mit zartblauer Farbe das Wahrzeichen Woroneshs – ein Segelschiff − aufgedruckt war, vor die Fensterscheibe. Nun galt es noch eine Nacht auf Rädern zu verbringen, bis wir endlich übermüdet, aber gespannt im Woronesher Bahnhof einfuhren.

Woronesh

Die Stadt Woronesh befindet sich zirka sechshundert Kilometer südlich von Moskau, im Zentralen Schwarzerdegebiet der Russischen Föderation. Die Herkunft ihres Namens ist bis heute nicht eindeutig nachgewiesen, die Theorien hinsichtlich der Entstehung beziehungsweise Ableitung des Stadtnamens gehen ziemlich auseinander.

Erstmals tauchte die Bezeichnung „Woronesh" in den russischen Annalen auf, welche einen Feudalzwist zwischen russischen Fürsten im Jahr 1177 vermerkten. Der Verlierer der Auseinandersetzung floh damals nach „Woronash".

Die einfachste, aber keineswegs stichhaltige Erklärung bietet sich aus der Verknüpfung der Tierbezeichnungen „Woron" (Rabe) und „Jesh" (Igel) an. In den dreißiger Jahren des zwanzigsten Jahrhunderts versuchte der Dichter Ossip Mandelstam, den Namen als poetisches Wortspiel zu interpretieren. Wiederum bedeutet das Wort „Woronesh" in der Turksprache „großes Wasser in der großen Ebene". Die Stadtbezeichnung könnte aber auch von einer Flussbezeichnung abgeleitet sein. Die aktuellste Theorie ist die Namensableitung vom russischen Personennamen „Woroneg". Es wird wohl kaum je möglich sein, die Frage der Herkunft des Stadtnamens endgültig und eindeutig zu klären.

Die Stadt wurde vor etwa vierhundert Jahren erbaut, mit hölzernen Mauern und achtzehn Wachtürmen, als Stadtfestung, die Russland in südwestlicher Richtung vor möglichen räuberischen Angriffen nomadisierender Stämme schützen sollte. Nicht nur einmal brannte die hölzerne Stadt, und nur noch Mauerreste erinnern an die vergangenen Zeiten des siebzehnten Jahrhunderts. Ende des siebzehnten und Anfang des achtzehnten Jahrhunderts wurde Woronesh aufgrund der ehrgeizigen Pläne des russischen Zaren Peters des Großen zu einem Zentrum des Schiffbaus.

Das aus jahrhundertelangem mittelalterlichem Schlaf mühselig erwachende Russland sollte in kürzester Zeit über eine seestarke Flotte verfügen, um am Don, dem Asowschen Meer, dem Schwarzen Meer und an der Ostsee den russischen Einfluss zu sichern und besonders den Tataren und Türken den Garaus zu machen, aber auch um Russland einen Seezugang zur Ostsee zu verschaffen. Tatsächlich gelang es den unter Peter dem Großen reformierten Truppen mit ihrer neugeschaffenen Flotte, den Einfluss Russlands sowohl am Asowschen und Schwarzen Meer auszuweiten, als auch die Schweden im Nordischen Krieg zu besiegen und damit den Zugang zur Ostsee zu gewinnen. Damit öffnete sich für das Russische Reich der Seeweg nach Westeuropa, was für die weitere wirtschaftliche Entwicklung, insbesondere der internationalen Handelsbeziehungen, von großer Bedeutung war. Zar Peter leitete übrigens persönlich seine Arbeiter beim Bau der Schiffe an.

1748 vernichtete ein Feuer die hölzernen Gebäude der Zarenresidenz, übrig blieben nur die steinernen Bauten des Zeughauses, die im Großen Vaterländischen Krieg der Vernichtung zum Opfer fielen.

1943 verlief die deutsch-sowjetische Front 200 Tage lang direkt durch die Stadt Woronesh, was zu gewaltigen Zerstörungen führte. Nach dem Krieg wurde die Stadt von seinen Einwohnern in mühevoller Arbeit wieder aufgebaut.

1980 lebten hier 796 000 Einwohner, also zu wenig, um als sowjetische Millionenstadt Anspruch auf die Errichtung eines U-Bahnnetzes zu haben. Der Stausee des Flusses „Woronesh", von den Einheimischen „Woronesher Meer" genannt, teilt die Stadt in das linke und das rechte Ufer, die kilometerlange Tschernawski-Brücke verbindet beide Ufer miteinander. Während der Stadtteil am rechten Ufer oberhalb des Stausees der ältere ist, in dem die Stadt ihren Ursprung fand (was die jahrhundertealten orthodoxen Kirchen, die farbig angestrichenen Bürgerhäuser, die Läden und Hotels zu beiden Seiten der Hauptstraße, des „Prospekts der Revolution", sowie die Universität bezeugen), ist der Stadtteil am linken Ufer von Wohnvierteln typisch sowjetischer Bauart geprägt. Weiter nördlich schließt sich eine ausgedehnte Siedlung mit kleinen Wohnhäusern (Katen) aus Holz und viel Grün an. Die Stadt ist von Wald, Steppe und Schwarzerde umgeben, unweit der Stadt im Süden fließt der geschichtsträchtige Don.

Kulturell hat die Stadt einiges zu bieten: ein Opern- und Balletttheater, das Dramaturgische Theater „Kolzow", eines der ältesten russischen Theater, an dem der Dichter Ossip Mandelstam während seiner dreijährigen Verbannung von 1934 bis 1937 als literarischer Berater arbeitete, mehrere Kinos, von denen das größte „Proletari" heißt, die „Nikitin-Bibliothek", einen Zirkus, mehrere Museen, große Sport-und Freizeitkomplexe und großzügige Parkanlagen. Die Bezeichnungen öffentlicher Plätze und Gebäude sowie Denkmäler legen Zeugnis davon ab, dass keine geringere Persönlichkeit als der russische Zar Peter der Große sowie bekannte russische Dichterpersönlichkeiten wie I. Nikitin und A. Kolzow in Woronesh eine ihrer Wirkungsstätten fanden.

Allerdings gibt es in Woronesh kein Denkmal zu Ehren des Dichters Ossip Mandelstam, der am 27. Dezember 1937 im Transitlager Wtoraja Retschka bei Wladiwostok starb, nachdem er aus seinem

Verbannungsort Woronesh in die sibirische Verbannung verschleppt wurde. Mandelstam, dessen Epigramm gegen Stalin 1933 den Zorn des Diktators auf sich gezogen hatte, der jedoch gnädig am Leben gelassen und nach Woronesh gebracht wurde, gab seine Eindrücke über seinen Verbannungsort in dem Gedicht „Schwarzerde" (Übertragung aus dem Russischen von Ralph Dutli) folgendermaßen wieder:

Ist überreich beschert, tritt überschwarz hervor,
Ist wachend, weiter Raum, ist Mähnenhaar der Pferde,
Verstreut sich weit, und formt sich, ist ein großer Chor –
In feuchten, leichten Schollen: meine Freiheitserde...
(erste Strophe)

Wie schön die fette Schichte, die auf der Pflugschar liegt,
Wie still die Steppe, der April vermischt die Wege...
Ich grüß dich, Schwarze Erde – Auge, du sei unbesiegt:
Ein schwarzberedtes Schweigen will sich regen.
(vierte Strophe)

Das moderne Woronesh ist außerdem Studentenstadt. An den neun Hochschulen und dreizehn Fachschulen lernten in den achtziger Jahren des vergangenen Jahrhunderts Zehntausende Studenten. Allein an der 1918 gegründeten Staatlichen Universität „Leninscher Komsomol" studierten 1980 zirka dreizehntausend junge Menschen.
Woronesh gilt zwar nicht als Tourismusmagnet, empfiehlt sich aber durch seine interessante Historie und reizvolle Umgebung auf jeden Fall für eine Entdeckungsreise.

Anders als zu Hause

Wer allerdings die Stadt nicht nur besucht, um als Tourist die Sehenswürdigkeiten kennen zu lernen und wieder abzureisen, sollte sich in seinem eigenen Interesse darauf besinnen, dass auch zu Hause nicht alles Gold ist, was glänzt. Es empfiehlt sich, mit Gelassenheit die neben den Reizen gleichermaßen vorhandenen Unannehmlichkeiten und Schwierigkeiten als hiesiges Spezifikum einfach zu akzeptieren.

Die Mehrzahl der Studenten, die mit Studieneifer und Idealismus in dieses Land, in diese Stadt gekommen waren, ließen sich von den permanent gegenwärtigen, in ihrer Gesamtheit allerdings mehr kleinen als großen Alltagsproblemen nicht aus der Ruhe bringen. Wir lernten uns anzupassen, zumal wir nicht völlig unvorbereitet mit den Dingen konfrontiert wurden.

Tatsächlich hielten wir uns mit offener Kritik an den sowjetischen Um- und Zuständen zurück, zum einen aus der Einsicht heraus, doch nichts ändern zu können oder weil es uns nicht anstand, als Gäste dieses Landes den Gastgeber zu kritisieren, zum anderen, weil Kritik auch nicht erwünscht war, weder von offizieller sowjetischer noch von offizieller deutscher Seite.

Argumentiert wurde auf den Versammlungen der Grundorganisation der Freien Deutschen Jugend meist damit, dass Kritik an den Missständen letztendlich nur dem Klassenfeind nützen würde, der, als Student, Teilstudent oder Doktorand aus dem nichtsozialistischen Ausland (NSW) getarnt, überall seine Augen und Ohren hatte.

Die übertriebene Vorsicht gegenüber dem „Klassenfeind" und die gängige Auffassung, dass, wer nicht für uns ist, gegen uns sein muss, erzeugte unter uns Studenten Misstrauen gegeneinander. Es gab – wie in der DDR – die „Linientreuen" und die „Abweichler". Diejenigen, die trotz der Warnungen „von oben" mit ihrer permanenten Unzufriedenheit nicht hinterm Berg hielten, blieben in der Minderheit, die anderen sahen sie als notorische Meckerer an.

In der Realität erwuchsen die kleinen Alltagsprobleme eigentlich erst dann zu ernsthaften Problemen, wenn man nicht nur sich selbst versorgen musste, sondern die Versorgung von Kindern mit den Dingen des täglichen Bedarfs zum Bestandteil des Alltags wurde.

Die Staatliche Universität Woronesh unterhielt mehrere Wohnheime, um allen auswärtigen Studenten eine preiswerte Unterbringung zu ermöglichen.

Das private Anmieten von Wohnraum war damals nicht üblich und aufgrund des akuten Wohnraummangels auch gar nicht möglich. Ausländische Studenten hatten ausnahmslos im Wohnheim zu wohnen, nicht zuletzt deshalb, um eine unauffällige Kontrolle der sowjetischen Behörden über ihre Schutzbefohlenen und deren Kontakte zu gewährleisten.

Während sich die moderneren Studentenwohnheime in Hochhäusern aus rotem Backstein am Stadtrand in der Cholsunow-Straße befanden, bewohnte das Gros der Studenten die vier älteren Wohnheime in der Friedrich-Engels-Straße, fünf Minuten von der Hauptstraße und fünf Minuten vom Bahnhof entfernt.

Diese zentral gelegenen Studentenwohnheime harmonierten in Bezug auf Form und Farbgebung fast perfekt mit dem von klotzigen Wohnkästen, Blechgaragen und wildbewachsenen Hinterhöfen geprägten Wohnumfeld. Obwohl von ästhetischem Perfektionismus Lichtjahre entfernt, wäre es unpassend, die Umgebung einfach als hässlich zu bezeichnen. Wie ein großer unaufgeräumter Abenteuerspielplatz wirkte das Stückchen Zivilisation zwischen Engelsstraße und Friedensstraße.

In der Landschaft der Hinterhöfe auf diesem Areal dominierten Ahornbäume und Buchen, deren starke Wurzeln überall wie vollblutige Adern aus dem Erdreich heraustraten.

Da Lenins Losung „Sozialismus ist gleich Sowjetmacht plus Elektrifizierung des ganzen Landes" in punkto Elektrifizierung nicht für dieses dämmrige Stückchen sowjetischer Erde galt, erwiesen sich die zahlreich vorhandenen Unebenheiten des Bodens, insbesondere zwischen Sonnenuntergang und Sonnenaufgang, als gefährliche Stolperfallen.

Gerade in der kalten Jahreszeit war es lebenswichtig, den vereisten und rutschigen Boden mit geschärften Sinnen zu betreten. Die kürzeste Strecke vom Wohnheim II zur Straße des Friedens führte zunächst einen Trampelpfad hinter dem Heim entlang bis zu einer schäbigen grauen Bretterwand, aus der mehrere Bretter herausgebrochen worden waren. Diese Lücke benutzten alle, die es eilig hatten, um durch die Hinterhöfe zur Straße des Friedens gelangen. Vor und hinter dem Schlupfloch aber wies der Boden besonders viele Unebenheiten auf.

Von unzähligen Stiefelsohlen glattpoliert, konnte diese Stelle kreuzgefährlich werden. Der Gang durch die Hinterhöfe über die gefrorenen Baumwurzeln zur Friedensstraße stellte bei Tageslicht und ungehinderter Bewegungsfreiheit an sich kein großes Problem dar. Viel schwieriger gestaltete sich jedoch meist der Rückweg von der Friedensstraße zum Wohnheim, wenn man, bepackt mit Einkaufstaschen, Büchern oder Koffern (vom Bahnhof kommend), ganz schnell das Gleichgewicht verlieren und hinstürzen konnte.

Bei den Wohnheimen III und IV handelte es sich um vierstöckige, schmucklose, rein funktional projektierte Wohnkästen, eines mit grauem Putz, das andere aus schmutzig weißen Ziegelsteinen gemauert, beide mit steinerner Vortreppe und grauen Haupteingangstüren, die nach dem Öffnen von selbst krachend zufielen. Nur geübten Beobachtern der Wohnheimfassade von Nummer III konnte auffallen, dass nicht ein Wohnheimfenster dem anderen in seiner Eintönigkeit glich.

So hingen in manchen Fenstern außer Gardinen Salamiwürste, von denen man wusste: Sie gehörten den DDR-Studenten, die sich diese von zu Hause mitgebracht hatten und sie zum Zweck des kollektiven Verzehrs zu besonderen Anlässen standhaft hüteten.

In Abweichung zur reinen Funktionalität dieser beiden Studentenwohnheime wiesen die Wohnheime I und II bauliche Besonderheiten auf: Sie waren nicht kastenförmig, sondern glichen, jedenfalls vorderseitig, großen heruntergekommenen Wohnvillen.

Zwei weiße Säulen, andeutungsweise im klassizistischen Baustil, verzierten die beigefarbige Vorderfront des Wohnheimes I. Auch die Eingangstüren dieser Häuser fielen nach dem Öffnen von selbst krachend zu. Aufgrund dieses Mechanismus war es ziemlich problematisch, zum Beispiel Koffer oder Kinderwagen in das Innere der Wohnheime zu bugsieren. Man musste schon den Po zur Hilfe nehmen, um die Tür offen zu halten.

Unmittelbar an das Wohngebäude lehnte sich im rechten Winkel ein niedriger, langgestreckter Anbau: die studentische Mensa.

Wegen des völligen Fehlens von Abwechslung und der minderwertigen Qualität der in der Mensa angebotenen Gerichte wurde diese von taktlosen Studenten mit dem unheimlichen Beinamen „Buchenwaldskaja" versehen.

Die dunkelbraunen unansehnlichen Fleischklopse, die zu trockenem Reis und grob geriebener „Möhrenbeilage" (ohne jegliches Gewürz mit einem Klecks Schmand) gereicht wurden, nannte man hinter der vorgehaltenen Hand „Hund". Allerdings gab es im Hauptgebäude der Universität eine andere, bessere Mensa, mit einer großzügigen Fensterfront und einem herrlichen Ausblick auf das abschüssige Ufer des Stausees und den Stausee selbst, die sich aufgrund des besseren Speiseangebotes größerer Beliebtheit erfreute und der deshalb glücklicherweise kein zynischer Beiname anhaftete.

Im Speisesaal der „Buchenwaldskaja", einem großen Raum mit zahlreichen raumteilenden Elementen, fanden die zentralen Veranstaltungen des Studienkörpers statt, unter anderem die sogenannten Länderabende, auf denen die Studenten unterschiedlicher Nationalitäten ihre Kultur und Traditionen vorstellten.

Wohnheim II, eine einst mit gelber Farbe angestrichene ehemalige Kadettenanstalt aus der Zarenzeit, befand sich ein wenig abseits der Straße, zwischen den Wohnheimen III und IV und verkrüppelten Obstbäumen und Gesträuch. Infolge der Zerstörung eines der Gebäudeflügel war von der einstigen U-Form nur noch eine L-Form übriggeblieben.Vor dem Eingang des Gebäudes ragte eine riesige Pappel empor, deren weißen Flaum der Frühsommerwind alljährlich in alle Himmelsrichtungen trug.

Zu der ausgetretenen steinernen Vordertreppe führte ein von wildwachsenden Büschen gesäumter asphaltierter Weg; vor dem Eingang, unter besagter Pappel, waren im rechten Winkel zueinander zwei einfache Holzbänke ohne Lehne aufgestellt. An der Rückseite hatte das Haus in Höhe der vierten Etage sogar zwei von verschnörkelten Eisenbrüstungen eingefasste kleine Balkone.

Hinter jedem der Studentenwohnheime befand sich ein obligatorischer Hof, dessen „Verwaltung" dem Hausmeister oblag. Zum Hof des Wohnheimes II gehörten mehrere niedrige Bauten, insbesondere eine blechüberdachte Schlosserbude, in der die beiden zerlumpten Schlosser Sascha und Witja hausten. In diesem Domizil planten und organisierten sie ihre Gebäudereparaturarbeiten, hier brachten sie sich von Zeit zu Zeit mit Wodka in Arbeitsstimmung.

Des Weiteren gab es eine eiserne Reckstange, ein verwahrlostes Hündchen mit rötlich-gelbem Fell namens „Palma", ein paar streunende Katzen und mehrere rostige Müllcontainer ohne Deckel, über denen in der Sommerhitze schwarzgrün schillernde Fliegenschwärme kreisten, summten und brummten.

Häufig konnte man hinter dem schutzvergitterten Fenster des Familienzimmers im ersten Stock, das von einem Studentenehepaar und dessen kleinem Sohn bewohnt wurde, die verbitterten und verbissenen Gesichter erkennen, denn unmittelbar unter besagtem Zimmer befanden sich die Abfallcontainer. Wahrscheinlich beratschlagte man – jedoch erfolglos – immer wieder darüber, wie dem stinkenden und brummenden Übel zu Leibe zu rücken sei.

Begrenzt wurde der Hof von einer niedrigen Holzschuppenfront, wo allerlei brauchbarer und unbrauchbarer Kram lagerte. Dahinter begann das nicht mehr zum Wohnheimbereich gehörende Terrain, besagter Hinterhof zwischen Friedensstraße und Engelsstraße.

Für das Leben in den Wohnheimen galten besondere Regeln, die man als Student einfach kennen musste. Das Studiensemester begann jeweils mit der Ausgabe der Bettwäsche, über die die „Kasteljanscha" (die Wäscheverwalterin) Verfügungsgewalt hatte. Im Übrigen beanspruchte jeder Verfügungsgewaltige, ob Wäscheverwalterin, Putzfrau, Wächter oder Hausmeister, für sich den Status eines unumschränkten Herrschers in seinem Bereich und ließ dies die Studenten auch deutlich spüren.

Laut Vorschrift war jeder Student verpflichtet, zu Studienjahresbeginn ein ärztliches Attest, den sogenannten „Läuseschein", als Nachweis dafür abzuliefern, dass er nicht von Ungeziefer befallen war. Erst danach gab es Bettwäsche. In Abhängigkeit vom Wohlwollen der Wäscheverwalterin erhielten die Studenten gute, weniger gute oder nicht so gute Bettwäsche. Diese wurde regelmäßig an bestimmten Tagen gewechselt und zentral gewaschen.

Im Kellergeschoß befanden sich die Gemeinschaftsduschräume, um die die Vertreter beider Geschlechter täglich lautstark in Streit gerieten. Wer von den ausländischen Studenten bis zum Zeitpunkt des allerersten Duschganges mit den russischen „Mutterflüchen" noch Hemmungen hatte, verlor seine diesbezügliche Scheu spätestens nach einer halben Stunde des Ausharrens vor der verschlossenen Tür. Das hatte den folgenden Grund: Befand sich gerade ein männlicher Student im Duschraum, erlaubten die im schummrigen Korridor wartenden, in Bademäntel gekleideten und mit Reinigungs-und Pflegeutensilien bewaffneten Kommilitoninnen nur noch äußerst widerwillig männlichen Duschwilligen den Eintritt in die Duschräume. Dazu gab es die strenge Auflage, den Reinigungsvorgang nicht unnötig in die Länge zu ziehen. Dauerte die Prozedur nach Ansicht der Studentinnen dann doch zu lange, wurde mit Nachdruck an die Tür geklopft und gehämmert.

Wenn die lauten Schmähungen und Drohungen nicht den gewünschten Effekt bewirkten, griff man zum äußersten Mittel, ohne Rücksicht auf die russische Prüderie: Man stieß die oft in der Eile nicht verschlossene Tür mit Gejohle weit auf. Dann sahen die schadenfrohen Mädchen hinter den dicken weißen Dampfschwaden die Konturen der aufgeschreckten und entrüsteten Männer und ließen ihrer Bosheit freien Lauf. Weil damit aber das Problem nicht gelöst wurde und die Männer nun aus Trotz nicht den Duschraum räumten, trat man schließlich geschlagen wieder den Rückzug auf den Korridor an und schloss die Tür, um weiterzuwarten.

Die Dusche galt als der ewige Zankapfel der Studentenschaft. Versuche der Wohnheimleitung, Männer-und Frauenduschzeiten einzuführen, scheiterten am fehlenden Nachdruck zur Durchsetzung der Regeln, aber auch am Unwillen der Studenten und Studentinnen, für immer auf das gewohnte aufregende Ritual des Kräftemessens zu verzichten.

Das Leben auf den Wohnheimetagen lief, abgesehen von den Konflikten im Kellergeschoß, im Großen und Ganzen friedlich ab. Tag und Nacht, auf den Korridoren, in der Küche und auf den Toiletten, überall und immer grüßten sich Männlein und Weiblein gesittet und wohlerzogen, wohl auch zum hundertsten und tausendsten Male, mit der gleichen Grußformel „Priwjet, kak dela?" (Hallo, wie geht's?)

Das Gros der Studenten bewohnte Vierbettzimmer. Zum Standard der bescheidenen Ausstattung der Räume gehörten: Vier Betten, vier Spinde, vier Einbauschränke sowie Tisch und vier Stühle. Wer besonderes Glück hatte, konnte einen kleinen Kühlschrank der Marke „Morosko" im Laden käuflich erwerben, da Kühlschränke als Mangelware nicht vom Wohnheim gestellt wurden.

Von November bis März dienten die Fensterbänke zusätzlich als Kühlplatz. Von den Zimmerbewohnern gemeinsam genutzt wurden der unentbehrliche Teekessel, Eimer, Besen und die Waschschüsseln. Im Keller standen einige Waschmaschinen zur allgemeinen Benutzung, die allerdings aufgrund technischer Unzuverlässigkeit kaum in Anspruch genommen wurden. Die meisten Studenten wuschen ihre Wäsche in Waschschüsseln. Nicht selten kam es vor, dass jemand nach dem Einweichen seine Wäsche vergaß. Dann verpestete nach einigen Tagen muffiger Gestank die Luft im Waschraum.

Da die Winter in Zentralrussland sehr streng und die Doppelfenster schlecht isoliert waren, mussten die Ritzen zwischen Fensterrahmen und Glas sowie Fenster und Wand, durch die der eisige Wind je nach Wetterlage mal lauter und mal leiser pfiff, möglichst vor Beginn der kalten Jahreszeit von den Studenten abgedichtet werden. Als Isolierstoff diente aus Ermangelung handelsüblicher Isolierstoffe blaues und grünes Plastilin.

Auf jeder Etage gab es Gemeinschaftstoiletten sowie eine Gemein-schaftsküche mit mehreren Gasherden, deren allabendliche Reinigung trotz Reinigungsplan ein ewiges Problem darstellte, da manche Studenten und Doktoranden die Reinigungsprozedur verachteten und sich ihr hartnäckig entzogen. In solchen Fällen blieben die Essensabfälle für den nächsten Küchendienst liegen.

Bei der Essenszubereitung blickte jeder jedem über den Kochtopfrand und es war schon interessant, wie und vor allem was die Vertreter der verschiedenen Nationalitäten so kochten.

Auf den Gasherden und auf dem Küchenboden lagen jedenfalls allabendlich Kartoffel- Möhren- und Kohlreste und Ketchupkleckse vom russischen Borschtsch, Reiskörner vom afghanischen Plow, außerdem Bratkartoffelstückchen, Eierschalen und Zwiebelschalen, die nicht ihren Weg in die Pfannen und Töpfe gefunden hatten. Wenn dann die Teekessel summten und Wasserlachen die Fliesen zur Rutschfalle machten, hatte man überall die Mahlzeit hinter sich gebracht und saß noch gemütlich beim Teetrinken zusammen.

Punkt einundzwanzig Uhr zur Nachrichtenzeit des Sowjetischen Fernsehens versammelten sich allabendlich Studenten aller Etagen in einem besonderen Raum des Erdgeschosses, den es in jedem Wohnheim gab – der sogenannten „Roten Ecke".

Als Versammlungs-und Fernsehraum zugleich genutzt, standen hier mehrere Reihen roter Polsterstühle. Meist reichten die Plätze nicht, wenn das einzige Fernsehgerät des Heimes eingeschaltet wurde.

Als Student konnte man sich keinen eigenen Fernseher leisten. Zudem gehörten Fernsehgeräte zur großen Gruppe der Mangelware „Konsumgüter des langfristigen Gebrauchs".

Man setzte sich allabendlich in die „Rote Ecke", um gemeinsam die sowjetische Nachrichtensendung „Wremja" („Die Zeit") anzuschauen. Die Berichterstattung beschränkte sich im Allgemeinen auf die Produktions- und Ernteerfolge in der Sowjetunion, die Abrüstungsbemühungen der sowjetischen Regierung und die Übergriffe israelischer Truppen im Libanon. Das Nachrichtenprogramm einschließlich der Informationen über Sportereignisse und den Wetterbericht dauerte fünfundvierzig Minuten.

Da die „Rote Ecke" im Wohnheim II recht klein war, wurden Versammlungen in der „Roten Ecke" des Wohnheimes III abgehalten, welche ausreichend Platz für sechzig bis achtzig Personen bot.

Die war zum Beispiel der Fall, wenn Vertreter der Studentenabteilung der DDR-Botschaft aus Moskau anreisten, um uns über neue Direktiven zu informieren, Ereignisse auszuwerten und an das staatsbürgerliche Gewissen der Studenten zu appellieren. Auch der Dekan für die ausländischen Studenten nutzte die „Rote Ecke" für seine Informationsveranstaltungen.

In Vorbereitung auf das eigentliche Studium hatten alle Studenten aus der DDR einen einmonatigen Intensivsprachkurs der russischen Sprache zu absolvieren. Dieser wurde von erfahrenen und geduldigen Pädagogen des Lehrstuhls für russische Sprache erteilt. Für mich war dies besonders wichtig, denn trotz des achtjährigen Russischunterrichts in der Schule sah ich mich während der ersten Wochen außerstande, frei zu sprechen und die Einheimischen zu verstehen. Ungewohnt für das verstehende Hören war zudem die Besonderheit, dass im Zentralen Schwarzerdegebiet der Buchstabe „g" als „h" gesprochen wird. So sagte man nicht „gorod" (Stadt), sondern „horod", und die sowjetische Kommilitonin nannte man nicht „Galja", sondern „Halja". Wir waren nicht aus der „GDR" (DDR), sondern aus der „HeDeEr".

Während der Zeit des Sprachkurses lernten wir die Stadt Woronesh genauer kennen und hatten erste Kontakte mit den Einheimischen.

Wenn ich an diese Zeit zurückdenke, glaube ich, dass es richtig war, die Gegebenheiten einfach zu akzeptieren, so, wie sie eben waren. Ich fand alles interessant, vieles schön, manches abstoßend. Den Mangel an Waren des täglichen Bedarfs, die unhygienischen Zustände der Toiletten, der Unfreundlichkeit der Behördenmitarbeiter, den barschen Ton der Verkäuferinnen und des medizinischen Personals der Studentenpoliklinik nahm ich gelassen zur Kenntnis. Ich konnte ja nichts daran ändern und wollte mir den Studienaufenthalt nicht vermiesen lassen.

Ich möchte an dieser Stelle erwähnen, dass in Woronesh auch eine andere Kategorie von Kommilitonen studierte, deren Wahrnehmung sich ausschließlich auf die negativen Details im Studienort, im Wohnheim und im Bezug auf die Menschen konzentrierte. Das Prisma dieser Betrachtungsweise verzerrte Gastland und Gastvolk zu einer verachtungswürdigen grauen Masse.

Einer dieser Studienkollegen brachte es fertig, Jahre nach dem Studium der detaillierten Beschreibung der sanitären Anlagen des Wohnheimes mehrere Seiten seines Romans zu widmen. Es ging ihm dabei vermutlich nicht um Erkenntnis und Verständnis für das damalige Gastvolk, sondern schlicht und einfach um das eigene Ego und Selbstdarstellung.

Wahre Erkenntnis setzt positive Gefühle voraus. „Das Geheimnis jeglicher Individualität gelangt nur durch Liebe zur Erkenntnis, und es enthält immer etwas nicht bis ins Letzte, bis in die absolute Tiefe, zugängliches", so schrieb der russische Philosoph Nikolaj Berdjajew, als er sich mit der Thematik der Erkenntnis der Geheimnisse des russischen Volkscharakters auseinandersetzte.

Erkenntnis beginnt nicht im Kopf, sondern – im Herzen, ganz entscheidend ist die Einstellung zum Erkenntnisobjekt.

Ich hatte das Glück, bereits während der ersten Wochen Situationen zu erleben, die in mir Zuneigung zu den russischen Menschen weckten. Daran änderte sich auch später nichts, obwohl ich neben positiven Erfahrungen auch negative machte und unangenehme Erlebnisse verarbeiten musste. Ich sah die Ursachen dafür hauptsächlich in den äußeren Umständen und weigerte mich, alles Schlechte der Bosheit oder Beschränktheit der Russen zuzuschreiben.

Mit wem kamen wir in den ersten Wochen des Aufenthaltes in Woronesh in Kontakt?

Die sowjetischen Studenten befanden sich bis September in den Kolchosen, unterstützten die Kolchosbauern bei der Ernte. Mit diesen konnten wir also erst zu Beginn des neuen Studienjahres Anfang Oktober Bekanntschaft schließen.

Aber täglich wechselten wir ein paar freundliche Worte mit den Wachfrauen- und männern unseres Wohnheimes zum Teil im fortgeschrittenen Rentenalter, die Tag und Nacht gewissenhaft und manchmal mit übertriebenem Eifer an der Pforte ihren Dienst versahen. Auch mit der Milchfrau in ihrem graublauen Baumwollkittel, die morgens vor dem Wohnheim Milch, Schmand und süßen Quark verkaufte, den Kantinenfrauen mit ihren weißen Haarhäubchen oder der Verkäuferin, die im Kiosk in der Friedrich-Engels-Straße mit Zeitungen, Süßigkeiten, Zigaretten und anderem Kleinkram handelte, kamen wir ins Gespräch.

Der ausländische Akzent weckte bei unseren Gesprächspartnern meist das Interesse, mehr über uns zu erfahren.

Sie erkundigten sich, aus welchem Land wir seien, wann unser Studium begänne, ob unsere Eltern zu Hause nichts gegen ein so langes Studium im fremden Land gehabt hätten. Man spürte das rührende Interesse und Wohlwollen, das uns diese Menschen entgegenbrachten. Nie hörte ich ein Wort der Klage, nie drehten sich die Gespräche um das Geld, das zu wenig verdient wurde. Die Bescheidenheit und Aufgeschlossenheit dieser Leute beeindruckten mich, und ich empfand die fehlende Eleganz ihrer äußeren Erscheinung, die manche Kommilitonen zu spöttischen Bemerkungen veranlasste, überhaupt nicht lächerlich.

Die Bemühungen unserer Russischlehrer, uns innerhalb eines Monats für die Lehrveranstaltungen an der Universität fit zu machen, widerspiegelte sich im Bemühen unsererseits, den Respekt der Lehrer zu erringen.

Wir lasen im Unterricht russische Zeitungstexte, beantworteten Fragen zu deren Inhalt, vertieften uns in die Feinheiten der russischen Grammatik, übten an Beispielen ihre Anwendung, erlernten mit Hilfe von Audiokassetten das verstehende Hören, schrieben unentwegt neue

Vokabeln auf, um sie uns dann vor dem Schlafen gegenseitig abzufragen.

Besonderen Wert legten die Lehrer darauf, unsere Konzentration beim Sprechen und Zuhören zu entwickeln. Bewusst langsames Sprechen machte es möglich, Fehler selbständig im laufenden Sprechtext zu korrigieren. Wir mussten auch genau zuhören, wenn andere Kommilitonen sprachen, um anschließend Fehleranalysen durchzuführen. Diese Methode der Konzentrationsschulung und Selbstkontrolle ließ die Menge der Fehler nach und nach immer geringer werden.

In den ersten vier Wochen ständigen Gebrauchs erschloss sich uns die russische Sprache allmählich in ihrer Logik und Schönheit und entwickelte sich zum Schlüssel für das Verständnis des Lebens in unserem Gastland.

Es gibt im Leben Episoden, die trotz ihrer Selbstverständlichkeit (oder vielleicht gerade deshalb) im emotionalen Gedächtnis bewahrt bleiben. An ein solches Erlebnis erinnere ich mich heute noch, und ich habe mir auch das Datum gemerkt: Es war der 28. August 1982.

Während eines Ausfluges mit unseren Russischlehrern zum Abschluss des Sprachkurses in ein nahe der Stadt Woronesch gelegenes Pferdegestüt, genauer gesagt, während der Mittagspause, spazierte ich mit einer Kommilitonin zu dem nahen Birkenwäldchen. Wir hatten einfach das Bedürfnis, zwischen den freundlichen hellen Birken zu verweilen. Man hatte das Gefühl, dass gleich Wassja und Aljonuschka aus dem russischen Märchenfilm zwischen den Bäumen erscheinen und sich entzückt in die Augen schauen müssten. Die Augustsonne schien mild und warm durch die Wipfel der Birkenbäume, ringsum herrschte Stille, es duftete nach Spätsommer und es gab nur diesen Augenblick ohne Gedanken und Sorgen.

Da wir annahmen, allein zu sein, erschraken wir natürlich, als wir unerwartet in geringer Entfernung einen älteren Mann erblickten, der in der einen Hand einen Korb, in der anderen ein Messer hielt und uns scheinbar schon eine ganze Weile beobachtet hatte. Wahrscheinlich sammelte er Pilze. Nach einer kurzen Weile stummen Beobachtens rief der Mann uns etwas zu, was wir leider nicht verstanden.

Der missglückte Versuch, ein Gespräch zu beginnen, zeigte ihm, dass wir nicht zum einheimischen Menschenschlag gehörten. Er sagte noch etwas, und wir glaubten verstanden zu haben, dass er nicht weit von hier wohnte und uns zu sich nach Hause einlud. Mit Neugier, aber etwas misstrauisch und mit ein paar Schritten Abstand folgten wir dem Pilzsammler und waren erleichtert, als wir nach kurzer Zeit wahrhaftig ein Haus am Waldrand erblickten.

Es war ein einfaches Bauernhaus aus Holz, verziert mit Schnitzereien am Giebel, es erinnerte uns an die Häuser aus den sowjetischen Märchenfilmen, die das DDR-Fernsehen alljährlich zur Weihnachtszeit übertrug.

Darin wohnten aber nicht Wassja und Aljonuschka aus dem alten Russland, sondern eine gastfreundliche Familie der sowjetischen Gegenwart. Die Frau des Pilzsammlers begrüßte uns sehr freundlich, hieß uns am Küchentisch Platz nehmen und bewirtete uns ohne Umstände mit dicker Milch und runden, süßen Rosinenbrötchen, die wir in eine Schüssel mit goldschimmerndem Honig eigener Produktion eintunkten. Scheinbar lebte die Familie so einsam in ihrem Häuschen, dass sich selten ein Gast in ihre Gegend verirrte. Jedenfalls schien es ihnen ein Bedürfnis zu sein, den zufälligen Gästen etwas Gutes zu tun.

Da wir hungrig waren, langten wir tapfer zu und ließen uns die noch ofenwarmen Brötchen, den Honig und die dicke Milch schmecken. Die Gastgeber hatten ebenfalls am Tisch Platz genommen und sahen uns wohlwollend beim Essen zu. Selbstverständlich wollten sie erfahren, wie wir uns in ihr stilles, abgelegenes Wäldchen verirrt hätten. Sie stellten uns die üblichen Fragen – woher wir kämen und wie lange und was wir studieren würden. Obwohl unsere Antworten vielleicht etwas unbeholfen ausfielen, zeigte man sich mit unseren Auskünften zufrieden.

Es tat uns leid, dass wir diesen freundlichen Menschen bald Lebewohl sagen mussten, denn wir hatten uns bei der Gruppe nicht abgemeldet. Sicher machten sich die Lehrer schon Sorgen wegen unseres langen Ausbleibens. So wünschten uns Hausfrau und Hausherr viel Erfolg beim Studium, baten uns, sie wieder zu besuchen, falls wir noch einmal in diese Gegend kämen und gaben uns als Wegzehrung mehrere süße Brötchen mit.

Nicht nur das Süße auf der Zunge blieb als angenehmer Nachgeschmack, sondern auch meine erste Erfahrung mit der russischen Gastfreundschaft, die ich gerade gemacht hatte. Die Umstände, unter denen ich die Herzlichkeit und Freundlichkeit meiner Person gegenüber erfuhr, die Stimmung eines warmen, sonnigen, sorgenfreien Augustmittags, in einem russischen Birkenwäldchen in der Nähe der Stadt Woronesh, ließ die kurze Episode zu einem unauslöschlichen Erlebnis werden.

Als Studentenstadt erfreute sich Woronesh in der Sowjetunion eines guten Rufs. Wie man uns mitteilte, nahm die Staatliche Universität Woronesh in der Beliebtheitsskala der sowjetischen Universitäten in den achtziger Jahren den vierten Platz ein.

Außer den sowjetischen Studenten studierten hier junge Leute aus den damaligen sozialistischen Bruderstaaten – der DDR, Bulgarien, Ungarn, Kuba, Vietnam, Laos, der Mongolei, aus europäischen kapitalistischen Ländern wie Portugal und Griechenland, aus den so genannten jungen Nationalstaaten Afrikas, Asiens und Lateinamerikas, aber auch Teilstudenten sowie Doktoranden aus Großbritannien, Österreich, Schweden und anderen Ländern.

Während die Studenten aus den sozialistischen Ländern auf der Grundlage zwischenstaatlicher Abkommen an den sowjetischen Hochschuleinrichtungen ihr Studium absolvierten, kamen die Studenten aus Portugal und Griechenland auf Delegierung ihrer Kommunistischen Parteien in die UdSSR. Die Studienkosten für die Ausbildung der jungen Leute aus Afrika, Asien und Lateinamerika übernahm der sowjetische Staat, der als Führungsstaat des sozialistischen Weltsystems in der Pflicht des „proletarischen Internationalismus" stand. Man bildete hier für die jungen Nationalstaaten unentgeltlich Wissenschaftler aus, insbesondere im Bereich der Gesellschaftswissenschaften, denn die Losung „Von der Sowjetunion lernen, heißt siegen lernen" verpflichtete die Sowjetunion gewissermaßen, ihre eigenen Erfahrungen an die weiterzugeben, die in ihrer gesellschaftlichen Entwicklung dem Vorbild des „großen Bruders" folgten. Damit sicherte die UdSSR gleichzeitig ihren ideologischen Einfluss in diesen Teilen der Welt.

Die Studenten aus der DDR wurden von den Lehrkräften der sowjetischen Hochschulen mit besonderem Respekt behandelt, und zwar aufgrund der guten Erfahrungen mit den ersten Studentengenerationen, die sich durch ihre vorbildliche Studiendisziplin und ihre ausgezeichneten Leistungen hervorgetan hatten. Die Lehrkräfte stellten an uns höhere Anforderungen als an die Studenten aus den jungen Nationalstaaten der anderen Kontinente, denen man ihre Sprachbarrieren großmütig nachsah und die manchmal wie Kinder behandelt wurden.

Nicht nur die sowjetischen Lehrkräfte erwarteten von uns ausgezeichnete Leistungen. Es war eine selbstverständliche Pflicht, dass jeder Student aus der DDR halbjährlich im Anschluss an die Semesterprüfungen vor den Kommilitonen – der FDJ-Gruppe bzw. der Parteigruppe − Rechenschaft über seine Leistungen, insbesondere über schwache Leistungen ablegte. Eine Drei auf dem Semesterzeugnis gab Anlass zur Kritik und zog die Konsequenz nach sich, dass der Betreffende eine Begründung für seine schwache Leistung liefern musste. Daran knüpfte sich die Erwartung an ihn, die Einstellung zum Studienziel selbstkritisch zu überprüfen und künftig größere Bemühungen an den Tag zu legen. Wiederholt diskutierten wir in den Gruppen Lernmethoden, um Erfahrungen auszutauschen, wie bessere Lernergebnisse erreicht werden konnten. Der Staat DDR hatte Vertrauen in uns gesetzt, das es nicht zu enttäuschen galt und bestand auf seinem Anspruch, für die Finanzierung des Studiums angemessene Leistungen einzufordern.

Die höchste Kontrollinstanz über unsere Studienleistungen und unser Auftreten in der studentischen Öffentlichkeit war die Studentenabteilung in Moskau. Kurzfristige außerplanmäßige Besuche aus Moskau und unangenehme Aussprachen waren dann zu erwarten, wenn den Vertretern dieser Institution Beschwerden zugetragen worden waren. Je nach Sachlage und Art der Verfehlung wurde die FDJ-Leitung, die Parteileitung oder das sowjetische Dekanat für Angelegenheiten der ausländischen Studenten zwecks möglichst diskreter Klärung der Angelegenheit einbezogen. In schwerwiegenden Fällen konnte als äußerste Maßnahme die Exmatrikulation des betreffenden Studenten in die Wege geleitet werden. Auf studentischen Vollversammlungen setzten die Vertreter der Studentenabteilung die „Landsmannschaft" über bestimmte Entscheidungen und deren Folgen in Kenntnis und verbanden dies mit eindringlichen Appellen an die Ehre und das staatsbürgerliche Gewissen der Studenten.

Unser monatliches Stipendium betrug achtzig Rubel, das Doppelte der Summe, die die sowjetischen Studenten erhielten. Von diesem Geld konnte man auskömmlich leben und sogar sparen. Nahrungsmittel, die Speisen in der Studentenmensa, Bücher und Theaterkarten kosteten nicht viel und Kleidung und Schuhe brachten wir von zu Hause mit. Wer ausgezeichnete Leistungen im Studium erreichte, konnte von der FDJ-Leitung für ein zusätzliches Leistungsstipendium in der DDR vorgeschlagen werden. Voraussetzung für dessen Bewilligung war die Zustimmung der Studentenabteilung. Nach erfolgreichem Abschluss des Studiums gab es für Beststudenten Diplome mit rotem, für die anderen mit blauem Einband. Während des Studiums verliehen die Fakultäten der Universität Ehrenurkunden als Belohnung und Anreiz für gute und ausgezeichnete Studienleistungen, und von den Ehrentafeln schauten die auf Fotopapier gebannten ernsten Mienen der besten Studenten in die langen, schummrigen Korridore hinein.

Der Auftrag der Grundorganisation der Freien Deutschen Jugend in Woronesh bestand nicht nur in der regelmäßigen Kontrolle der Studienleistungen der Studenten. Entsprechend den Gegebenheiten vor Ort wurde auch ein reges kulturelles und politisches Leben organisiert. Basis dafür waren die Jahrespläne. Die Grundorganisationen hatten die gleiche Struktur wie in der DDR. So wählten die Studiengruppen der unterschiedlichen Fachrichtungen jeweils ihre Gruppenleitung, die aus dem Vorsitzenden, dem Stellvertreter, dem Verantwortlichen für Agitation und Propaganda und dem Kulturfunktionär („Kufu") bestand. Es gab Wahlorgane auf Gruppenebene und auf der Ebene der Grundorganisation. Der Vorsitzende der Grundorganisation repräsentierte die „Landsmannschaft" bei offiziellen Veranstaltungen der Universität und auf Länderabenden. „Landsmannschaft" – auf Russisch ein ganz normal verwendeter Begriff – war für die Studentenabteilung in Moskau ein Reizwort, weil es einen gesamtdeutschen Klang hatte, und deshalb ungern gehört.

Regelmäßig fanden Grundorganisationswahlen statt, denen so etwas wie ein Wahlkampf voranging. Trotz aller demonstrativen Einheit vor der Öffentlichkeit gab es unterschiedliche Auffassungen zur Arbeitsweise der FDJ, insbesondere zum Demokratieverständnis, deren Vertreter miteinander polemisierten, Intrigen austrugen und sich dabei jeweils auf Staats-und Parteibeschlüsse aus der Heimat beriefen. Nach der Wahl ebbten die Diskussionen ab, aber die Meinungsverschiedenheiten bestanden weiter.

Trotz der latenten Unstimmigkeiten gelang es, in den meisten Studiengruppen eine anspruchsvolle und abwechslungsreiche Freizeitgestaltung zu organisieren. Im Frühjahr, nach der Schneeschmelze und bei wärmeren Temperaturen, unternahmen die Gruppen Wanderungen in die Wälder der Umgebung, sangen am Lagerfeuer Lieder, suchten auf Osterspaziergängen in Wald und Feld Ostereier.

Es gab die Möglichkeit, in der Turnhalle des Medizinischen Instituts Volleyball zu spielen, im Winter Ski und Schlittschuh zu laufen und am jährlich stattfindenden großen Sportfest teilzunehmen. Der Kulturfunktionär organisierte auch Theater-und Kinobesuche für die ganze Gruppe. Außerdem boten Feiertage wie der Erste Mai und Lenins Geburtstag Gelegenheiten, gemeinsam etwas zu unternehmen, zu wandern oder mit dem Vorortzug an die Usmanka, ein Flüsschen unweit von Woronesh, zu fahren und dort zu wandern, zu baden, am Lagerfeuer zu sitzen und im Freizeitcamp zu nächtigen. Diese Unternehmungen erfreuten sich großer Beliebtheit.

Unser Vorteil gegenüber den Moskauer Studenten war die weitgehende Unabhängigkeit vom Zugriff der Studentenabteilung der DDR-Botschaft in Moskau. Aufgrund der Entfernung „beehrten" uns die Vertreter der Studentenabteilung nur, wenn es Anlass dazu gab, während die „Moskauer" ständig mit dem Auftauchen dieser unerwünschten Besucher rechnen mussten.

Zu den angenehmen Dingen in Woronesh zählten die Päckchen aus der Heimat und die großen Lizenzpakete, die wir einmal pro Jahr, zu Weihnachten, von den Eltern und Geschwistern geschickt bekamen. Diese enthielten Kostbarkeiten, die es in den sowjetischen Läden nicht gab: Kaffee, Hygieneartikel, Kosmetik, Wurst, Kleidung. So ein Päckchen war immer eine angenehme Überraschung.

Für den Empfang der Päckchen und Pakete mussten wir auf der Zentralen Post den Benachrichtigungsschein und den Reisepass vorlegen. Da geteilte Freude umso größer ist, wurden die Päckchen für gewöhnlich im Beisein aller Zimmergenossen geöffnet. Mit Andacht packten wir Stück für Stück aus, begutachteten und sortierten die kostbaren Dinge in Abhängigkeit von ihrer weiteren Existenzdauer. Einen Teil der Lebensmittel erwartete der sofortige Verzehr, ein weiterer Teil wurde für den späteren Verbrauch zurückgelegt. Wie bereits erwähnt, hingen in vielen Wohnheimfenstern Salamis, die den Passanten verrieten, in welchen Zimmern Studenten aus der DDR wohnten.

Da in den Päckchen keine Wurstkonserven oder Knackwürste geschickt werden durften, mussten die Absender kleine Tricks anwenden. So wickelten sie beispielsweise die Mortadella-, Leberwurst – und Jagdwurstkonserven in Blaupapier, damit diese unbemerkt durch die Durchleuchtungskontrolle der Zöllner gelangten, oder sie steckten die Knackwürste einfach in die Papprollen des Toilettenpapiers. Tatsächlich gelang es unseren Müttern, die gewieften sowjetischen Zöllner hinters Licht zu führen. Leider machte der sowjetische Zoll ab und zu – im wahrsten Sinne des Wortes – Stichproben, und so kamen manche Päckchen durchstochen beim Empfänger an. Die Stiche konnten zwar den Wurstkonserven nichts anhaben, dafür aber den Waschpulverschachteln, Fitflaschen und Plastikfläschchen mit Zitronensaft. Folge der barbarischen Kontrollen waren nach Waschmittel schmeckende Knackwürste und Pralinen, aber auch zitronensaftgetränkte oder fitschäumende Bände von Tolstoi.

Am schönsten und spannendsten aber war die Ankunft der großen Lizenzpakete vor Weihnachten, die Dinge enthielten, die in den normalen Päckchen nicht geschickt werden durften. Meistens legten die Mütter Weihnachtsstollen, Backzutaten für die Weihnachtsbäckerei, Wurst, Süßigkeiten aller Art, Kakao, Kaffee oder neue Kleidungsstücke in die Pakete. Beim Packen der Lizenzpakete musste ganz präzise gerechnet und abgewogen werden. Denn falls der Postbeamte in der Heimatstadt feststellte, dass das zugelassene Gesamtgewicht überschritten war, musste das mühevoll präparierte und verschnürte Paket geöffnet und neu gepackt werden. Es gab aber auch Studenten, die keine Lizenzpakte von zu Hause erhielten. Diese mussten auf die weihnachtlichen Überraschungen verzichten, und für den einen oder anderen war es sicher bitter und enttäuschend, im Gegensatz zu den anderen leer auszugehen. Ein Fall ist mir im Gedächtnis geblieben, der aus diesem Umstand heraus zu unehrlichem Handeln führte.

Da die Briefe und Benachrichtigungsscheine öffentlich auf dem Tisch im Eingangsbereich der Studentenwohnheime auslagen, ließ es sich nicht vermeiden, dass sie unter Umständen in fremde Hände gelangten. So bekam eine Studentin in der Vorweihnachtszeit einmal nicht ihr von der Mutter angekündigtes Lizenzpaket, weil eine Kommilitonin gleichen Vornamens den Benachrichtigungsschein an sich genommen und unter Vorlage ihres Reisepasses das nicht für sie bestimmte Paket auf der Post abgeholt hatte. Das konnte geschehen, weil sich die Postbeamten nicht die Mühe gemacht hatten, die ausländischen Vor- und Zunamen auf dem Zettel und im Pass zu entziffern und zu vergleichen. Wenig später klärte sich der Fall glücklicherweise auf, peinlich für die Schuldige, Glück für die wahre Paketbesitzerin.

Gaudeamus igitur - Lasset uns froh sein

Es war Anfang Oktober, als die sowjetischen Studenten aus dem Ernteeinsatz zurückkehrten und das Studienjahr offiziell starten konnte. Für uns neugebackene Studenten des ersten Studienjahres begann der neue Lebensabschnitt mit einer feierlichen Eröffnungszeremonie, zu der wir geschlossen vor dem Ehrenmal der im Großen Vaterländischen Krieg gefallenen Studenten und Lehrkräfte Aufstellung nahmen. Voll Ernst folgten wir der Rede des Rektors der Universität, der uns aufrief, zu Ehren der Heimat nach guten Studienergebnissen zu streben. Eine Studentin sprach den Text des studentischen Schwurs langsam und ausdrucksvoll vor und die sowjetischen Kommilitonen riefen nach jedem Absatz wie mit einer Stimme aus: „Klinjomsja!" („Das schwören wir!")

Studieren war in der Sowjetunion gleichbedeutend mit der Erfüllung eines gesamtgesellschaftlichen Auftrages. Die Gesellschaft, die als „großes Kollektiv" ein gemeinsames Ziel – den kommunistischen Aufbau – anstrebte, stellte an ihre künftige „sozialistische Intelligenz" hohe moralische und fachliche Ansprüche. Die sowjetischen Studenten mussten, um zum Studium zugelassen zu werden, Aufnahmeprüfungen ablegen. Der Student als Wissenschaftler oder Lehrer in spe hatte nicht die berufliche Karriere (welch kleinbürgerlicher Begriff!) im Blick, sondern sollte seine Kraft und sein Wissen künftig dort einsetzen, wo ihn die Gesellschaft am dringendsten brauchte. Aus diesem Grund wurden die Absolventen für die ersten Jahre nach Abschluss des Studiums Bereichen und Regionen, in denen Mangel an Fachkräften herrschte, zugewiesen.

Unter anderem handelte es sich dabei um Randregionen der riesigen Sowjetunion und ländliche Gegenden, aber auch Gebiete mit extremen klimatischen Bedingungen. Manche Absolventen gingen nach dem Studium freiwillig in den russischen Norden oder in den an China oder die Mongolei grenzenden Süden der Sowjetunion. Der Mehrzahl der Studenten jedoch war es nicht egal, wohin sie das Schicksal verschlagen würde.

Es gab unterschiedliche Alternativen, einer ungewünschten Zuweisung zu entgehen. Zum Beispiel konnte man sich der wissenschaftlichen Arbeit widmen, mit einem sehr guten Studienabschluss als Assistent an der Hochschule bleiben und sich mit einer Dissertation die wissenschaftliche Laufbahn ebnen, wobei der Aufstieg allerdings mehr Ehren als Geld einbrachte. Andere wiederum heirateten oder wurden schwanger, um bei der Verteilung ein Mitspracherecht zu haben. So durften alleinstehende Mütter nicht ohne weiteres „in die Wüste" geschickt werden. Wer aber einmal an einer ländlichen Mittelschule in der Provinz festsaß, blieb dort meist auch über die obligatorische Frist hinaus, zumal es fast unmöglich war, ohne Beziehungen Zuzug für eine große Stadt zu bekommen.

Das Studium an der Staatlichen Universität Woronesh ließ relativ geringe Freiräume für eine individuelle Studiengestaltung. Die Studenten hatten, gemäß ihrem gesellschaftlichen Auftrag, die Pflicht, an allen Lehrveranstaltungen – Vorlesungen, Seminaren und Praktika – teilzunehmen.

Die Einteilung in Studienjahrklassen und deren Unterteilung in Seminargruppen gestattete den Lehrkräften die Kontrolle über die Leistungen der einzelnen Studenten und die Regelmäßigkeit der Anwesenheit bei Lehrveranstaltungen. In den Seminargruppenbüchern vermerkten die Lehrkräfte Anwesenheit, Fehlzeiten und Abwesenheitsgründe. Häuften sich bei einzelnen Studenten Fehlzeiten, wurde das Studiendekanat darüber unterrichtet und der betreffende Student musste mit Sanktionen in Form von Verweisen oder strengen Verweisen bis hin zur Exmatrikulation rechnen.

Die obligatorische Anwesenheitskontrolle, die „Pereklitschka", die zu Beginn jeder Lehrveranstaltung von den Lehrkräften mit Ernst und Strenge vorgenommen wurde, gab den Studenten immer wieder Anlass zur Heiterkeit. Grund dafür waren die Späßchen, die mit den Dozenten getrieben wurden, weil sich diese nicht sofort die Namen aller sechzig Studenten des Studienkurses merken konnten.

Beim namentlichen Aufrufen jedes einzelnen Studenten in alphabetischer Reihenfolge kam es zum Gaudium der anwesenden Studenten vor, dass anstelle des Studenten Artjomow, der in seinem Wohnheimbett den Rausch vom vergangenen Abend ausschlief, der Student Schabanow die Hand hob und kurz darauf bei der Nennung seines eigenen Namens wiederum die Hand hob, ohne dass der Dozent dessen doppelte Anwesenheit bemerkte. Besondere Heiterkeit verursachte jedes Mal das Vorlesen der Namen der ausländischen Studenten, weil die arabischen oder asiatischen Namen im Russischen komisch entstellt klangen.

Die russische Sprache ist bei der Schreibweise ausländischer Namen und Begriffe ziemlich schwerfällig und manche Buchstaben fremder Alphabete haben im Russischen kein Äquivalent. Der Buchstabe „h" wird im Russischen entweder durch „ch" oder „g" ersetzt. So wird die Stadt Hamburg im Russischen zu „Gamburg", die Stadt Halle zu „Galle" und Dichter Heinrich Heine zu „Gejnrich Gejne".

Nachdem der damalige Generalsekretär der KPdSU Juri Andropow zu höherer Verantwortlichkeit und Disziplin am Arbeitsplatz gemahnt hatte, rief das Dekanat der Historischen Fakultät 1983 zwecks noch sorgfältigerer Anwesenheits- und Leistungskontrolle eine sogenannte Unterrichtserziehungskommission (auf Russisch abgekürzt: UWK) ins Leben. Diese setzte sich aus jeweils einem Studenten aus jeder Seminargruppe zusammen. Den Mitgliedern der UWK wurde der Auftrag erteilt, parallel zum Klassenbuch ein Heft zu führen, in dem die Fehlzeiten der Studenten festgehalten wurden. Die UWK sollte mit ihrer Tätigkeit studentische Selbstkontrolle ausüben, war aber eigentlich nur ein Anhängsel der Fakultätsleitung. Da die Kommissionsmitglieder den Sinn ihrer Tätigkeit selbst nicht einsahen, führte das Schattendasein dieser unsinnigen Institution nach kurzer Zeit zu ihrer Liquidierung.

Zur Betreuung jeder Seminargruppe stand ein sogenannter Kurator zur Verfügung, der während der Eingewöhnungsphase im ersten Studienjahr regelmäßig Seminargruppenstunden durchführte.

Der ständige Kontakt zwischen Lehrkräften und Studenten schuf Vertrauen. Unter diesen Bedingungen machte das Studieren Spaß. Niemanden störte es, dass Unterrichtsrituale aus der Mittelschule an der Universität weitergeführt wurden. Wie sie es aus zehn Jahren Schulunterricht gewohnt waren, erhoben sich die Studenten von ihren Plätzen, wenn ein Dozent den Raum betrat bzw. sie von einem Dozenten zu einer Antwort aufgefordert wurden. Alle Lehrkräfte, auch die Professoren, wurden von den Studenten mit Vor- und Vatersnamen angeredet. Das tat der Autorität keinen Abbruch.

Anliegen an die Lehrkräfte konnten jederzeit vorgebracht werden, und dies ohne vorherige Terminabsprache. Falls der Dozent nicht in der Universität auffindbar war, ging man zu ihm einfach in die Wohnung. Die Adresse? Kein Problem. Datenschutz kannte man im Dekanat nicht. Auch die Lehrkräfte fanden dabei nichts Besonderes.

Nicht selten hielten sowjetische Professoren ihrer Universität bis ins hohe Alter die Treue. Siebzigjährige Dozenten gehörten ganz selbstverständlich zum Lehrbetrieb. Die Verehrung der alten Professoren ging zuweilen sogar soweit, dass verstorbene Lehrkräfte im offenen Sarg in der Aula aufgebahrt wurden, damit ihnen die Studenten und Kollegen die letzte Ehre erweisen konnten.

Insgesamt bewirkten die straffen Studienpläne und die ständige Kontrolle eine gute Studiendisziplin. Der Zwang, alle Lehrveranstaltungen zu besuchen, und seien sie – nach Auffassung der Studenten – noch so unsinnig, sorgte für ein ausgeglichenes Leistungsniveau, so dass die Semesterprüfungen von fast allen fristgemäß abgelegt werden konnten. Eine Verlängerung der Studiendauer war die Ausnahme, es gab keine „ewigen" Studenten.

Für die Zeit der Semesterferien bekamen die Studenten der Historischen Fakultät den Auftrag, eine vorgegebene Anzahl historischer Romane zu lesen. Da das Pensum wirklich nicht zu schaffen war, lasen wir manches Buch diagonal, um überhaupt eine Vorstellung vom Inhalt zu bekommen und im Seminar nicht dumm da zu stehen.

Normalität

Die Lehrveranstaltungen der Staatlichen Universität Woronesh fanden in mehreren Unterrichtsgebäuden statt, von denen sich die meisten in der Nähe des Stadtzentrums befanden.

Das Hauptgebäude thront – auch heute noch – hufeisenförmig als markantes Bauwerk über dem rechten Ufer des Stausees, nicht weit entfernt von dem Platz, an dem zu Zeiten Peters des Großen die berühmte Woronesher Schiffswerft errichtet wurde. Aus den Fenstern dieses Gebäudes bot sich uns ein grandioser Blick über den Stausee bis hin zum linken Ufer. In der Ferne sah man die mehrgeschossigen Wohnblocks der neuen Wohngebiete des linken Ufers und die Bögen der Montagehallen des Woronesher Flugzeugwerkes, in dem die berühmten Airbusse hergestellt wurden.

Oft standen wir in den Pausen an den Fenstern, den Kopf in die Hände gestützt, die Ellenbogen auf den breiten, einst weißen, jetzt abgeblätterten Fensterbrettern, und ließen den Anblick des Sees auf uns wirken, der zu jeder Jahreszeit ein anderes Gesicht zeigte. Im Sommer fanden auf dem Wasser Bootsregatten und Dampferfahrten statt. Im Winter gefror die Wasseroberfläche fast vollständig, und wir konnten dann die Eisangler als dunkle Punkte auf der hellen Eisfläche beobachten. Im russischen Winter sind zwanzig Grad unter Null oder noch tiefere Temperaturen über einen längeren Zeitraum normal. Wenn der eisige Wind um das Universitätsgebäude pfiff, die eiskalte Luft über dem Wasserspiegel flimmerte und die kalten, mattgelben Sonnenstrahlen von dort nur noch Kälte reflektierten, waren wir froh, in den geheizten Unterrichtsräumen sitzen zu dürfen. Ebenso wie die Wohnheimfenster waren auch hier die Doppelfenster mit blauem und grünem Plastilin und mit Filz abgedichtet.

Direkt vor dem Hauptgebäude befand sich die Endhaltestelle mehrerer O-Buslinien. Der O-Bus war das von den Studenten am häufigsten benutzte Verkehrsmittel. Die Fahrten glichen zuweilen Abenteuern. Man muss wenigstens einmal selbst mit einem sowjetischen O-Bus während der Hauptverkehrszeit gefahren sein, um eine Vorstellung von dem zu bekommen, was für ein sinnliches Erlebnis eine solche Fahrt sein konnte.

Regelmäßig gab es an den Haltestellen Geschiebe und Gedränge, um überhaupt in das Innere des O-Busses zu gelangen. Die Infrastruktur der Fast-Millionen-Stadt mit den Tausenden Studenten der zahlreichen Hoch- und Fachschulen war eindeutig überlastet. Zu den fehlenden Plätzen in den Verkehrsmitteln kamen noch die Wartezeiten an den Haltestellen, was chaotische Zustände beim Ein- und Aussteigen zur Folge hatte. Dabei kam das Prinzip „Jeder gegen jeden" zum Einsatz. Das Kuriose war, dass selbst die Letzten aus der Warteschlange noch in letzter Sekunde irgendwie in das Businnere gelangten. Die Fahrzeuge schienen aus einem besonderen Dehnungsmaterial gefertigt zu sein.

Der letzte Fahrgast hatte die größte Verantwortung für eine erfolgreiche Fahrt. Auf der untersten Stufe stehend, bei noch geöffneter Tür und bereits anfahrendem Fahrzeug, hatte er sich solange mit aller Kraft gegen die über ihm auf den oberen Stufen stehenden, zusammengepferchten Menschen zu pressen, bis in seinem Rücken die Ziehharmonikatür knarrend zuschnappen konnte. Nicht selten wurde ein Körperteil oder ein Kleidungsstück in der Tür eingeklemmt und dem Betroffenen blieb nicht weiter übrig, als in der unerquicklichen Körperhaltung bis zur nächsten Haltestelle auszuharren. Besonders beklemmend konnten solche Fahrten im Winter sein, wenn die dicken Pelzmäntel den Platz einnahmen, der sonst Fahrgästen zustand. Der Fahrgastandrang im Winter war sogar noch größer, da niemand in der schneidenden Eiseskälte durch die Straßen der Stadt laufen wollte. Dann sah man durch die Fensterscheiben der Busse gar nichts mehr, denn der warme Atem der vielen Menschen in der kalten Luft des Fahrgastraumes ließ die Scheiben vollkommen beschlagen. Aktentaschen und prall gefüllte Einkaufstaschen störten in dem Gedränge, weil sie die Bewegungsfreiheit der Fahrgäste noch mehr einschränkten.

Man stand Kopf an Kopf, Rücken an Rücken und Po an Po. Die Zeit der Fahrt im O-Bus gab ausreichend Gelegenheit, seine Gegenüber ausgiebig zu betrachten, schöne und weniger schöne Details zu registrieren oder seinen Hinter- und Nebenmann mit seinem physischen Relief zu erfühlen. Auch ohne besonders scharfen Geruchssinn ließen sich die Bestandteile des gewöhnlichen Luftmixes identifizieren und meist auch personell zuordnen: frisch genossenen Knoblauch, Wodkafahne, feminines Parfüm „Made in USSR".

Wer sich normalerweise keine Gedanken darüber machte, ob sein Gesicht oder seine Gestalt schön oder hässlich auf andere wirkte, erfuhr unter Umständen die harte Wahrheit im O-Bus, in der Hitze des Kampfes um einige Quadratzentimeter Standfläche. Die verbalen Auseinandersetzungen sprühten nur so von Einfallsreichtum und forderten andere Fahrgäste zu Kommentaren oder zur Parteinahme für den einen oder anderen Kontrahenten heraus.

Dass so viele Menschen im O-Bus eingepfercht waren, hatte auch einen Vorteil: Niemand konnte umstürzen. Selbst dann nicht, wenn die „O-Bus-Hörner" während der rasanten Fahrt den Kontakt zur elektrischen Oberleitung verloren, mit lautem Krachen auf das O-Busdach fielen und das Fahrtzeug dadurch abrupt zum Halten kam. Dann blieb dem Fahrer nichts weiter übrig, als auszusteigen und mit Hilfe einer langen Gabel die Hörner wieder nach oben zu hieven, was geraume Zeit in Anspruch nehmen konnte. Inzwischen stauten sich dann weitere O-Busse in der Fahrspur hinter dem havarierten Fahrzeug.

Wenn die Fahrt ihrem Ende zuneigte und die Zielhaltestelle nahte, musste man rechtzeitig aufstehen, um die am nächsten stehenden Fahrgäste zu fragen: „Steigen Sie aus?", was bedeutete:„Ich steige an der nächsten Haltestelle aus – lassen Sie mich durch?" Dann drängte man sich, auf fremde Füße tretend und ständig „Verzeihung" murmelnd, durch die Menschenmenge in Richtung Tür. Meist bedurfte es zuletzt noch der gemeinsamen Anstrengung derer, die aussteigen wollten, um die Tür zu öffnen, weil diese klemmte oder wegen der Leute auf den

Stufen nicht aufging. War man zuletzt glücklich auf dem Gehsteig gelandet, holte man zunächst tief Luft, zählte die Mantelknöpfe und brachte sich in Ordnung. Dann war das Abenteuer O-Busfahren zu Ende.

Aber so wie gut und böse oft beieinander sind, gab es in den O-Bussen nicht nur Zeter und Mordio, sondern auch menschliche Gesten. Wenn eine schwangere Frau, ein Kriegsveteran, ein altes Mütterchen oder eine Frau mit ihrem kleinen Kind in den Bus stieg, fand sich trotz der Enge immer jemand, der diesen Menschen seinen Sitzplatz anbot. Die dabei in Bewegung geratende Menge machte dann ohne Murren bereitwillig Platz. Selten kam es vor, dass ein junger Mann oder ein junges Mädchen es versäumte, den eigenen Sitzplatz anzubieten. In diesen Fällen sparten die anderen Fahrgäste nicht mit unfreundlichen Bemerkungen.

Fahrgäste, die es nicht geschafft hatten, vor Antritt der Fahrt einen Fahrschein zu kaufen, konnten dies beim Busfahrer nachholen. Eingepfercht in der Menschenmasse, gehörte schon etwas Geschicklichkeit dazu, zunächst das Geld aus der Tasche zu angeln und dann den Arm in eine günstige Position zu bringen. So war es möglich, die Münzen dem Nächststehenden mit der Bitte „Peredaitje poshaluista – Geben Sie bitte weiter!" in die Hand drücken. Dieser musste seine Hand ebenfalls in eine passende Position bringen, um das Geld in Empfang zu nehmen und an den Nächsten weiterzugeben, und das Spiel wiederholte sich solange, bis der Fahrer irgendwann in den Besitz der Münzen gelangte und die Fahrkarten, gegebenenfalls auch das Wechselgeld, über seine Schulter nach hinten in den Fahrgastraum reichte. Diese gelangten auf dem gleichen Weg zurück und der Fahrkartenbesitzer nahm nun Anlauf zum nächsten Akt, der hieß, „Probejtje poshaluista – Entwerten Sie bitte!"

Man übergab den Fahrschein an den nächststehenden Fahrgast, und so ging der Fahrschein von Hand zu Hand, bis es jemanden möglich war, ihn an einem der Entwerter zu lochen. Dann nahm der entwertete Fahrschein wieder den Weg zurück zu seinem Besitzer.

So umständlich diese Prozedur war und durch wie viele Hände das Geld ging: Ich habe niemals erlebt, dass sich jemand fremde Münzen in die eigene Tasche gesteckt hätte. Früher oder später erreichten die

Fahrscheine immer ihren Käufer, selbst am äußersten Ende des Fahrgastraumes.

Da uns Studenten das frühe Aufstehen schwerfiel, standen wir jeden Morgen unter Zeitdruck, um die Lehrveranstaltungen rechtzeitig zu erreichen. Deshalb waren wir auf die Pünktlichkeit der O-Busse angewiesen. Jeder wusste, dass die öffentlichen Verkehrsmittel – besonders im Winter – nicht pünktlich waren, was uns oft als Entschuldigungsgrund für eventuelles Zuspätkommen in der Universität diente.

Die Universität empfing die Studenten in einer gläsernen Eingangshalle, genannt „Aquarium". Allerdings konnte man nicht ohne weiteres in das Universitätsgebäude gelangen, denn zunächst kontrollierte eine Wachperson den Studentenausweis und wehe, man hatte ihn nicht bei sich! Unbefugten Personen verwehrte der Wächter lautstark und konsequent den Durchgang. Bei den Wachpersonen handelte es sich vor allem um ältere Frauen oder Männer, meist Teilnehmer des Großen Vaterländischen Krieges, die mit ihrer Tätigkeit ihre schmalen Renten etwas aufbesserten. Deren barsches Auftreten verwandelte sich nach Erfüllung der Dienstpflicht in freundliches Wohlwollen älterer, lebenserfahrener Leute, die den Studenten aus ihrem entbehrungsvollen Leben erzählten, sich nach den Studienerfolgen erkundigten und sich freuten, wenn wir auf ein Gespräch eingingen.

Das Dekanat und die Lehrstühle der Historischen Fakultät befanden sich im dritten Stock, nur den Lehrstuhl für Geschichte der Kommunistischen Partei der Sowjetunion, heute Lehrstuhl für Politologie, hatte man in einem anderen Unterrichtsgebäude untergebracht. Im Studienjahr 1982/83 fand der Unterricht an der Historischen Fakultät in der „zweiten Schicht" statt: Der Unterricht begann dreizehn Uhr fünfundzwanzig und endete neunzehn Uhr dreißig. Ab 1983 lernten wir in der „ersten Schicht", von neun Uhr bis zum frühen Nachmittag. Der Unterricht selbst war in „Unterrichtspaare" – zwei mal fünfundvierzig Minuten – gegliedert. Auch an den Sonnabenden fanden Lehrveranstaltungen statt.

Die Hörsäle und Seminarräume waren mit Möbeln ausgestattet, die an Bescheidenheit kaum zu unterbieten waren. Das Parkett ließ die einstmals gelbe Färbung unter dem staubigen Grau nur noch erahnen und knarrte an manchen Stellen fürchterlich. Die alten, harten Holzbänke ohne Lehnen, auf denen es sich nicht sehr bequem saß, hinderten uns aber wenigstens vor dem Einnicken während der Lehrveranstaltungen. Die Tischplatten der blaugestrichenen Holztische trugen mitunter interessante Verzierungen: von einstigen Studiengenerationen eingeritzte Sprüche, teils anzüglich, teils witzig, aller Art Karikaturen und geheimnisvolle Zeichen und Initialen.

Die Doppelfenster der Hörsäle waren wegen der Frischluftzufuhr meist gekippt. Platz genug, um wissbegierigen Spatzen eine Möglichkeit zu bieten, aus der Vogelperspektive den Vorlesungen beizuwohnen und artspezifische Kommentare von sich zu geben.

Als einzige technische Unterrichtsmittel kamen die sogenannten „Polyluxe" und Bildwerfer zum Einsatz. Die Ära der Laptops und Beamer lag noch in weiter Ferne. In den Büros der Lehrstühle gab es außer mechanischen Schreibmaschinen und Telefonen keine Technik, ganz zu schweigen von Computern. Wichtigstes Unterrichtsmittel und größter Reichtum der Universität waren die Lehrbücher, die wir jeweils zum Semesterbeginn in einer umständlichen Prozedur ausgehändigt bekamen.

Wir freuten uns zwar auf die Bücher, aber nicht auf die Prozedur der Ausgabe in der Bibliothek. Schuld daran war das traditionelle manuelle Ausleihsystem, in dem keine technischen Hilfsmittel zum Einsatz kamen. Der Student selbst hatte in der Bibliothek keinen Zugriff zu den Lehrbüchern. So gebot es das studentische Schicksal, sich zweimal jährlich mit den Lehrbüchern des abgeschlossenen Semesters auf bzw. unter dem Arm in einer von zwei Warteschlangen vor der Tür des Ausgaberaumes anzustellen und geduldig mit erlahmenden Armen auszuharren, bis die Aufforderung zum Eintreten erfolgte. Das Personal achtete dabei streng darauf, dass die Tür nach dem Einlass wieder geschlossen wurde. Dies war notwendig, um eilige Studenten zu stoppen, die außer der Reihe bedient werden wollten.

Zur Abgabe wurden die Lehrbücher auf dem Holztisch, der uns Studenten vom Heiligtum der Bibliothek, dem mit Bücherregalen gefüllten Hauptteil des Raumes, trennte, zu einem Stapel aufgeschichtet. Die Annahme und Ausgabe der Lehrbücher besorgten zwei oder drei Bibliothekarinnen, die zuerst die jeweilige Ausleihkartei aus dem

Karteikasten heraussuchten und anschließend Lehrbuch für Lehrbuch einzeln entgegennahmen, begutachteten, durchblätterten und die Annahme dokumentierten. Anschließend verschwand die Bibliothekarin für eine Weile zwischen den Bücherregalen, um die zahlreichen Lehrbücher für das beginnende Semester herauszusuchen. Bis diese als Bücherstapel auf dem Tisch lagen und ihr Verleih ordnungsgemäß registriert war, verging wieder eine geraume Weile. Die Abfertigung eines Studenten mit seinen Lehrbüchern dauerte ziemlich lange, und falls das eine oder andere Lehrbuch nicht gleich in der Vielzahl der Regale auffindbar war, verlängerte sich die Wartezeit entsprechend. Währenddessen warteten die anderen mit ihren Büchern vor der Tür und bekamen Affenarme.

Überhaupt ließ die technische Ausstattung der wissenschaftlichen Einrichtungen Woroneshs damals in den achtziger Jahren sehr zu wünschen übrig. Heute wird aber wie überall moderne Technik genutzt. Die Wende zur Technisierung kam um das Jahr 2000, Personalcomputer wurden angeschafft, Internetanschlüsse eingerichtet. Vermutlich ist heute die Ausstattung der Bibliotheken ebenfalls zeitgemäßer. 1983 jedenfalls lernten wir im Fach „Technische Lehrmittel" im Verlaufe eines ganzen Semesters lediglich die Bedienung des „Polylux" und des Bildwerfers.

War es Wissenschaft?

Aus heutiger Sicht, also fast dreißig Jahre nach Beendigung des Studiums, wage ich einen kurzen Rückblick auf die Studieninhalte. Insbesondere einen Aspekt bewerte ich heute kritisch: die Beeinträchtigung des wissenschaftlichen Wertes gesellschaftswissenschaftlicher Forschungen durch ideologische Vorgaben und ideologische Einflussnahme. Dieser Vorwurf, der die Wissenschaften in der Sowjetunion und der anderen Ländern des Staatssozialismus trifft, ist nicht von der Hand zu weisen. Erinnert sei zum Beispiel an die absurde Genetikdebatte Anfang der fünfziger Jahre in der UdSSR, die auch in der DDR geführt wurde. Wenn Forschungsergebnisse nicht in das weltanschauliche Bild passten, konnte es passieren, dass sie als Produkt bürgerlicher Wissenschaft abgewertet und Forscher, die ihre Forschungsergebnisse standhaft verteidigten, in die Ecke des Klassenfeindes gestellt wurden. Es gibt keinen Grund, diese Borniertheit zu rechtfertigen. Heute kann man natürlich darüber lächeln oder den Kopf schütteln, aber in der Periode des Kalten Krieges wurden hüben und drüben abweichende Meinungen als verdächtig oder sogar gefährlich eingestuft, stigmatisiert, sogar verboten.

Vorbehalte und Ablehnung bis hin zur Kampfansage gegenüber Denkern und Wissenschaftlern, die Ansichten vertraten, die nicht in den Rahmen der herrschenden Weltanschauung passten, gab zu allen Zeiten. Wissenschaft wird nun einmal immer im Rahmen eines historisch-konkreten staatlichen Systems betrieben, das bestimmte Rahmenbedingungen setzt und Einfluss ausübt. In der heutigen Zeit geschieht das unter anderem über Aufträge an Forschungseinrichtungen und Stiftungen, über die Themensetzung, die Finanzierung von Forschungsprojekten. Wissenschaft als relativ autonomer Teil des geistigen Überbaus der Gesellschaft kann sich de facto nicht völlig den jeweils herrschenden Grundanschauungen, dem sogenannten Mainstream, entziehen. Selbst die im Grundgesetz der Bundesrepublik Deutschland festgeschriebene Freiheit von Forschung und Lehre fixiert einen grundsätzlichen Anspruch, der aber nicht im luftleeren Raum realisiert wird.

So wie es in Wissenschaft und Forschung keine absolute weltanschauliche Neutralität gibt, ist der Wissenschaftler keine Forschungsmaschine, die am Fließband Objektivismen produziert. Er ist ein Mensch, der in einer historisch-konkreten Zeit lebt und durch seine Bildung, Erziehung und die Sozietät seiner Zeit geprägt ist. Jeder hat seine eigenen Traditionen der Wahrnehmung der ihn umgebenden Realität und seine Lebenserfahrungen, die sich in unterschiedlichem Maße in seiner Arbeit als Wissenschaftler widerspiegeln. Das Ringen um Objektivität als das wichtigste Kriterium von Wissenschaftlichkeit und das subjektive Moment des Forschers ergeben zusammen genommen einen Widerspruch, der bei jeder Fragestellung neu gelöst werden muss.

Gerade die heute im Rückblick auf die Vergangenheit in die Kritik geratene Forderung von Parteilichkeit erfuhr in Forschung und Lehre an den sowjetischen Hochschulen eine bewusste und offensive Förderung.

Insbesondere von den Studenten der gesellschaftswissenschaftlichen Fachrichtungen erwartete man das Bewusstsein ihrer künftigen Verantwortung als Wissenschaftler, Lehrer und Staatsbürger.

Wie ein roter Faden durchzog die Forderung nach Parteilichkeit und Klassenbewusstsein unser Studium. Die Menschheitsgeschichte als Geschichte von Klassenkämpfen mündete in unsere Epoche des „weltweiten Übergangs vom Kapitalismus zum Sozialismus und Kommunismus". Wir standen auf der Seite der Sieger der Geschichte, des siegreichen Proletariats, und die sozialistische Intelligenz als dessen Verbündete vertrat selbstverständlich ebenfalls dessen Klassenstandpunkt.

Die Gesetzmäßigkeiten der progressiven Gesellschaftsentwicklung fanden ihre theoretische Begründung in den Werken von Marx, Engels und Lenin. Die neue Wissenschaftlergeneration der UdSSR hatte weiterhin den Nachweis der gesetzmäßigen Überlegenheit der „realsozialistischen" Gesellschaft über die alte, krisengeschüttelte kapitalistische Ordnung des Westens zu erbringen. Jedoch gestaltete sich diese Aufgabe zu einem immer schwieriger werdenden Unterfangen, besonders nach dem Beginn der Transparenzpolitik von Gorbatschow ab 1985. Es wurden mehr und mehr besorgniserregende ökonomische Tatsachen ans Licht gebracht, welche leider das Gegenteil der nachzuweisenden Thesen belegten.

Nachdem ich mich während der ersten Studienjahre auf einem eher neutralen Feld bewegt und mich speziell mit der Geschichte des Mittelalters und der christlichen Religion beschäftigt hatte, schwenkte ich in der zweiten Hälfte des Studiums um, im Glauben, mir damit bessere Voraussetzungen für den späteren Einsatz in der DDR zu schaffen. Die von mir neu gewählte Spezialisierung hieß „Geschichte der Kommunistischen Partei der Sowjetunion". Den Bärendienst, den ich mir damit erwies, bereute ich erstmals, als ich mich auf die Suche nach Material für mein recht ausgefallenes Diplomarbeitsthema begab. Mit dem Thema, zu dem mir mein Mentor geraten hatte, wurden Forschungsauftrag und Forschungsergebnis sozusagen „in einen Topf geworfen".

Das heißt, ich wusste im Voraus, dass ich die Richtigkeit der im Thema vorgegebenen These nachzuweisen hatte. Ich musste also akribisch nach entsprechenden Statistiken und Dokumentationen suchen, die geeignet waren, um „die Führungsrolle der KPdSU bei der Tätigkeit der Konsumgenossenschaften von 1975 bis 1985" zu belegen. Im Geiste sah ich mich schon als Wühlmaus in der Universitätsbibliothek sitzen und aus den Werken der Klassiker des Marxismus-Leninismus, Dokumenten der Parteitage sowie Wirtschaftszeitschriften Zitate, Zahlen und Fakten herauspicken, um einigermaßen passendes Material für diese Arbeit zu finden. Das war mein Einstieg in „unabhängiges wissenschaftliches" Arbeiten.

Ich hatte nicht vor, vom bewährten Schema abzuweichen. Zuerst musste ich die Aktualität des gewählten Themas begründen, was mir nicht allzu schwerfallen sollte, denn auch den Konsumgenossenschaften war bei der Erfüllung des Lebensmittelprogramms der KPdSU eine Rolle zugedacht worden. Begründet werden sollte die Bedeutung der Tätigkeit der Konsumgenossenschaften mit dem Genossenschaftsplan Lenins. Karl Marx und Friedrich Engels hatten sich zu meinem Ärger kaum zur Rolle von Genossenschaften im Sozialismus geäußert. Lenin gegenüber empfand ich Dankbarkeit, denn er hatte in seinen letzten Arbeiten seine Vision vom Sozialismus als Gesellschaft der zivilisierten Kooperateure entwickelt.

Im Hauptteil der Arbeit gedachte ich mich im Wesentlichen auf aktuelle Parteidokumente zu stützen, um die Führungsrolle der KPdSU nachzuweisen. Ein paar Dutzend kritischer Fakten aufzustöbern, die die unbefriedigende Arbeit der Konsumgenossenschaften belegten, *weil* die Partei ihrer Führungtätigkeit noch nicht voll und ganz gerecht wurde, *weil* sie den Lenin`schen Genossenschaftsplan bislang in seiner Wichtigkeit verkannt hatte, würde wohl nicht schwierig sein, denn an Problemen mangelte es nicht – und fertig wäre das Skelett meiner Diplomarbeit. Im Schlusswort würden These und Schlussfolgerung widerspruchsfrei zueinander passen. Die Partei hatte ihrer Rolle noch besser gerecht zu werden!

Die Anfertigung meiner Diplomarbeit erforderte vor allem Ausdauer und Fleiß. Nachdem ich mich ausgiebig damit beschäftigt hatte, die blauen Bände mit den gesammelten Werken von Marx, Engels und Lenin auf Hinweise zur Rolle der Genossenschaften und speziell der Konsumgenossenschaften durchzuforsten und die entsprechenden Zitate zu entnehmen, ging ich zum Studium der Dokumente der jüngsten

Parteitage und Parteikonferenzen sowie des Lebensmittelprogramms der KPdSU über. Es gab Tage, an denen ich das stundenlange Sitzen auf den harten Stühlen der Bibliothek und den penetranten Mief nach verstaubten Büchern und unsinniger Schönfärberei genauso verfluchte wie mein Diplomarbeitsthema, zu dem so wenig Literatur vorhanden war.

Nachdem es mir nach monatelanger mühseliger Kleinarbeit dennoch einigermaßen gelungen war, die Stücke zu einem Ganzen zusammenzufügen, war ich sogar ein wenig stolz auf das, was sich meine Diplomarbeit nannte, wenn ich ihr im Stillen auch jeglichen wissenschaftlichen Wert absprach. Sie enthielt einige wahre Gedanken und zeitgemäße, gemäßigte Kritik, ohne das Image der KPdSU zu beschädigen. Im Gegenteil, sie wies nach, wie richtig der Weg war, den die Partei eingeschlagen hatte, um das materielle Lebensniveau des sowjetischen Volkes zu heben, wenn sie nur Lenins Vermächtnis in die Tat umzusetzen vermochte.

Dass Lenin seinen Kooperationsplan vor langer Zeit, in den zwanziger Jahren, als aktuelle Aufgabe angesehen hatte und in den vergangenen Jahrzehnten eine ganz andere Entwicklung stattgefunden hatte, die sich durch keine alternativen Wirtschaftsformen mehr zurückdrehen ließ, und dass diese Entwicklung die Parteispitze selbst zu verantworten hatte, erwähnte ich in meiner unbedeutenden Arbeit natürlich nicht. Außerdem ließ sich damals noch nicht mit Bestimmtheit voraussagen, dass die sowjetische Wirtschaft unvermeidlich in eine Sackgasse geraten würde.

Meine Diplomarbeit, die nach ihrer Verteidigung von kompetenten Wissenschaftlern mit der Note „gut" bewertet wurde, unterschied sich in Form, Stil und Wissenschaftsgehalt nicht von Dutzenden anderen studentischen Diplomarbeiten. Niemand hätte es gewagt, die Dogmen, auf denen das Gebäude der sowjetischen Gesellschaftswissenschaften ruhte, grundlegend in Frage zu stellen, denn dies wäre gleichbedeutend damit gewesen, die sozialistische Ordnung in Frage zu stellen. Wir waren keine Häretiker und passten uns der gängigen pseudowissenschaftlichen Art und Weise, Gesellschaftswissenschaft nach dem Schema „zu beweisende These – Beweis der These" zu betreiben, an.

Wir verkleisterten damit uns selbst und anderen die Augen vor den unbequemen Wahrheiten der Realität und lagen damit doch auf der bewährten Linie.

Aus heutiger Sicht hätte man sich zu Lasten der Studieninhalte, die sich im Nachhinein als unnötiger ideologischer Ballast herausstellten, besser und ausführlicher mit interessanten historischen Fragestellungen befassen sollen. Beispielsweise behandelten wir die Geschichte Lateinamerikas nur marginal. Auch die „weißen Flecken" in der Geschichte der Sowjetunion, zum Beispiel das Schicksal einer solchen großen Volksgruppe wie der Russlanddeutschen in der Sowjetunion, wären wenigstens eine Erwähnung wert gewesen.

Das Unbekannte und Unausgesprochene der sowjetischen Geschichte erfuhren wir später Stück für Stück aus oft widersprüchlichen publizistischen Beiträgen.

Die Studienfächer „Geschichte der Kommunistischen Partei der Sowjetunion" und „Wissenschaftlicher Kommunismus" hatten mit wissenschaftlicher Seriosität kaum etwas zu tun. Im Fach „Wissenschaftlicher Kommunismus" wurde unter anderem das real nicht existierende Modell einer künftigen Gesellschaftsordnung recht detailliert behandelt. Es war ein Traummodell von einer künftigen klassenlosen Gesellschaft ohne Antagonismen, eines einigen friedlichen Menschengeschlechts, einer Gesellschaft starker und freier Individuen – eine „wissenschaftlich begründete" Utopie. Es war schön zu träumen. Freundlicherweise sollten wir die Erfüllung dieses Traums in nicht allzu langer Ferne mitgestalten dürfen.

Im Fach „Geschichte der KPdSU", das sich mit der Geschichte der Sowjetunion beinahe gleichsetzen ließ, wurde uns ein Bild von der sozialistischen Revolution und des sozialistischen Aufbaus in der Sowjetunion unter Führung der Kommunistischen Partei vermittelt, in dem historisch wahre Fakten mit Unwahrheiten, Halbwahrheiten und Eigenlob zu einem Ganzen zusammengeknetet wurden. Hier trieb man die parteiliche Geschichtsauffassung nun doch zu weit.

Übrigens wurden die Dogmen der sowjetischen Gesellschaftswissenschaften nicht von allen Studenten kritiklos angenommen. Diejenigen, die durch ihr Elternhaus, Bekannte und Freunde oder auch aus eigener

Erfahrung die Wirklichkeit der sozialistischen Produktion in den Betrieben und Kombinaten kannten, regten in den Seminaren Streitgespräche zur Problematik der sozialistischen Realität an. Aber es ließ sich nicht mit jedem Dozenten streiten und schon gar nicht über politische Prinzipien. Die Studenten aus den Entwicklungsländern Afrikas und Asiens nahmen den sowjetischen realen Sozialismus und das, was darüber gelehrt wurde, widerspruchslos an, fuhren jedoch in den Semesterferien nach Westberlin, Westdeutschland oder Frankreich, um dort die Vorteile der Marktwirtschaft zu nutzen und für Devisen schöne bunte Dinge einzukaufen, die es in der Sowjetunion nicht gab und die sich am Studienort „umrubeln" ließen.

Trotz aller kritikwürdigen Aspekte bedauere ich es auch heute nicht, in der Sowjetunion Geschichte studiert zu haben. Es war eine aufregende, interessante, unbeschwerte Periode meines Lebens. Das Studium selbst bot uns, insgesamt gesehen, im Verlauf der fünf Studienjahre ein breites fachliches Wissensspektrum und eine solide Basis für ein materialistisch-dialektisches Geschichtsverständnis, was ich auch aus heutiger Sicht schätze.

Vom ersten bis zum letzten Semester behandelten wir ausführlich die wichtigsten Etappen der Weltgeschichte von ihren Ursprüngen bis in die Gegenwart. Dabei war der materialistische Begriff der sozioökonomischen Gesellschaftsformation von grundlegender Bedeutung. Der Geschichtsprozess wurde als Entwicklungsprozess verstanden, dem spezifische Gesetzmäßigkeiten zugrunde liegen. In Abhängigkeit von der Entwicklungsstufe der Produktivkräfte und dem Charakter der Produktionsverhältnisse unterschieden wir die jeweiligen Gesellschaftsformationen. Die Geschichte der Völker ließ sich jeweils in einen bestimmten sozioökonomischen Rahmen einordnen.

Während uns in den Vorlesungen das historische Material im Zusammenhang vermittelt wurde, führten uns die Lehrkräfte während der Seminare an das Studium zeitgenössischer Quellen heran, um uns zu befähigen, diese in ihren historischen Zusammenhängen zu verstehen und zu interpretieren. Großen Wert legten die Seminarlehrer auf die Festigung und Wiederholung des Vorlesungsstoffes.

Die fachliche Spezialisierung ab dem zweiten oder dritten Studienjahr enthob die Studenten nicht der Notwendigkeit, die für alle verbindlichen Vorlesungs- und Seminarveranstaltungen weiterhin zu besuchen und die obligatorischen Semesterprüfungen abzulegen.

Pro Semester hatten wir zwischen zwei und fünf mündliche Prüfungen zu absolvieren.

Zum fünfjährigen Unterrichtspflichtprogramm gehörten außer den zeit- und regionalgeschichtlichen Studienfächern Archäologie (einschließlich eines dreiwöchigem Ausgrabungspraktikums), Latein, Paleografie, Historiografie, Quellenkunde, Historischer und Dialektischer Materialismus, Geschichte der Philosophie, Logik und erziehungswissenschaftliche Fächer wie Pädagogik und Psychologie, da der Universitätsabschluss als Historiker die Qualifikation eines Geschichts- und Sozialkundelehrers einschloss. Die sowjetischen Studenten absolvierten deshalb zusätzlich pädagogische Praktika an Woronesher Schulen.

Je Studienjahr musste eine Jahresarbeit in der Spezialisierungsfachrichtung angefertigt werden, die erfolgreiche Verteidigung einer Diplomarbeit setzte den Punkt hinter das Studium.

Jedes Studiensemester fand mit der Prüfungsperiode, der sogenannten „Sessia", seinen Abschluss. Wer im Verlauf des gesamten Semesters eine ruhige Kugel geschoben oder das ungebundene Studentenleben genossen hatte, verspürte spätestens zu Beginn der „Sessia" ein böses Erwachen und musste nun in schlaflosen Nächten den Unterrichtsstoff nachzuholen. Bis in die Morgenstunden ging das Licht in den Lesesälen der Wohnheime nicht aus. Wer das lange Sitzen nicht mehr ertrug, wandelte mit Lehrbuch oder Hefter, leise vor sich hin murmelnd, durch die langen Korridore und redete sich zur Selbstberuhigung ein, dass Bewegung die Gedächtnisleistung positiv stimuliere. Andere wiederum verbrachten einen Teil der Nacht in der Küche, da die ungewohnte geistige Arbeit das Hunger- und Durstgefühl weckte. Teekessel wurden geschäftig hin und her getragen und Spickzettel, sogenannte „Spargalki", untereinander ausgetauscht. Besonders geschickt im Spickzettelschreiben zeigten sich die Mädchen, die es fertigbrachten, den Stoff eines ganzen Semesters in komprimierter Form und winziger Schrift auf Minizetteln festzuhalten.

Beliebte Sitzgelegenheiten waren während der Prüfungsvorbereitung auch die Fensterbretter der Wohnheimfenster und in der „Wintersessia" die warmen Heizkörper in den Fluren. Selbst auf dem Linoleum der Korridore lagerten in den Nächten blassgesichtige Studenten, Lehrbücher und Hefter um sich ausgebreitet, eine Tasse Kaffee oder Tee neben sich, in echt studentischer Manier – der Wissenschaft den kostbaren Nachtschlaf opfernd, leidend.

Einen unerbittlichen Gegner hatten die Raucher des Wohnheimes: den Vorsitzenden des Wohnheimstudentenrates, einen ehemaligen Fähnrich der Sowjetarmee. Dieser patrouillierte besonders nachts mit Vorliebe zu den Fensterbrettern, um den dort kampierenden Rauchern wegen der an der Wand ausgedrückten Zigaretten und den auf dem Fußboden herumliegenden Zigarettenstummeln „Maß zu nehmen". Dabei hatte er es ganz besonders auf die Studentinnen aus der DDR abgesehen.

Nach Abschluss der „Sessia" und der Abreise der Studenten in die Sommerferien wurden die Wohnheimräume frisch gemalert; regelmäßig kam auch der Kammerjäger, um dem Schabenpack, den Kakerlaken, den Garaus zu machen. Deshalb erfüllten jedes Mal nach den Ferien pikante Gerüche – nach Farbe oder Insektengift – die Wohnheime. Das Schabenproblem war eines der Dauerprobleme in den Wohnheimen, aber nicht nur dort, sondern auch in den mehrstöckigen Wohnhäusern der Städte und in den Krankenhäusern.

Selbstverständlich durften die Studenten ihre Zimmer nach eigenem Geschmack gestalten. Wir hatten aus den Sommerferien in der DDR ein paar Rollen hübscher Tapeten mitgebracht, die wir selbst anbringen wollten. Der Einfall, mangels Tapetenleim eine leimartige Masse aus Wasser und Mehl selbst herzustellen, schien unser Problem bestens zu lösen. Die Tapeten klebten auch vorzüglich, aber die Freude währte nicht lange, denn bald konnte man nachts hören, wie sich die Schaben hinter der Tapete (in unmittelbarer Nähe der Betten) am getrockneten Mehl gütlich taten. Schaben sind kluge Tiere. Sie sind sogar intelligent genug, die wenigen Öffnungen von Kassettenrecordern ausfindig zu machen, um in das Innere der Recorder hineinzukriechen. Wie in einem Konzertsaal genossen die schwarzen Massen die russische Rockmusik und tanzen dazu. Selbst heute ist mir in der Erinnerung an diese Tierchen ziemlich komisch…

Der Regen hat nach einer Stunde aufgehört und allmählich kommt Bewegung in die Schläfer. Die Ruhepause geht ihrem Ende zu, wir öffnen die stark beschlagenen Fenster und Autotüren und steigen aus, um die steif gewordenen Gliedmaßen zu vertreten, laufen ein wenig umher, um richtig munter zu werden.

Auf dem fußballfeldgroßen, mit riesigen Pfützen überschwemmten Parkplatz ist scheinbar niemand außer uns; wer fährt schon am Wochenende in aller Frühe bei solchem Schmuddelwetter hinaus. Der graue Himmel über uns klart nur zögernd auf. Ringsherum umgibt uns nasser Wald, die Fernverkehrsstraße zieht sich wie ein graues Band zwischen den Wäldern entlang, bis sie am Horizont mit dem Wald verschmilzt.

Nicht sofort erblicken wir den alten, schäbig gekleideten Mann, der uns aufmerksam aus einer Entfernung von etwa zwanzig Metern beobachtet. Er unterscheidet sich kaum von seiner nassen, grauen Umgebung. Als er feststellt, dass wir ihn entdeckt haben, nähert er sich uns scheu und hält uns etwas auf seiner Hand entgegen. Der Gegenstand entpuppt sich als kleines Heiligenbildchen aus Papier. Gestikulierend versucht er uns klarzumachen, dass er es uns zum Verkauf anbietet. Ein Taubstummer, der uns nicht versteht und wahrscheinlich Tag für Tag auf dem Parkplatz zubringt, um ein paar Griwni zu verdienen.

Wir kaufen ihm das Bildchen für drei Griwni ab. Uns tut es nicht weh, um drei Griwni ärmer geworden zu sein und für den Mann ist das vielleicht genug, um sich ein Frühstück zu leisten. Zufrieden entfernt sich der Alte langsam von unserem Fahrzeug.

Dies war unser erstes Zusammentreffen mit der hier herrschenden Armut vieler Menschen, die von ihrem Einkommen weder leben noch sterben können. Allerdings ist die bittere Armut von heute nicht zu vergleichen mit dem von Defiziten geprägten Lebensstandard der Menschen in den siebziger Jahren und Anfang der achtziger Jahre, während der Breshnew-Periode, die viele heute sogar als „goldene Jahre" in Erinnerung haben.

„Goldene Jahre"

Seit Beginn der achtziger Jahre empfanden viele sowjetische Menschen die sich drastisch verschlechternde Versorgungssituation mit Waren des täglichen Bedarfes, mit Nahrungsmitteln, Kleidung, Waschpulver, Zahnpasta etc. als gesellschaftliches Hauptproblem.

Was wir schon aus der DDR kannten, waren die langen Wartezeiten, um beispielsweise ein Kraftfahrzeug zu erwerben; die Menschen in der Sowjetunion warteten in der Regel fünfzehn bis zwanzig Jahre auf ihr Auto, vorausgesetzt, sie verfügten über die entsprechenden Ersparnisse. Aber ein Auto konnte man ohne weiteres entbehren, es gab Dinge, die viel dringender benötigt wurden.

Ein weiteres grundlegendes Problem, das immer wieder auf der Tagesordnung der Parteitage stand und das bis zur Auflösung der Sowjetunion nicht gelöst werden konnte, war das Wohnungsproblem. Für viele Familien gab es keinen eigenen Wohnraum und nicht selten lebten auch in den Städten (auf dem Land wohnten mehrere Familiengenerationen traditionell in einem Haus) jung und alt unter einem Dach. Die Wartezeiten für Wohnungen betrugen zehn bis fünfzehn Jahre. Es wurde zwar gebaut, in allen Städten der Sowjetunion errichtete man Jahr für Jahr immer neue mehrgeschossige Wohnblöcke aus Fertigteilen, die aber das Wohnungsproblem nicht zu lösen vermochten. Vielfach verunzierten begonnene und aufgrund des Geldmangels nicht vollendete Rohbauten aus Betonfertigteilen, aus denen die Wohnblöcke und Pionierpaläste errichtet werden sollten, den Anblick der Ortschaften.

In dieser Situation konnten sich junge Familien glücklich schätzen, wenn sie eine „Kommunalka" – eine Gemeinschaftswohnung – zugewiesen bekamen. In dieser Art Wohngemeinschaft mussten sie sich Küche und Bad mit einer weiteren Familie teilen. Nicht selten lebten Familien mit mehreren Kindern beengt in Ein-und Zweiraumwohnungen.

Der Wohnraummangel hatte zur Folge, dass Menschen in ihrer Not zeitweilig in einen „anderen Stand" überwechselten. Der heilige Stand der Ehe wurde als Mittel zum Zweck der Erlangung einer Berechtigung auf größeren Wohnraum missbraucht.

Bekanntschaften mit Angestellten der städtischen Ämter, aber auch Bestechungsgelder und Geschenke halfen, Zuzug in größere Städte zu bekommen, wo man sich bessere Lebens- und Arbeitsbedingungen erhoffte.

Kurzum: Das Wohnraumdefizit bewirkte, dass sich ein unkontrollierter Wohnungsmarkt unter der Decke des sozialistischen Anstandes herausbildete, der zur illegalen Umverteilung von Geld und Wohnraum führte.

Modische Kleidung suchte man in den staatlichen Geschäften vergebens, dafür konnte man auf dem Markt für teures Geld gefälschte Markenjeans, Made in Turkey, China oder Poland erstehen. Ebenfalls nicht im Angebot hatten die staatlichen Läden einigermaßen ansprechende Kinderkleidung, statt dessen aber kaffeebraune Baumwollstrumpfhosen, schmucklose braune, schwarze, rote oder blaue Schuhe einfachsten Designs, dunkelfarbige Hosen, Jacken, Anzüge, braune und dunkelblaue Schuluniformen, graue und schwarze Wintermäntel einheimischer Produktion. Diese Kleidung erfüllte nicht etwa Ladenhüterfunktion, sie fand tatsächlich Absatz, denn was blieb den Müttern anderes übrig, um ihre Kinder nicht unbekleidet herumlaufen zu lassen.

„Schubas" – warme Pelzmäntel für den eisigen russischen Winter – gab es wiederum nur auf dem Markt zu kaufen, ebenso echte Fellmützen und Fellstiefel. Dafür mangelte es in den staatlichen Bekleidungsgeschäften nicht an Kitteln und Kleidern der verschiedensten Variationen, Fassons und Farben. Damenhosen hingegen hatten in der sowjetischen Produktion noch nicht den Durchbruch geschafft, die Frauen trugen traditionell Kleider und Röcke. Das Symptom des permanenten Warendefizits als Folge der Mangelwirtschaft hatte das fortschrittlichste sozialistische Land fest in seinen Fängen.

In den ersten Wochen nach meiner Ankunft in Woronesh begannen die Milchprodukte allmählich aus dem staatlichen Handel zu verschwinden. Das Wurstangebot der staatlichen Läden beschränkte sich auf die billige, fette „Estonskaja kolbasa" für 1,20 Rubel je Kilogramm, die man nur gebraten genießen konnte.

Fleisch bekam man gar nicht. Während die Gemüseläden im wesentlichen Kohl, Zwiebeln, Dreilitergläser mit Apfelsaft, sauer eingelegte Äpfel und sauer eingelegte grüne Tomaten im Angebot hatten, gab es auf dem Markt alles, was das Herz an Obst, Gemüse, Milchprodukten und Fleisch begehrte, allerdings zum mehrfachen Preis. Morgens, wenn die Milchfrau vor den Studentenwohnheimen ihre Ware ausrief, musste man sich sputen, da es im weiteren Verlauf des Tages keine Milcherzeugnisse mehr zu kaufen gab. Die Milchgeschäfte wurden nur ein- oder zweimal täglich zu bestimmten Zeiten mit Ware beliefert, und diese war sofort ausverkauft, weil die Stammkäufer, meist Rentner, lange vor der Lieferung vor den Geschäften Schlange standen.

Erst ab Mitte der achtziger Jahre, in der Not, besann man sich auf Parteikonferenzen und Parteitagen des Genossenschaftsplans Lenins, der niemals in der Praxis umgesetzt worden war und nun als Rettungsanker dienen sollte.

Tatsächlich kam es zwischen 1985 und 1989 zu einer gewissen Belebung der Tätigkeit der Konsumgenossenschaften und in den Genossenschaftsläden tauchten sogar gelegentlich geräucherte Wurst, Fleisch, Butter, Schmand und Fleischkonserven auf, ein Tropfen auf den heißen Stein der Mangelwirtschaft. Ende der achtziger, Anfang der neunziger Jahre verschlechterte sich die Versorgungssituation dann zusehends auf dramatische Weise und niemand und nichts konnten eine tiefe Krise in Wirtschaft und Handel abwenden.

Allerdings erinnerte sich die ältere Generation in der Phase des Zusammenbruchs gerne der siebziger und Anfang der achtziger Jahre, wo es noch „alles zu kaufen gab". Der Vergleich mit der späteren, weitaus schwierigeren Situation ließ viele ältere Menschen dem Trugschluss eines vergangenen Wohlstands erliegen. Sie hatten auch nie die Gelegenheit bekommen, ihren eigenen „Wohlstand" an dem anderer Länder zu messen. Wir Studenten aus der DDR spürten sofort, dass die Mangelwirtschaft in der UdSSR im Vergleich zur Mangelwirtschaft in der DDR ein viel größeres Ausmaß hatte und ganze Warengruppen betraf.

Mangelte es in der DDR meist nur innerhalb des Warensortimentes einer bestimmten Warengruppe, so bekamen wir in den staatlichen Läden unseres Studienortes zeitweilig weder Waschpulver noch Seife noch Zahncreme. Auf dem Markt jedoch konnte man diese Artikel erstehen – aber zum vielfachen Preis.

Ein Nahrungsmittel gab es Anfang der achtziger Jahre noch zur Genüge – Fischkonserven! Das erklärt sich mit der damals noch prosperierenden sowjetischen Fischfangindustrie, die den Fischreichtum der Gewässer aller 15 Sowjetrepubliken ausbeuten konnte. Selbst Tintenfische und Crevetten gab es preiswert zu kaufen.

Mit der Auflösung der UdSSR und der Dezimierung der Fischbestände in einigen großen, ökologisch verschmutzten Süßwasserseen verschwand in den neunziger Jahren auch das frühere Fischangebot aus den staatlichen Geschäften. Wenigstens Mehlerzeugnisse gehörten damals noch nicht zur Kategorie der Mangelwaren, so dass niemand zum Hungern verurteilt war.

Frust und Optimismus

Ungeachtet der miserablen Versorgungssituation schien die allgemeine Stimmung im Land Anfang der achtziger Jahre relativ entspannt; zumindest vermittelte das Erscheinungsbild noch keine augenfälligen gesamtgesellschaftlichen Krisenanzeichen.

Den Menschen, für die Defizite seit langem zum gewohnten Alltag gehörten, kam es nicht in den Sinn, in Kundgebungen oder gar Protestaktionen einen Unmut herauszuschreien, der ihnen wahrscheinlich gar nicht richtig bewusst war. Zudem gab es keine gesellschaftliche Kraft, welche die Steuerung des zivilen Ungehorsams in die Hand genommen hätte. Von offenen Forderungen nach Veränderung des politischen und ökonomischen Systems konnte demzufolge keine Rede sein, die Frauen und Männer der Arbeit waren mit der Lösung ihrer alltäglichen Probleme und Problemchen viel zu beschäftigt. Um es einfach zu sagen: Jeder versuchte, das Beste aus der Situation zu machen. Das betraf gleichermaßen die neunzehn Millionen Mitglieder der Kommunistischen Partei, die in ihrer Mehrzahl, ebenso wie alle anderen, mit ihren Alltagssorgen zu kämpfen hatten.

Von der Gereiztheit und Spannung, die sich am Ende der Dekade, am Vorabend des Zerfalls der Sowjetunion auszubreiten begann, war erst ein Hauch zu spüren. Das Volk hoffte immer noch auf bessere Zeiten und vertraute gewohnheitsgemäß der Weisheit der Führung.

Noch nahm niemand Anstoß an Transparenten mit Losungen wie „Die Partei ist die Klugheit, die Ehre und das Gewissen unserer Epoche." Allerdings beachtete sie auch keiner, so als wären sie nicht vorhanden.

Als Ausländer, denen der Rückweg in die eigene Heimat jederzeit offenstand, fragten wir uns manchmal, wie die Menschen es fertigbrachten, jahrzehntelang diesen Zustand geduldig zu ertragen und sich immer wieder mit Versprechungen abspeisen zu lassen. Eine eindeutige Antwort darauf fanden wir nicht.

Wir vermuteten aber (die sowjetischen Kommilitonen, mit denen wir uns zu diesem Thema austauschten, waren in dieser Beziehung derselben Meinung), dass die erstaunliche Gleichmut und Leidensfähigkeit des Volkes in seiner Geschichte, im jahrhundertelangen Dunkel der Selbstherrschaft und Leibeigenschaft und nicht zuletzt der geistigen Knechtung durch die orthodoxe Kirche ihre Wurzeln hatten.

Die Tradition des Stillhaltens war nur kurzzeitig durch die Revolutionen zu Anfang des zwanzigsten Jahrhunderts durchbrochen wurden, worauf wiederum eine langanhaltende Periode der Knebelung jeden Aufbegehrens folgte. War es der besondere Volkscharakter der Russen, die leidensfähige russische Seele, oder waren es doch eher die Umstände, unter denen das Volk Jahrhunderte gelebt und geduldet hatte, die es davon abhielten, seine Unzufriedenheit offen kundzutun? Oder gab es womöglich gar keine Unzufriedenheit?

Es gab sehr wohl unzufriedene Menschen, aber der Unmut wurde nicht in programmatischen Protesten geäußert und richtete sich auch nicht gegen die Staats- und Parteiführung. Das Ventil, durch das der Frust ausströmen konnte, war der der unfreundliche, barsche Ton in den staatlichen Geschäften und staatlichen Einrichtungen sowie den Ämtern, in öffentlichen Verkehrsmitteln und Warteschlangen aller Art.

Wir erklärten uns dies so, dass die auf den Ämtern und in den Geschäften Beschäftigten tagtäglich unmittelbar mit den Mangelerscheinungen und dem entsprechenden Frust der Leute konfrontiert wurden und nun ihren permanenten Unmut an anderen ausließen. Zuweilen stimmten wir sogar in diese Töne ein und erschraken dann über die Dissonanzen.

Ausländische Touristen als unbeteiligte Zeugen peinlicher Szenen des in aller Öffentlichkeit ausgetragenen verbalen Zwists Einheimischer hätten aller Wahrscheinlichkeit nach verächtlich den Stab über die zivilisatorischen Kommunikationsfähigkeiten der angestammten Bevölkerung in ihrer Gesamtheit gebrochen, etwa nach dem Motto: „Was sind die Russen nur für ein unflätiges Volk, unzivilisiert und ungehobelt, richtige Ochsenbauern. Unglaublich, dass aus diesem Volk einst ein Puschkin hervorgehen konnte!"

Ja, es ist so: Auch Lermontow, Tolstoi, Dostojewski, Tschechow, Repin, Rimski-Korsakow, Tschaikowski, Lomonossow und viele andere Persönlichkeiten aus Kunst und Wissenschaft gingen aus dem „ungehobelten", bäuerlich-einfältigen russischen Volk hervor.

Wären aber diese großen Russen zu ihren einmaligen Schöpfungen in Kunst und Forschung fähig gewesen, wenn sie nicht als *Russen* ihr Potenzial aus der Liebe zu ihrem geschmähten Volk geschöpft hätten?

Es wäre oberflächlich und ungerecht, den russischen Menschen pauschal den Anspruch auf das Attribut „liebenswert" abzusprechen, weil sich ihr Frust über die unbefriedigende Situation anstatt gegen Verantwortungsträger gegen ihresgleichen richtete. Was zunächst als Unvermögen zu einem sachlichen, respektvollen Umgang miteinander erscheinen mochte, erwies sich durch das Prisma eines tieferen Verständnisses der geschichtlichen Hintergründe als Reaktion ihrer Ratlosigkeit und die Gewohnheit, zu leiden und andere mitleiden zu lassen, anstatt der Obrigkeit die Verantwortung für die Fehler von gestern und heute und die daraus resultierenden Probleme vorzuhalten.

In dieser Beziehung setzte das Volk des ausgehenden zwanzigsten Jahrhunderts getreulich die überkommenen Traditionen aus der Zarenzeit fort, egal, ob der Herrscher Romanow oder Dshugaschwili hieß.

Wie tief der Glaube an die göttliche Determinierung und die unendliche Güte des russischen Zaren im Volksdenken verwurzelt war, beschrieb der russische Dichter Maxim Gorki (übersetzt: „Der Bittere") nach den tragischen Ereignissen des Jahres 1905. Im Januar dieses Jahres hatten sich mehr als Hunderttausend Menschen friedlich mit einer Petition an Nikolai II. gewandt, Zaren - und Heiligenbilder vor sich her tragend. Einhundertsiebzig von ihnen wurden durch die Schutztruppe des Zaren ermordet.

„Wenn ich der russische Zar wäre, ich würde es so machen, dass die absolute Monarchie auf ewig verfestigt wäre. Ich würde nach Moskau reisen, auf einem weißen Pferd, umgeben von meinen Getreuen, vor dem Kreml erscheinen und sagen: − Ruft umgehend das Moskauer Volk hierher! − Und wenn sich das Volk versammelt hätte, würde ich ihm sagen: − Meine Kinder, ihr seid mit meinen Ministern, Beamten und den Reichen, die euch ausplündern und unterdrücken, unzufrieden. Ich, euer Zar, werde hier in eurem Beisein diese Räuber und Bösewichte aburteilen. − Und wenn ich die Beschwerden des Volkes entgegengenommen hätte, würde ich befehlen, ohne jegliches Gericht einige Köpfe hier, auf diesem Platz, rollen zu lassen. Und ich versichere Euch, dass ich künftig keine Anschläge zu befürchten hätte. Das Volk würde mich besser als jede Wache schützen.“

Das Alltagsleben der Menschen floss 1982 wie ein Strom, Tag für Tag, in seinem gleichförmigen, wellenarmen Flussbett der Breshnew-Ära dahin, ohne große Aufregungen, ohne merkliche Erschütterungen.
Die Tagesabläufe der einfachen Leute waren ausgefüllt mit Arbeit und der Jagd nach den für das Leben notwendigen Dingen. Die Abende gehörten der Familie, den Freunden oder auch der Einsamkeit, dem schwarzen Tee oder dem Wodka.
An den Wochenenden suchten die Menschen Zerstreuung in der Natur, in Diskotheken, besuchten Freunde und Bekannte, gingen ins Kino und ins Theater. Es wurde sehr viel gelesen, die Sowjetunion galt damals als ausgesprochenes Leseland. Das typische Bild in der Metro: Auf den Bänken sitzen und in den Gängen stehen zusammengedrängt die Menschen, junge und alte, mit Zeitungen und Büchern in der Hand, und lassen sich weder von Erschütterungen noch dem Schlingern der Waggons von der Lektüre ablenken.
In fast jedem Haushalt gehörten die prachtvoll gebundenen Werke der Literaturklassiker von Puschkin bis Tolstoi zum Familienheiligtum.
In den Abendstunden der sommerwarmen Tage versammelten sich auf den Parkbänken der Städte meist ältere Männer zum Männerplausch, den obligatorischen Zigarettenstummel in den Mundwinkeln, die Köpfe über das tausendmal benutzte Schachbrett gebeugt, die einen ins Spiel

vertieft, die anderen gute Ratschläge gebend, einander Anekdoten erzählend und über gestern und heute philosophierend.

Die Menschen hielt es in der warmen Jahreszeit nach Feierabend, solange es hell war, nicht in ihren Wohnungen. Kinder spielten bis in die Dunkelheit zwischen den Wohnblöcken oder auf den reichlichen Sportplätzen der Wohnviertel mit lautem Geschrei Fußball oder Basketball, Jugendliche standen in Grüppchen abseits, wie ihre Väter in gewichtige Unterhaltungen vertieft. Dabei knackten sie mit nachdenklichen Mienen geröstete Sonnenblumenkerne, eine Art Volkssport der Russen.

Es gehört tatsächlich Geschick dazu, die Schalen wie ein Vögelchen aufzupicken und zwar so, dass der Kern im Schaleninnern dabei nicht beschädigt wird, denn zermalmt lässt er sich nicht mehr von der Schale trennen. Dann wird der Kern mit den Zähnen aus der Schale herausgezogen, gegessen und die leere Schale ausgespien. An den Orten, wo längere Zeit geplaudert worden war, sah es am Ende aus wie in einem Vogelhäuschen.

Die Sitzbänke vor den Hauseingängen der Wohnblöcke dienten bis zur Schlafenszeit als bevorzugte Plätze, an denen die Frauen allen Alters ihre Sorgen, die sie mit ihren Ehemännern, Kindern und Schwiegersöhnen- oder Töchtern plagten, loswerden konnten. Die Nachbarinnen, die sich mit ähnlichen Problemen herumschlugen, sparten nicht mit guten Ratschlägen. Erst in der hereinbrechenden Dunkelheit fanden die Familien in ihren Wohnungen der mehrstöckigen Wohnblöcke wieder zusammen. Was als Hinterlassenschaft der lebhaften Diskussionen vor den Hauseingängen zurückblieb, waren Haufen leerer Sonnenblumenkernschalen.

Für die Klärung von Streitigkeiten zwischen den Familien waren die Väter verantwortlich. Es bedurfte keiner teuren Rechtsinstanzen, um zu schlichten.

Dafür gab es gebührenfreie moralische Instanzen, an die man sich mit jeder Art Problemen des sozialistischen Zusammenlebens wenden konnte: die Schule, den Betrieb, die Gewerkschaft, das Parteikomitee.

Beispiel: *„Der Witka hat neulich im Suff dem Wassja die Wahrheit ins Gesicht gesagt, dass sein Sohn ein Nichtsnutz und Faulpelz ist.*

Dafür hat der ihm eine in die Fresse geschlagen und zurückgesagt, dass dessen Tochter in ihrem Alter schon den Kerlen in der Schule den Kopf verdreht. Dann hat der Witka dem Wassja eine auf die Stirn verpasst. Am nächsten Tag ist der Witka wutschnaubend in die Schule gerannt und hat seine Tochter vor aller Augen zum Direktor geschleift, um ihr mit dessen Hilfe wieder den Kopf zurechtzurücken. Am Abend hat er dann wieder mit dem Wassja gesoffen."

Die zahlreichen Diskotheken der Städte erfreuten sich an den Wochenenden immer großen Andrangs. Tanzveranstaltungen fanden nicht etwa nur in geschlossenen Räumen statt, sondern auch auf umzäunten Freilufttanzplätzen, den „Tanzkäfigen", wie wir sie bezeichneten, wo bis Mitternacht zu flotten sowjetischen Schlagern das Tanzbein geschwungen wurde.

Besonders liebten die Menschen der Sowjetunion ihre arbeitsfreie Feiertage, an denen sie das Zusammengehörigkeitsgefühl pflegten. Es handelte sich dabei fast ausschließlich um Feiertage, die mit der sozialistischen oder nationalen Tradition im Zusammenhang standen.

Man beging chronologisch: am 1. Januar das Neujahrsfest, am 23. Februar den Jahrestag der Sowjetarmee, am 8. März den Internationalen Frauentag, am 22. April Lenins Geburtstag, kurz darauf den Ersten Mai – Kampf- und Feiertag der Werktätigen der Welt, am 9. Mai den Tag des Sieges, am 7. Oktober den Tag der Verfassung, am 7. November den Jahrestag der Großen Sozialistischen Oktoberrevolution, am 22. Dezember den Jahrestag der Gründung der UdSSR und am 31. Dezember selbstverständlich den Jahreswechsel. (Die Autorin erhebt mit dieser Aufzählung nicht den Anspruch auf Vollständigkeit.)

Hier sah man den Maifeiertag nicht als lästige Pflicht an, wie dies in der DDR für viele gewesen sein mag. In der Sowjetunion fanden an Feier-tagen wie dem Ersten Mai und dem Jahrestag der Oktoberrevolution im Anschluss an die obligatorischen Demonstrationen die sogenannten „Volksspaziergänge" in den Hauptstraßen der Städte statt. An diesen Nachmittagen und Abenden gehörte die Straße den Fußgängern, festlich gekleideten Familien, den Kindern und Jugendlichen, die Arm in Arm gemächlich dahinschlenderten und die Lautsprechermusik und den freien Tag genossen.

Bevorzugter abendlicher Treffpunkt an den Feiertagen oder den Wochenenden in der Stadt Woronesh war der Springbrunnen auf dem Kolzow-Square. An den Sommerabenden, wenn die Sonne verschwand und die Abenddämmerung anbrach, versammelte sich Jung und Alt am Springbrunnen, um bei romantischer Beleuchtung die Wasserspiele zu beobachten und sich ein wenig wehmutsvoll den Traummelodien hinzugeben. Das harmonische Zusammenspiel des Rauschens und Plätscherns der Wasserfontänen und der stimmungsvollen Musik ließ die Gespräche allmählich verstummten. Besonders die Panflötenmelodie des „Einsamen Hirten" brachte das zahlreiche Publikum, das zum großen Teil aus verliebten Pärchen bestand, zum andächtigen Erstarren. Im Dunkeln des Parks aber, zwischen Bäumen und Sträuchern, trieben sich Gestalten umher, die nicht zu der Atmosphäre der romantischen Abende passen wollten. Auch das gehörte zum hiesigen Leben – die jungen und alten Männer, die ihr Vergnügen in einer Flasche Wodka oder Bier fanden und dazu den Schutz der Dunkelheit suchten.

Lenins Geburtstag beging man in der Sowjetunion traditionell mit freiwillig-unfreiwilligen Arbeitseinsätzen, den sogenannten Subbotniks, die dazu genutzt wurden, die Spuren des langen russischen Winters zu beseitigen.

Um die Feste in aller Ausgelassenheit feiern zu können, folgte dem Feiertag meist noch ein arbeits- und studienfreier sogenannter Nachfeiertag, an dem man sich von den Strapazen des Trinkens erholen konnte.

Die mit Hilfe der Feiertage indirekt staatlich geförderte Geselligkeit war in allen Ländern der sozialistischen Gemeinschaft ein wichtiger Faktor des gesellschaftlichen Lebens. Sie verfolgte unter anderem den Zweck, den Menschen die Möglichkeit der Erholung von den Sorgen des Alltags zu bieten, sich zu entspannen und Kraft und Hoffnung aus der Gemeinsamkeit mit anderen Menschen zu schöpfen.

Der Mensch lebte nicht nur als Individuum, sondern als Teil eines Kollektivs, ob im Kindergarten, in der Schule, in den Seminargruppen der Hochschulen oder im Betrieb. Das Kollektiv bot dem Einzelnen relative Geborgenheit und Sicherheit. Im großen Rahmen gesehen, stellte die gesamte Gesellschaft das Megakollektiv der Erbauer des Sozialismus und Kommunismus dar.

1982 hätte niemand das Unvorstellbare vorauszusagen gewagt, das zehn Jahre später eintrat: den Zerfall der in der sowjetischen Staatshymne gepriesenen „unzerstörbaren Union der freien Republiken, die das große Russland auf immer zusammenschloss".

Die Geschichte lehrt, dass es keine ewigen Staatengebilde gibt. Auch das Römische Reich versank, nachdem seine Zeit abgelaufen war, im Dunkel der Vergangenheit.

Die damalige Denkweise ließ einen solchen Ausgang der Entwicklung einfach nicht zu. Der überall gegenwärtigen Propaganda des sozialistischen Optimismus und des unerschütterlichen Vertrauens in die Politik der Partei gelang es tatsächlich immer wieder, das Volk auf bessere Zeiten zu vertrösten. Der mühsame Aufbau der neuen Gesellschaft, die die Menschen von Ausbeutung und Unterdrückung befreit hatte, erforderte von den Menschen Verständnis für zeitweilige Engpässe und materielle Schwierigkeiten.

An Hauswänden und Fabrikfassaden angebrachte, weithin sichtbare Plakate und Spruchbänder mit Losungen wie „Ruhm dem Menschen der Arbeit", „Die Partei ist die Klugheit, die Ehre und das Gewissen unserer Epoche", „Ruhm der Arbeit", „Vorwärts zum Sieg des Kommunismus" gehörten zum gewohnten Bild der Ortschaften (weshalb sie mit der Zeit schlicht übersehen wurden). Diese Sichtagitation wirkte allerdings angesichts der immer sichtbarer werdenden Probleme unpassend, fast zynisch.

Ein Umstand, der der KPdSU in all den Jahren ihrer führenden Rolle immer wieder Aufwind gab und den Widerspruch der Zweifler verstummen ließ, war der vor Jahrzehnten unter größten Opfern erbrachte Sieg des sowjetischen Volkes und der Roten Armee im Großen Vaterländischen Krieg. Das Leid und die Entbehrungen, die auf ewig in die Erinnerung der älteren Generation und insbesondere der zahlreichen Kriegsveteranen eingebrannt waren und der Stolz der überlebenden Sieger auf ihr, trotz der schweren Folgen des Krieges (vermeintlich) mächtiges, blühendes und fortschrittliches Land, ließen keine offene Kritik zu, ohne dass dies den Protest der Kriegsgeneration hervorgerufen hätte.

Selbst Stalin wurde mehr in der Rolle als Schöpfer des Sieges denn als Diktator, dessen Machenschaften Millionen unschuldigen Menschen das

Leben und die Freiheit gekostet hatten, gesehen. Man wollte stolz auf sein Land sein, das im Großen Krieg einen so grandiosen Sieg errungen hatte.

In den achtziger Jahren begegneten wir in den Straßen häufig bereits greisen Kriegsveteranen, an deren zerknitterten Jackettbrüsten Kriegsauszeichnungen, Medaillen und Orden prangten. Dieser Gegensatz, die sichtbare Ärmlichkeit der Kleidung dieser Menschen und der Stolz, der aus den Kriegsauszeichnungen sprach, erschütterte uns nicht viel weniger als die Tatsache, dass der sowjetische Staat nicht in der Lage war, Kriegsveteranen, die ihre Beine im Krieg verloren hatten, mit Rollstühlen zu versorgen.

Stattdessen konnten sich diese bedauernswerten Männer nur mit Hilfe von Rollbrettern (ähnlich den Skatboards unserer Kinder), auf denen ihr beinloser Körper saß, fortbewegen. Als Antriebshebel verwendeten sie ihre Arme, indem sie sich, in jeder Hand einen hölzernen Stempel, immer wieder vom Erdboden abstießen. Da sie sich in unmittelbarer Erdbodennähe bewegten, konnte es geschehen, dass sie im Gedränge der Bürgersteige übersehen wurden. Auch an den Jackettbrüsten dieser Männer blinkten die Kriegsauszeichnungen.

Ich habe leider nie die Möglichkeit gehabt, mit einem dieser versehrten Kriegsveteranen ins Gespräch zu kommen, um ihn zu fragen, ob er trotz seiner elenden Lage stolz auf sein Land sein könne.

Wahrscheinlich hätte ich auch nicht den Mut gehabt, diese Gewissensfrage zu stellen, um keine fremden Gefühle zu verletzen.

Und dennoch hätte es mich interessiert, worin ein Mensch, der für sein Land zum Krüppel geworden ist und sich vierzig Jahre nach dem Krieg immer noch auf einem Rollbrett fortbewegte, einen Sinn in vierzig Jahren sozialistischen Aufbaus sah.

Auf den Spuren des Großen Vaterländischen Krieges

Auch vierzig Jahre nach Kriegsende ließ sich der Siegestriumph nicht einfach aus dem Leben der sowjetischen Gesellschaft eliminieren, denn die Generation, die ihn errungen hatte, lebte noch und das Gedenken an den schwer erkämpften Sieg und das Vermächtnis der Sieger bestimmten die Staatspolitik noch Jahrzehnte nach diesem Ereignis unterschwellig mit.

Die Pflege der Traditionen, die mit den Kämpfen der Roten Armee und der Partisanen im Zusammenhang standen, oblag der ganzen Gesellschaft, denn sie hatte den gefallenen und überlebenden Kämpfern gewissermaßen ihre Existenz zu verdanken. Besonders die jüngere Generation musste zum Stolz auf den Sieg der Vorfahren und zur Dankbarkeit für die Blutopfer der jungen Soldaten, die im Großen Vaterländischen Krieg nicht über ihr Jugendalter hinausgekommen waren, erzogen werden.

Es war üblich, dass frischvermählte Brautpaare im Anschluss an ihre Trauung die Mahnmale des Krieges in ihrem Heimatort aufsuchten, um im stillen Gedenken Blumensträuße niederzulegen. Die jüngste Generation, die Jungen Pioniere, pflegten ihr eigenes Ritual, um die Gefallenen des Krieges zu ehren. Jungen und Mädchen in Pionieruniform patrouillierten mit umgehängten Gewehren vor den Mahnmalen gefallener Helden auf und ab und beherrschten die Zeremonie der Wachablösung nicht schlechter als Berufssoldaten.

Eingedenk der Opfer war der Friedenswille in den Völkern der Sowjetunion fest verankert.

Im Winter 1982 nutzte ich die Gelegenheit, um im Rahmen einer Exkursion nach Minsk, die Hauptstadt der Weißrussischen SSR, die Gedenkstätte Chatyn zu besuchen.

Chatyn hieß eines der zahlreichen Dörfer, das die deutschen Besatzer als Vergeltungsmaßnahme und zur Abschreckung niederbrannten und deren Einwohner erbarmungslos ausgerottet wurden. An den Stellen, wo einst Häuser gestanden und Familien gelebt hatten, errichtete man nach dem Krieg Memoriale. Der Text einer Tafel, in dem sich die getöteten Einwohner an ihre Landsleute, die den Krieg überlebt hatten, mit einem Appell wandten, erschütterte nicht nur mich. Sein Text lautet übersetzt ungefähr so:

„Ihr guten Menschen, denkt daran:
Wir liebten das Leben und unsere Heimat und Euch, Ihr Lieben.
Wir verbrannten lebendig im Feuer.
Unsre Bitte an alle: Mögen Trauer und Leid sich

in Euren Mut und in Kraft verwandeln,
damit Ihr auf ewig Frieden und Ruhe auf Erden erwirkt.
Und damit nirgends und niemals im Lodern der Flammen Leben
verbrenne!"

Die Antwort der Überlebenden:

„Ihr Lieben,
die Häupter in tiefer Trauer gesenkt, stehen wir vor Euch.
Ihr beugtet Euch nicht den faschistischen Mördern in den schwarzen
Tagen des verderblichen Sommers.
Ihr nahmt den Tod auf Euch,
doch die Flamme Eurer Liebe zur Heimat, unsrer sowjetischen, wird
niemals erlöschen.
Die Erinnerung an Euch ist im Volke unsterblich,
wie die ewige Erde und die ewig helle Sonne daroben!
Verweilt still, Ihr Menschen! Neigt die Häupter!
Eine Minute des Schweigens..."

149 Einwohner Chatyns, darunter 75 Kinder, wurden am 22. März 1943 von den Deutschen in einer Scheune bei lebendigem Leibe verbrannt, nur drei Menschen konnten sich retten. Die Toten mahnen die Überlebenden, die Überlebenden übernehmen die Verpflichtung, alles zu tun, damit nie wieder ein Krieg das Land überzieht.

Auch uns Studenten aus der DDR bezog man wie selbstverständlich in die Traditionspflege mit ein, wir verkörperten die neue Generation der Deutschen, die nicht mehr für den Krieg verantwortlich gemacht werden konnte, und man sah in uns auch nicht die Nachkommen der Deutschen, die den Menschen der Sowjetunion im Krieg so viel Leid gebracht hatten. Wir konnten uns sogar mit dem Sieg der Sowjetunion identifizieren, wie hätte es auch anders sein können, wir lebten und studierten ja aus freien Stücken in diesem Land und nahmen Anteil am Leben seiner Menschen und ihrer Geschichte. Und wir kamen aus der DDR, dem antifaschistischen deutschen Staat, in dem ehemalige Widerstandeskämpfer gegen Faschismus und Krieg die Macht ausübten.

Im Frühjahr 1983 bot sich der Singegruppe der Freien Deutschen Jugend in Woronesh die Möglichkeit, an einem sogenannten Agitationslauf teilzunehmen, der nach Wolgograd, das ehemalige Stalingrad, das im Winter 1942/43 schwer umkämpft worden war und dessen Name für den Wendepunkt des Großen Vaterländischen Krieges steht, führen sollte.

Agitationsläufe gehörten an der Woronesher Universität fest zur Traditionspflege. Eine aus Studenten und Lehrkräften verschiedener Fakultäten bestehende Gruppe wählte mindestens einmal pro Studienjahr eine längere Strecke und ein Ziel für einen solchen Gedenklauf. Als Bedingung galt, dass die gesamte Wegstrecke laufend zurückgelegt wurde. Die Länge dieser ausgewählten Routen betrug je nach Entfernung der angesteuerten Zielpunkte bis zu mehreren Tausend Kilometern, täglich waren Teilstrecken von einhundertfünfzig bis zweihundert Kilometern zu bewältigen. Man wollte damit den Weg der Sowjetarmee, den diese im Krieg kämpfend zurückgelegt hatte, nachvollziehen und den gefallenen Soldaten durch die Entbehrungen des Laufes eine Art Denkmal setzen, getreu der Losung: „Nichts ist vergessen, niemand ist vergessen."

Die Laufstrecke Woronesh – Wolgograd – Woronesh, die wir im Frühjahr 1983 zu absolvieren hatten, schätzten wir auf zirka zweitausend Kilometer. Ausgangspunkt war das Ehrenmal für die gefallenen Helden des Großen Vaterländischen Krieges neben dem Universitätsgebäude. Wie die Studenten bei der Immatrikulationsveranstaltung zu Beginn des Studiums, nahmen die Laufteilnehmer in einer Doppelreihe vor dem Denkmal Aufstellung. Ein Major der Sowjetarmee und der Leiter der Läufergruppe, ein Dozent der Chemischen Fakultät, hielten kurze Ansprachen, in denen sie den Anwesenden Zweck und Zeitplan des bevorstehenden Agitationslaufes erläuterten. Am 30. April wollten wir die Stadt Wolgograd erreichen, um dort an den Feierlichkeiten des Ersten Mai teilzunehmen. Für den 8. Mai, den Vorabend des Jahrestages des Sieges, planten wir die Rückkehr an den Ausgangspunkt des Agitationslaufes.

Die Route verlief in südlicher Richtung, über den Don, quer durch das ebene, fruchtbare Schwarzerdegebiet des Gebietes Woronesh. Anschließend würden wir einen Teil des Gebietes Rostow durchqueren und direkten Kurs auf die Stadt Wolgograd nehmen. Für den Transport der nicht laufenden Teilnehmer und des Gepäcks, einschließlich der Musikinstrumente – einer Gitarre und eines Akkordeons – stand ein kleiner gelber Omnibus zu Verfügung, der die Läufergruppen begleitete. Es waren immer mehrere Läufergruppen gleichzeitig unterwegs, so dass die gesamte Strecke tatsächlich zu Fuß zurückgelegt wurde. Die Länge einer Teilstrecke, die jeweils eine Gruppe zu absolvieren hatte, betrug zehn bis fünfzehn Kilometer. Während die einen in der frühsommerlichen Hitze auf den asphaltierten Straßen keuchten und schwitzten, saßen die anderen, die ihr Laufpensum entweder gerade absolviert oder noch zu absolvieren hatten, im Bus und vertrieben sich die Zeit mit Gesang und Späßchen. Die Rolle der Singegruppe der FDJ bestand hauptsächlich darin, in den russischen Dörfern den Einwohnern ihr Liederprogramm darzubieten.

Wahrscheinlich waren die Gemeindeverwaltungen über unsere jeweilige Ankunft informiert, denn die Dorfsowjetvorsitzenden erwarteten unsere Truppe immer pünktlich, entweder auf dem Ehrenfriedhof für gefallene Sowjetsoldaten oder auf dem Vorplatz eines Denkmals für gefallene Helden, das es in beinahe jeder Ortschaft gab. Im Anschluss an die kurz abgehaltenen offiziellen Gedenkveranstaltungen (Rede des Majors, Rede des Chemiedozenten, Rede des Dorfsowjetvorsitzenden) begaben sich alle, einschließlich der Dorfbewohner und Schüler der Dorfschule, die man extra aus Anlass dieses Ereignisses vom Unterricht befreite, zum Musikprogramm in den Gemeindesaal.

Zu Beginn des Programms hielt der Leiter der Läufergruppe eine einleitende Ansprache, in der er uns vorstellte und den Sinn der Unternehmung erklärte. Bei seinen mahnenden und bewegenden Worten, die sichtlich nicht nur seine Zuhörer, sondern auch ihn selbst immer wieder beinahe zu Tränen rührten, herrschte im Saal jedes Mal eine pietätvolle Stille, die im Weiteren einem erstaunten Raunen unter den Anwesenden wich, wenn sie erfuhren, dass auch deutsche Studenten die Entbehrungen des Laufes auf sich genommen hatten.

Im Anschluss an die Ansprache und die Gedenkminute zu Ehren der Gefallenen sangen wir zunächst gemeinsam mit den sowjetischen Läufern auf der Bühne russische Lieder, die das Heldentum der Sowjetsoldaten, die Tragik des Sterbens der jungen Soldaten, die

Siegeszuversicht und die Freude des Sieges über die Faschisten vor Augen führten. Diesem ernsten Teil des Programms folgte dann unser lyrisches Liederprogramm, das vorwiegend aus deutschen und russischen Volksliedern bestand. Zur Erheiterung des Publikums führten wir zum Abschluss das in eigener Regie überarbeitete und ins Russische übersetzte deutsche Scherzlied „Wenn der Topf aber nun ein Loch hat" auf.

Wenn die Zuhörer die Texte der deutschen Lieder auch nicht verstanden, so hörten sie doch aufmerksam zu und spendeten Beifall. Bei den russischen und ukrainischen Liedern, die wir gemeinsam mit den sowjetischen Läufern zu den Akkordeonklängen zum Besten gaben, lebte das Publikum merklich auf und sang und klatschte kräftig mit.

Nachdem wir einige solcher Auftritte hinter uns gebracht hatten, spürten wir kein Lampenfieber mehr, wenn wir wieder einmal eine Bühne betraten und der Saal brechend voll war. Es fiel uns auch immer leichter, uns an das jeweilige Publikum anzupassen und zu improvisieren. An manchen Tagen hatten wir mehrere solcher Auftritte, aber obwohl sich diese nicht grundlegend voneinander unterschieden, prägte sich doch jeder Auftritt auf seine Weise ein. Zur Erinnerung an die kurzen Visiten im jeweiligen Ort schenkte man uns meist Ansichtskarten.

Nach erfolgreichem Abschluss des Lauf – und Auftrittspensums eines Tages begaben wir uns an den Ort, an dem Abendessen und Übernachtung vorgesehen waren, oder wir suchten uns, wenn es keine vorherige Absprache gegeben hatte, selbst Übernachtungsquartiere. Aber wir nächtigten nicht in vornehmen Hotels oder wohleingerichteten Jugendherbergen, sondern in den Katen gastfreundlicher russischer Bauern, in Zimmern von Studentenwohnheimen, in Bungalows von Pionierlagern, die in der Vorsaison leer standen, oder in riesigen Turnhallen. Nur in der Stadt Wolgograd erwartete uns ein gepflegtes Hotel direkt über dem Ufer der Mutter der russischen Flüsse, der kilometerbreiten, ruhig dahin strömenden Wolga.

Der besondere Reiz der Übernachtung in russischen Bauernkaten bestand in der eigentümlichen Abgeschiedenheit von der Welt, wenn uns das Dunkel der Nacht ganz und gar einhüllte und wir die Hand nicht vor den Augen sahen, weil die russischen Dörfer nachts nicht beleuchtet sind. Da die Häuser meist über keine sanitären Anlagen verfügten, waren wir gezwungen, zur Verrichtung gewisser Bedürfnisse in den stockdunklen Garten zu schleichen, wo die undurchdringliche, beklemmende Finsternis nur vom fernen Quaken der Frösche durchbrochen wurde. Zur Entschädigung für das Furchtgefühl vor dem Dunkel hielt der schwarze Nachthimmel einen überwältigenden Anblick Tausender blinkender Sterne in unüberschaubarer Fülle bereit, und das helle Band der Milchstraße stand ewig und unendlich über der russischen Weite.

Am nächsten Morgen, nach dem üblichen warmen Frühstück, nahmen wir die nächste Tagesstrecke in Angriff. Das Wetter meinte es an den meisten Tagen gut mit uns, die Sonne verwöhnte besonders die Läufer mit ihrer Wärme, und nur einen Tag goss es von morgens bis abends wie aus Kannen, so dass den Läufern die Nässe durch die Laufkleidung bis auf die Haut drang.

Gegen Abend wies man uns in einem größeren Dorf die Turnhalle der Schule zur Übernachtung zu. Dort legten die durchfrorenen und erschöpften Läufer ihre tropfnasse Kleidung zusammen mit den trockenen Sachen auf dem Parkettboden zwischen den Schlafsäcken ab, denn es gab keine Möglichkeit, die Sachen zum Trocknen aufzuhängen. Durch den allmählich einsetzenden Trocknungsprozess der durchschwitzten, feuchten Kleidung stieg ein säuerlicher Geruch vom Parkettboden auf, und die infolge der Verdunstung feuchtwarme Luft in den unteren Schichten der Turnhalle sowie das vielstimmige Schnarchen der erschöpften Männer sorgten für einen unruhigen Schlaf in dieser Nacht.

Wolgograd gehört zum Süden des europäischen Teil Russlands, von hier ist es nicht mehr weit bis zum Kaukasus, der sich zwischen dem Schwarzen Meer und dem Kaspisee erstreckt. Wäre es den deutschen Truppen 1942 gelungen, Stalingrad einzunehmen, wäre der Weg nach Süden zu den Meeren und den Kaukasischen Ölquellen frei gewesen, wodurch das ökonomische Potenzial Deutschlands eine erhebliche Stärkung erfahren hätte.

Wolgograd ist das Tor nach Süden, das zu öffnen Hitler nicht gelang. Die Landschaft um Wolgograd wird von der Mutter der russischen Flüsse durchbrochen, die mit einer Breite von bis zu zwei Kilometern im Süden Russlands, unweit der Grenze zur Kasachischen Republik, in den Kaspisee mündet.

Die Böden an der Wolga sind sehr fruchtbar, und nicht umsonst ließen sich in den vergangenen zwei Jahrhunderten deutsche Siedler im Wolgagebiet nieder, um das Land urbar zu machen.

Als wir am Morgen des 30. April in Wolgograd eintrafen, hatten die Einwohner ihre Stadt bereits für die bevorstehenden Feiertage des Ersten Mai und des Jahrestags des Sieges festlich geschmückt. Unser unmittelbares Ziel in Wolgograd war der Mamajew-Hügel, auf dem sich eine ausgedehnte Denkmalslandschaft befindet und auf dem das weithin sichtbare berühmte Denkmal der „Mutter Heimat" emporragt. Auf diesem Hügel fanden im Winter 1942/43 die heftigsten Kämpfe zwischen den deutschen und sowjetischen Truppen statt.

Wie bekannt, endete die Schlacht von Wolgograd mit der Kapitulation der 6. deutschen Armee unter Generalfeldmarschall Paulus und der Gefangennahme Hunderttausender deutscher Soldaten. In einer Gedenkhalle, in deren Mitte das Ewige Feuer das Dunkel erhellt, erinnern riesige rote Tafeln mit in Goldschrift eingestanzten Namen der zu Tausenden gefallenen sowjetischen Kämpfer und getragene Musik, die „Träumerei" von Schumann, begleitet die Besucher dieser Halle und bringt jedes laute Gespräch zum Verstummen.

Ein in derselben Art wie die „Mutter Heimat" errichtetes Denkmal – ein sowjetischer Soldat mit einem deutschen Kind auf dem Arm − befindet sich in Treptow-Park in Berlin.

In den Jahrzehnten nach dem Krieg beseitigte man in Wolgograd die Spuren der unerbittlich geführten Kämpfe, und nur eine Ruine ließ man zur Mahnung und Erinnerung an die furchtbaren Zerstörungen stehen.

Nach einem Ruhetag in Wolgograd, den wir zur Besichtigung der Stadt und zum Bummeln durch die grünenden Parks nutzten, brachen wir wieder Richtung Heimat auf.

Der Rückweg verlief im gleichen Rhythmus wie der Hinweg – im ständigen Wechsel von laufen, fahren und singen. Dabei nahmen wir ununterbrochen neue Eindrücke vom russischen Land, den Menschen und ihren Ortschaften in uns auf. Die Verarbeitung der Eindrücke blieb einem späteren Zeitpunkt vorbehalten.

Woronesh erreichten wir pünktlich am Vortag des Jahrestages des Sieges, bei wolkenlosem Himmel und strahlendem Sonnenschein. Unser Einzug in die Stadt glich einem Triumphlauf – so ähnlich muss sich der Marathonläufer gefühlt haben, der vor zwei Jahrtausenden den Griechen die Siegesnachricht überbrachte. Nur war dieser wohl erschöpfter als wir.

Die Gruppe der Läufer wurde von einem Fackelträger angeführt, die Passanten an den Straßenrändern applaudierten begeistert, als wir die kilometerlange Tschernawski-Brücke, die das linke Ufer des Stausees mit dem rechten Ufer verbindet, in zügigem Lauftempo überquerten und nach Überwindung des steilen Abschnitts, der von der Brücke zum Stadtzentrum führt, in die mit Fahnen festlich geschmückte Hauptstraße einbogen.

Die Fackel ging während des Laufes von Hand zu Hand, so kam auch ich zu der Ehre, sie ein Stück des Weges zu tragen. Unser Weg führte mitten durch die Hauptstraße und endete an der Universität an seinem Ausgangspunkt, dem Denkmal für die gefallenen Helden, mit einer abschließenden Gedenkveranstaltung.

Nachdem so viele Jahre seit diesem Agitationslauf vergangen sind, lasse ich ab und zu diese einmaligen, unwiederbringlichen Tage meines Lebens an mir vorüberziehen und ich erinnere mich etwas wehmütig der Unbeschwertheit und Aufgeschlossenheit, mit der ich damals alle Eindrücke in mich aufnahm – die weite russische Landschaft, die grünenden Felder und Birkenhaine, die endlosen Asphaltstraßen, die russischen Dörfer und die Menschen, die hier ihr Zuhause hatten. Ich frage mich dann, was wohl aus ihnen geworden ist und ob sie auch heute noch ihre Traditionen pflegen. Sicher ist der allgemeine Wertewandel auch an ihnen nicht spurlos vorübergegangen.

Das Erlebnis des Agitationslaufes vermittelte mir eine unauslöschliche Erfahrung, die mehr emotional und weniger vom Verstand verarbeitet wurde. Es war ein kurzer, aber intensiv erlebter Streifzug durch das russische Leben, betrachtet mit Vorurteilslosigkeit und durch das Prisma jugendlicher Begeisterungsfähigkeit, wie es wohl nie wieder möglich sein wird.

Auf der Suche nach Knochen und Scherben

Einige Monate nach dem Agitationslauf bot sich mir wiederum eine Gelegenheit, im wahrsten Sinne des Wortes mit der russischen Erde in engen Kontakt zu treten.

Zum Programm unserer Ausbildung an der Historischen Fakultät gehörte unter anderem ein dreiwöchiges archäologisches Praktikum, an dem die Studenten des ersten Studienjahres teilnehmen mussten und für das ein Teil der Sommerferien nach Abschluss des ersten Studienjahres geopfert wurde.

Die Archäologen des Lehrstuhls für Alte Geschichte buddelten in mehreren Ausgrabungsstätten des Gebietes Woronesh nach Relikten längst vergangener Zeiten; die Ausgrabungsstätte, die man uns für drei Wochen als Arbeitsfeld zugedacht hatte, befand sich im Kreis Anna, zirka dreißig Kilometer westlich der Stadt Woronesh.

Das Ausgrabungsfeld war auf einer großen Wiese oberhalb des Ufers des Flusses Bitjug markiert worden, unmittelbar dahinter begann der Wald. Zu zwei Seiten der Ausgrabungsstätte sowie am anderen Flussufer erstreckten sich Wiesen und Felder, ein schmaler Feldweg zog sich bis zu einem in der Ferne sichtbaren Dörfchen, über die steil abfallende Uferwiese schlängelte sich ein Pfad. Die nächste Ortschaft mit Einkaufsmöglichkeit war weit entfernt. Einige Hundert Meter von unserem Biwak, mitten im Wald, befand sich ein Kinderferienlager mit Holzhütten, sanitären Einrichtungen und einem großen Sportplatz.

Bei der Ausgrabungsstätte handelte es sich um den ehemaligen Siedlungsplatz einer Slawensippe aus vorstaatlicher Zeit; dies bezeugten Knochenfunde und Keramikreste sowie Herdreste und die Spuren von Gebäuden. Die zum Bedauern der Archäologen nur verhältnismäßig spärlich vorhandenen Funde, bei denen es sich fast ausschließlich um braune Tonscherben mit Verzierungen und Tierknochen handelte, wurden später am Lehrstuhl für Archäologie als wichtige Indizien für einstige sesshafte Wirtschaftstätigkeit der Vorfahren der Russen ausgewertet.

Um dem enttäuschten Expeditionsleiter wenigstens einmal ein durchschlagendes Erfolgserlebnis zu verschaffen, kam einigen pfiffigen Studenten der gute Einfall, ein kleines, schäbig aussehendes Beil in der

Erde zu vergraben, um es dann lautstark und unter der professionellen Anleitung der sofort herbeigeeilten wissenschaftlichen Mitarbeiter des Lehrstuhls wieder ans Tageslicht zu befördern. Leider währte deren Freude über den unerwarteten Fund nicht sehr lange, denn die Untersuchung des Sensationsfundes nach seiner Reinigung brachte alsbald den schäbigen Betrug zutage.

Die Ausgrabungsarbeiten begannen jeden Tag pünktlich um neun Uhr nach dem Frühstück. Die Studenten begaben sich auf das in Quadrate unterteilte Grabungsfeld und ließen sich von den Berufsarchäologen in Zweierteams einteilen. Jedes Team bekam Spaten und eine hölzerne Trage als Arbeitsgerät ausgehändigt. Mit dem Spaten trug ein Teammitglied die Erdschichten ab und entleerte den Spaten auf die hölzerne Trage, woraufhin das zweite Teammitglied mit den bloßen Händen die Erde zu durchwühlen und – falls vorhanden – archäologische Fundstücke zu bergen hatte.

Da der Sommer heiß und die oberste Erdschicht deshalb sehr hart und trocken und außerdem mit dichtem Gras bewachsen war, erfreuten sich die Grabungsquadrate, deren Bearbeitung mit der Abtragung der obersten Erdschicht begann, bei den Studenten keiner Beliebtheit.

Jeder hoffte insgeheim, ein möglichst schon bearbeitetes Quadrat zugeteilt zu bekommen, bei dem die obere harte Erdschicht mit den trockenen Grasbüscheln bereits abgetragen war und die Feuchtigkeit in den tieferen Bodenschichten das Arbeiten erleichterte. Die feuchte Erde ließ sich mit den Händen bedeutend leichter nach Knochen und Scherben absuchen. Diejenigen, die ein neu zu erschließendes Grabungsquadrat zugeteilt bekamen, konnten zum Ende des Arbeitstages ihre vom Buddeln steifen und von der Arbeit mit dem Spaten blasenübersäten Finger kaum noch bewegen.

Wenn dann die hölzerne Trage mit der von ihren archäologischen Kostbarkeiten entledigten Erde vollbeladen war, ging das Arbeitsteam in Hockstellung, um die Trage aufzuheben und sie bis zur Abraumhalde zu schleppen. Dabei musste man sich in Acht nehmen, dass man mit der Last, die immerhin ein beträchtliches Gewicht aufwies, nicht über aufgeworfene Erdhügel und Unebenheiten stolperte und womöglich unsanft zu Boden ging. An der Abraumhalde konnte man kurz innehalten und Luft schöpfen, bevor die Trage noch einmal angehoben und der Ballast durch einen kurzen, präzise ausgeführten Ruck abgeworfen wurde. Erde kam zu Erde, Knochen zu Knochen, Scherben zu Scherben.

Diese monotonen Arbeitsgänge waren solange zu wiederholen, bis der erlösende Ruf „Kurze Pause!" ertönte. In diesem Moment warf alles die Arbeitsgeräte von sich und streckte sich auf der warmen, grasgepolsterten Erde auf, um den eigenen müden Knochen einen Moment der Entspannung zu gönnen. Die Pausen wurden minutiös eingehalten und mit den aufeinanderfolgenden Rufen „Zum Ausgraben vorbereiten!" und „Ausgraben!" beendet. Die einzige größere Unterbrechung war die Mittagpause, in der man uns zwei bis drei Stunden Ruhe zugestand. Diese begann mit dem gemeinsamen Mittagessen, das an der langen Holztafel im Freien eingenommen wurde. Anschließend konnte jeder tun und lassen, was er wollte. Die meisten zogen nach der körperlich schweren Arbeit ein Nickerchen im Zelt vor. Auf den Ruf „Fertigmachen zum Ausgraben!" gingen die Ausgrabungsarbeiten bis zum Abend weiter.

Die vielfältigen Aufgaben, die der Aufrechterhaltung der Arbeitsfähigkeit der Mannschaft dienten, waren gleich zu Beginn des Praktikums unter den Studenten aufgeteilt worden.

So oblagen die Lebensmitteleinkäufe dem Lagerältesten, die Küchenarbeiten und das Kochen erledigten die Mädchen, die männlichen Studenten trugen die Verantwortung für das Wasserholen. Dies war eine harte Arbeit, denn das Wasser musste täglich in schweren Metallkübeln aus dem mehrere Hundert Meter entfernten Ferienlager herangeschafft werden. Es fanden sich kaum Freiwillige, die sich für diese Tätigkeit meldeten. Aus diesem Grunde wurde die Reihenfolge der Wasserholer autoritär festgelegt, so dass sich niemand vor der Erledigung der unangenehmen Pflicht drücken konnte. Aber trotz der strengen Regelung ließen sich anfangs unschöne Auseinandersetzungen mit einigen Exemplaren der männlichen Studentenschaft, die sich erhaben über derart niedere Arbeiten dünkten, nicht vermeiden.

Das Trinkwasser war aufgrund besagter Beschaffungsprozedur rar, noch knapper aber war das Wasser zum Waschen. Um Wasserverschwendung zu vermeiden und den Wasserverbrauch zu minimieren, nutzten wir im Lager eine patentverdächtige Waschanlage:

Quer zwischen 2 Bäumen stak eine Eisenstange, von der einige graue Blechtöpfchen herunterhingen, die etwa einen Liter Wasser fassten. Im Boden dieser Gefäße befand sich jeweils ein Löchlein mit einem Durchmesser von etwa einem Zentimeter, welches mit einem Metallstöpsel verschlossen werden konnte. In diese Töpfchen goss man das Wasser, das zum Waschen bestimmt war. Der Stöpsel, durch den Wasserdruck das Bodenloch verschließend, verhinderte zunächst einmal das Herauslaufen des Wassers. Wollte man sich waschen, musste man den Stöpsel von unten etwas in das Töpfchen hineindrücken, so dass durch den entstehenden Spalt einen Moment lang ein Rinnsal herausrieseln konnte. Das war das Wasser zum Waschen.

Der Reinigungseffekt ließ sich steigern, wenn man den Stöpsel mit einer Hand energisch noch oben gedrückt hielt und damit ein gleichmäßiges Ausfließen des Wassers gewährleistete, während man gleichzeitig mit der anderen Hand das Rinnsal auffing und sich wusch. Da die Prozedur sehr umständlich war und eine gründliche Körperreinigung unmöglich machte, badeten wir hin und wieder im Fluss und wuschen uns anfangs in dessen Wasser auch die von den Ausgrabungen staubigen Haare. Später pilgerten wir im Bedarfsfall zum Ferienlager, in dessen Waschanlage zu unserer Freude Wasserhähne vorhanden waren. Unter diesen Umständen konnte vom Waschen reinigungsbedürftiger Kleidungsstücke während der drei Wochen natürlich keine Rede sein.

Dreimal täglich erhielten wir eine warme Mahlzeit, die auf einem wohl aus Kriegszeiten stammenden Herd in gewaltigen Emailletöpfen zubereitet wurde. Der mit einem riesigen rostigen Rauchabzugsrohr versehene Ofen, eine sogenannte „Burshuika", hatte seinen Platz am Waldrand. Das Menü zeichnete sich vor allem durch Monotonie aus.

Morgens, mittags und abends gab es Hörnchennudeln, Fleisch aus der Konserve und rohen Weißkrautsalat, dazu in große Stücke geschnittenes Schwarzbrot. Da wir uns den ganzen Tag an der frischen Luft aufhielten und durch die körperliche Tätigkeit große Kalorienmengen verbrannten, fiel es relativ leicht, sich mit der Eintönigkeit des Essens abzufinden. Nur ein einziges Mal, als die Frau des Expeditionsleiters unser Camp mit ihrem Besuch beehrte, gab es anstatt Büchsenfleisch panierten Fisch und als Beilage… Nudeln und Weißkrautsalat.

Als Waldbewohner nutzten wir aber auch die Möglichkeit, unsere Mahlzeiten durch Himbeeren, die im nahen Dickicht üppig wuchsen, zu ergänzen. Die Lebensmitteleinkäufer in ihrer ausgesprochenen Einfallslosigkeit begriffen irgendwann, dass der Student nicht vollkommen ohne Süßes leben will und brachten ab und an als Überraschung außer den Nudeln auch Büchsen mit süßer, dicker Kondensmilch vom Einkauf mit. Diese erhitzten wir dann auf dem Herd und tranken sie anschließend mit Genuss direkt aus der Büchse.

Die Lebensbedingungen im Ausgrabungslager versetzten uns quasi in die Zeit der seligen alten Slawen zurück, deren Gebeine wir auszugraben hatten. Nur Büchsenfleisch gab es damals noch nicht. Hier erlebten wir Romantik pur.

Das Camp, bestehend aus Dutzenden kleiner und großer Zelte, am Waldrand unter hohen Kiefern verstreut angeordnet, bot den Archäologen und Studenten seit mehreren Jahren während der Ausgrabungen Biwak. Unnötiger Komfort hätte die Studenten nur verweichlicht und war daher fehl am Platz. Als Zeltboden diente eine Plane, die Ausstattung des Zeltinnern bestand lediglich aus den Schlafsäcken, wenn man die Rucksäcke mit den persönlichen Sachen nicht zur Ausstattung zählt.

Solange das Wetter trocken und warm war, schlief es sich recht angenehm im Zelt. Leider bescherte uns der Juli aber auch einige Regentage, an denen die Ausgrabungen zeitweise eingestellt werden mussten. Dann schlugen wir die Zeit in den Zelten tot, was nicht sehr angenehm war, denn je länger es regnete, desto hartnäckiger kroch die Feuchtigkeit vom Erdboden an den Zeltwänden herauf, und auch vom Dach drang das Regenwasser allmählich in das Zeltinnere. Die Schlafsäcke, auf denen wir lagen, und unsere Rucksäcke sogen die Nässe in sich auf, wurden klamm und verbreiteten im Zelt einen säuerlich-penetranten Mief.

Dafür lebten wir wieder auf, als der Dauerregen endlich versiegte und wir unsere Sachen auf Leinen, die zwischen den Zelten gespannt waren, zum Trocknen aufhängen konnten. Der wunderbare aromatische Duft des Kiefernwaldes nach dem Regen und das muntere Gezwitscher der Vögel entschädigten uns für die Regentage.

Weniger romantisch war die ständige Belästigung durch geflügelte, blutgierige Insekten, die im Zusammenhang mit dem kompletten Nichtvorhandensein sanitärer Einrichtungen das Camp im weiten Umkreis umschwärmten. Mancher Expeditionsteilnehmer konnte die Mückenstiche an bestimmten Körperteilen nach den ungezügelten Angriffen der Mückenschwärme im Unterholz kaum noch zählen. Zugeschwollene Augen und knallrote Ohren gehörten zum Alltag.

An den arbeitsfreien Abenden wanderten wir hin und wieder in das benachbarte Ferienlager, das mehr Bewegungsfreiräume als das Zeltlager bot. Wir beschlagnahmten den Sportplatz des Lagers und funktionierten ihn in einen Tanzplatz um. Die Besonderheit, dass die Tänzer, die sich in der Abenddämmerung auf dem sandigen Boden zu russischen Diskorhythmen aus dem Kassettenrecorder drehten, gewöhnliche Sportkleidung und Turnschuhe trugen und dass es aufgrund der natürlichen Umstände keinen Getränkeausschank gab, minderte keineswegs das Vergnügen, sich nach dem anstrengenden Tagwerk auf diese Weise zu entspannen. Ins Lager kehrten wir (in Begleitung leise summender Mückenschwärme) erst zurück, wenn die Sonne schon längst am Horizont versunken war und sich über unseren Köpfen wieder der schwarze Himmel mit seinen ungezählten leuchtenden Sternen ausbreitete.

Auch wenn sich die Zeit während der ersten Woche im Ausgrabungslager und der Regenperiode fast bis ins Unendliche gezogen hatte, so verflogen die letzten Tage beinahe zu rasch. In unserem Abschied von hier lag sogar etwas Wehmut, denn die Wochen im Wald hatten uns um einige Erfahrungen und Erinnerungen sowie Keramikscherben und Tierknochenstücke im Gepäck reicher gemacht. Die archäologischen Tagebücher, die wir während der Ausgrabungen führten und in denen die Ausgrabungsdetails und Fundstücke täglich gewissenhaft zu protokollieren waren, wurden zu unserem Glück nie ausgewertet, so dass uns niemand die Unterschlagung wissenschaftlicher Beweisstücke vorwerfen konnte.

Wie ich unlängst erfuhr, existiert dieses Ausgrabungsfeld heute nicht mehr als solches, die Ausgrabungen wurden vor einigen Jahren eingestellt. Nur noch ein paar grasbewachsene Abraumhalden lassen darauf schließen, dass hier vor nicht langer Zeit jemand auf der Suche nach Spuren vergangener menschlicher Tätigkeit gewesen sein musste. Ob in tausend Jahren irgendjemand auch die Spuren unserer Anwesenheit im Jahr 1983 finden und auswerten wird?

Das Camp verließen wir vier DDR-Studenten ein paar Tage vor dem offiziellen Ende der Ausgrabungen, denn unsere Zugtickets nach Moskau waren lange vorher reserviert worden. So hatte uns die Expeditionsleitung ausnahmsweise von den letzten Tagen des archäologischen Praktikums freigestellt, zumal noch einige Formalitäten vor der Abreise in die Sommerferien zu erledigen waren.

Der kleine Jeep, mit dem man uns zur Bahnstation brachte, verfügte über dieselbe hervorragende Eigenschaft wie alle russischen Transportmittel: Er schien unendlich dehnbar zu sein. Da aber beengte Fahrtumstände seit einem Jahr zum Alltag gehörten, störte es uns absolut nicht, dass wir während der rasanten Fahrt quer durch den Wald, über Bodenwellen und querliegende Baumwurzeln, auf und nieder geschleudert wurden und beständig mit den Köpfen gegen das niedrige Dach des Fahrzeuges stießen.

Nach Hause

Nach der Ankunft in Woronesh kam uns das Leben unheimlich zivilisiert vor. Da man uns auf den zweiten Blick die drei Wochen in der Wildnis ansah und wir den Weg in die Sommerferien einigermaßen sauber antreten wollten, besuchten wir einen Ort, an dem man sich gründlich reinigen konnte – die Sauna.

Die Sauna besucht man in den traditionellen Saunaländern, zu denen auch Russland zählt, nicht nur zum Zweck der Körperreinigung, sondern auch aus dem natürlichen Kommunikationsbedürfnis heraus. Saunabesuche gehören hier zu den größten Freizeitvergnügungen. Bei Temperaturen von 90 bis 110 Grad Celsius gehört die gegenseitige Bearbeitung mit gebundenen Reisigruten zum Ritual, was eine stärkere Durchblutung der peripheren Blutgefäße bewirkt, den Schweiß in Strömen fließen lässt und erst so den echten Saunagenuss hervorbringt. Anschließend übergießt man sich gegenseitig mit kaltem Wasser aus Blechschüsseln. Was in den städtischen Saunaanstalten nicht möglich ist, gönnt man sich man in den ländlichen Badehäusern zur Winterszeit: Im Anschluss an den Schwitzgang verlässt man das Blockhaus und kühlt den erhitzten Körper im Schnee oder in einem nahen Gewässer ab, um anschließend wieder in den heißen Dampfschwaden die wohltuende Wärme zu tanken.

Übrigens hatte der Besuch einer Sauna im Vergleich zum Besuch eines öffentlichen Schwimmbades den Vorteil, dass es nicht notwendig war, ein ärztliches Unbedenklichkeitsattest in Bezug auf allgemeine Keimfreiheit und Syphilis vorzuweisen.

Die Heimreise in die verdienten Sommerferien traten wir mit dem Nachtexpress Woronesh-Moskau an. Aber wir reisten nicht in dem nur ausländischen Bürgern vorbehaltenen teuren Internationalen Waggon, dessen Plätze unter Vorlage eines gültigen Visums im Voraus reserviert werden mussten. Da man uns − im Gegensatz zur den afrikanischen und asiatischen Kommilitonen − den Ausländer nicht vom Gesicht ablesen konnte, bestellten wir, um den umständlichen Prozeduren zu entgehen und billiger zu reisen, Fahrkarten für den Allgemeinen Waggon, in dem es keine separaten Abteile gab und in dem deshalb nur Einheimische reisen durften. Bei der Fahrkartenbestellung und bei der Fahrkartenkontrolle sprachen wir wirklich nur das Notwendigste, um nicht doch als Ausländer enttarnt zu werden. Zur Not konnten wir uns als Studenten aus dem Baltikum ausgeben, deren Akzent, entsprechend der allgemeinen Auffassung, dem Akzent der Deutschen ähnelt.

Kurz nach Abfahrt des Zuges begann die Schaffnerin ihren Gang durch die Waggons, um die Fahrkarten der Fahrgäste einzusammeln und Bettwäsche für die Nacht – ein klammes Bettlaken, einen Kopfkissenbezug und einen Bettbezug − auszuteilen. Auch während dieser Prozedur behielten wir unsere Wortkargheit bei. Nachdem wir uns dann wie alle anderen für die Nacht eingerichtet, die Wolldecke und das Kopfkissen bezogen und auf der unteren oder oberen Liegestatt zurechtgelegt hatten, setzten wir uns gemütlich auf eine der unteren Liegebänke, bestellten bei der Schaffnerin heißen schwarzen Tee mit Zucker, der zur damaligen Zeit nur acht Kopeken kostete und in Gläsern mit kunstvoller Halterung serviert wurde. Dazu vertilgten wir im

Halbdunkel des Waggons gemeinsam die Vorräte, die jeder mit sich führte.

Es war durchaus nicht ungewöhnlich, dass ein Fahrgast, der nichts zu essen mithatte, von fremden Leuten im Abteil freundlich zum Essen eingeladen wurde. Niemand musste sich mit knurrendem Magen zur Ruhe legen. Die Lebensmittel – hauptsächlich Schwarzbrot, gebratenes Geflügel, Bratklopse, hartgekochte Eier, Tomaten oder Gurken – wurden sorgsam auf dem mit Zeitungspapier ausgelegten Tischchen ausgebreitet, das zu jedem der offenen Abteile gehörte. Dann rückte jeder näher heran und genoss ausgiebig das Essen, die Ruhe und den heißen Tee. Irgendwann versiegten die Gesprächsthemen und die Müdigkeit trieb jeden auf seine Schlafstatt. Zu einer bestimmten Zeit wurde das Licht im Waggon gelöscht und nur die bläuliche Notbeleuchtung blieb eingeschaltet.

Allerdings war der Nachtschlaf im Allgemeinen Waggon in der Regel nicht sehr erholsam. Hier und da war lautes oder leises Schnarchen oder Kindergreinen zu vernehmen und häufig wurden Schläfer von Mitreisenden aus dem Schlaf gerissen, die aufgrund gewisser Bedürfnisse den schmalen Gang des Waggons durchquerten, durch das Ruckeln des Zuges die Balance verloren und gegen die über den Rand der Bettstatt herausragenden Füße oder Köpfe stießen. Hielt der Zug an einer größeren Bahnstation und stiegen weitere Reisende hinzu, war die Nachtruhe erneut gestört.

Wenn man die Nacht im Dämmerschlaf verbracht hatte und vor den Fenstern der neue Morgen graute, begann der Wettlauf zu den Toiletten, um sich notdürftig zu waschen, zu rasieren und die Zähne zu putzen. Dann warteten in den Gängen der Waggons vor beiden Toiletten müde, ungekämmte, mürrische Menschen, die gerippten weißen Baumwollhandtücher über die Schulter gehängt, die Waschtasche in der Hand.

Im Anschluss an die Morgentoilette servierte die Schaffnerin zum Frühstück, das aus Resten der Abendmahlzeit bestand, wie am Abend heißen Tee. Danach zog jeder Reisende sein Bettzeug ab, lieferte die benutzte Wäsche bei der Abteilschaffnerin ab und erwartete, auf einer der unteren Bänke sitzend, das Reisegepäck griffbereit neben sich, die Ankunft des Zuges am Zielbahnhof. Die Müdigkeit nach der schier unendlichen Nacht, die man durchdämmert hatte, verflog in dem Maße, in dem man sich dem Zielbahnhof näherte.

Noch vor Stillstand des Zuges setzte eine hektische Bewegung in Richtung Waggontür ein, Stück für Stück wurde das Gepäck durch den mit Menschen und Taschen vollgestopften schmalen Gang des Waggons geschoben, jeder fürchtete, als letzter den Zug verlassen zu müssen. Diese Furcht war allerdings begründet, denn wer zuletzt herauskam, hatte die geringsten Chancen auf die Weiterfahrt mit einem öffentlichen Verkehrsmittel oder einem privaten Taxi. So hastete jeder, mit seinem Gepäck beladen und sich durch die Menschenmassen am Bahnsteig drängelnd, im Schnellschritt in Richtung Bahnhofsausgang, drängte sich durch die auf den Bahnhofsvorplatz strömenden Menschen und die Blumenverkäufer an der Eingangstür und versuchte dort entweder ein Taxi oder einen Kleintransporter für Fahrgasttransport, der auf einer festgelegten Fahrtroute pendelte, zu erwischen.

Auch wir eilten inmitten des Stromes der Reisenden, da wir ebenfalls so wenig Zeit wie möglich verlieren wollten. Immerhin hatten wir noch keine Flugtickets im Gepäck und der Weg bis zum Flughafen Scheremetjewo II außerhalb der Stadt war weit.

Da es ein Ding der Unmöglichkeit war, mit einem regulären Taxi weiterzukommen, mussten wir uns anders behelfen. Wir charterten also ein „Schwarztaxi", dessen Fahrer (ohne Berufslizenz) durch Schwarzfahrten sein Budget aufzubessern bestrebt war. Den entsprechend höheren Fahrpreis nahmen wir in Kauf, da wir so schnell wie möglich vom Bahnhof wegkommen wollten.

Erst im Auto konnten wir nach der überstandenen Hektik ein wenig Atem schöpfen und einen flüchtigen Blick auf die Hauptstadt erhaschen, soweit dies bei der rasenden Fahrt durch die Straßen und Tunnels der Stadt möglich war. Geschwindigkeitsbeschränkungen und Fußgänger-überwege wurden von den Schwarztaxifahrern grundsätzlich ignoriert, jedes noch so schnelle Auto wurde eiskalt überholt. Wir saßen mit be-klommenem Schweigen im Fahrsalon und bedauerten während der Überholattacken, unser Leben einem Verrückten anvertraut zu haben. Eigentlich wollten wir in den nächsten vierundzwanzig Stunden unsere Eltern wiedersehen. Erst als wir außerhalb der Stadt endlich das

Flughafengelände sichteten, lehnten wir uns entspannt zurück, denn nun konnte nicht mehr viel passieren.

Im Flughafengebäude eilten wir sofort zur Last-minute-Kasse. Wir hatten wie immer das Glück, noch für denselben Tag Resttickets zu ergattern. Unter Vorlage unserer Internationalen Studentenausweise bezahlten wir siebzig Rubel je Flugticket, orientierten uns mit Hilfe der Leuchtanzeige, wann und an welchem Schalter zum Flug nach Berlin eingecheckt wurde und sahen uns nach den Strapazen und Aufregungen der Fahrt nach etwas Zerstreuung um.

Wir schlenderten gemächlich durch die Wartehallen, ließen uns an der Bar nieder, aßen und tranken eine Kleinigkeit und genossen – im Unterschied zur Bedienung in den Läden und Amtsstuben – die Freundlichkeit des Bedienungspersonals im Flughafen. Hier durften Ausländer nicht durch rüden Ton verprellt werden.

Das Einchecken verlief für Studenten relativ komplikationslos, und als wir die strengen Gesichter der sowjetischen Pass- und Zollkontrolleure zurückgelassen hatten, flogen unsere Gedanken schon in die Heimat voraus. Den Flug empfanden wir als angenehmsten Teil der Heimreise, denn nun konnten wir es uns in den gepolsterten Sitzen bequem machen und uns von freundlichen Stewardessen bedienen lassen.

Die Pass- und Zollformalitäten auf dem Flughafen Berlin Schönefeld waren nur noch Formsache, auch das Warten auf das Reisegepäck brachten wir hinter uns.

Anschließend begaben wir uns gepäckbeladen zu Fuß zum gegenüberliegenden Bahnhof Schönefeld, wo es von deutschen Studenten aus allen Studienorten der Sowjetunion wimmelte, die sich nach und nach mit den Zügen in alle Richtungen zerstreuten. Die Nähe der heimatlichen Gefilde und die Ungeduld, nach Hause zu kommen, ließen die letzte Reisestrecke zum längsten Teil der Heimfahrt werden.

Im Zug ernteten wir ab und zu verständnislose Blicke des Schaffners oder der Mitreisenden, wenn wir angesprochen wurden – und auf Russisch antworteten.

Der tägliche Gebrauch der russischen Sprache hatte dazu geführt, dass spätestens zum Ende des ersten Studienjahres das gedankliche Übersetzen entfiel. Der erworbene bedingte Reflex spontaner Antworten in russischer Sprache verlor seine Gewalt über die Sprachgewohnheiten erst nach einigen Tagen Aufenthalt in der Heimat.

Die ausschließliche Fixierung auf die russische Sprache erfuhr bereits im ersten Studienjahr eine so starke Ausprägung, dass wir an dem Versuch scheiterten, unsere an der Erweiterten Oberschule erworbenen Englischkenntnisse aufzufrischen. Unserer Idee, im Rahmen einer Sondergruppe unter Leitung einer russischen Englischlehrerin aufbauenden englischen Sprachunterricht zu nehmen, schlossen sich auch einige Studenten aus westeuropäischen Ländern an.

Wir mühten uns redlich und verstanden sogar die auf Englisch gestellten Fragen der Lehrerin, brachten aber nur russische Antworten zustande. Es bereitete unglaubliche Schwierigkeiten, einen ganzen Satz vollständig auf Englisch zu konstruieren, immer wieder drängte sich das Russische in den Vordergrund. Nach ein paar unbefriedigenden Unterrichtseinheiten gaben wir schließlich auf.

Grüne Erbsen und blaue Äpfel

Alljährlich im Sommer, nach überstandener Prüfungszeit, traf man auf den Bahnhöfen und in den Zügen aller Richtungen auf Gruppen von Studenten, die olivgrüne Uniformen trugen. Diese Einheitskleidung mit dem Aufnäher „WSSO" (Allunions-Studentenbaubrigade) war das äußere Kennzeichen der Zugehörigkeit zu einer der ungezählten sowjetischen Bau-und Erntebrigaden, die der Volkswirtschaft im Sommer „unter die Arme griffen". Die drei bis sechs Wochen dauernden Arbeitseinsätze boten den Studenten eine willkommene Möglichkeit, während des Studiums eine größere Summe Geld zu verdienen. Der übliche Zuverdienst zum Stipendium als Straßenfeger, der morgens beziehungsweise abends öffentliche Plätze mit dem Bastbesen reinigte, reichte nicht, um große Sprünge zu machen.

Auch sollte jeder an einer sowjetischen Hochschule studierende junge DDR-Bürger wenigstens einmal während seines Studiums die Gelegenheit wahrnehmen und an einem Studentensommer teilnehmen. Wählen konnte man zwischen der Arbeit in einer Baubrigade oder in einer Erntebrigade. Während die meisten Studentenbaubrigaden an

Bauprojekten im Woronesher Gebiet, aber auch in anderen Steppengebieten oder in Sibirien eingesetzt wurden, führen die Erntebrigaden in den weit attraktiveren, sonnigen Süden der Sowjetunion.

Einige Kommilitonen, die sechs lange Wochen in einer abgelegenen Kolchose des Gebietes Woronesh einen Schafstall gemauert und verputzt hatten, waren nicht sonderlich von der dortigen Arbeitsorganisation sowie der Unterbringung und Verpflegung der Baustudenten begeistert gewesen. Dazu kam der Umstand, dass sie sich vor der sengenden Hochsommerhitze in der zentralrussischen Steppe kaum hatten retten können. Ein Trostpflaster war am Ende die gute Vergütung der Knochenarbeit.

Nach Berichten anderer Studenten gab es aber auch Baubrigaden mit besserer Organisation und guter Versorgung, die ebenfalls sehr gut verdienten. In den Erntebrigaden jedenfalls verdienten die Studenten weniger. Ich hatte also die Qual der Wahl, mich zwischen den verlockenden Rubeln und schwerer Arbeit oder dem genussversprechenden Süden mit geringerem Verdienst zu entscheiden.

Letztendlich beschloss ich, das Nützliche mit dem Angenehmen zu verbinden, indem ich mich für eine Erntebrigade entschied, deren Einsatz irgendwo im Süden vorgesehen war. Als Einsatzgebiet kam nach meinen Vorstellungen nur die Schwarzmeerregion in Frage, wo vor allem Tee und Weintrauben geerntet wurden und ich als Nebeneffekt des täglichen Aufenthaltes unter der südlichen Sonne garantiert knusperbraun werden würde.

Nachdem ich im Anschluss an das erste Studienjahr einen Teil der großen Ferien im Ausgrabungslager in der Waldsteppe verbracht hatte, reiste ich nach Ende des zweiten Studienjahres für drei Wochen mit einer Gruppe sowjetischer Studentinnen in die Moldauische Sozialistische Sowjetrepublik, um als Erntehelfer Geld zu verdienen, neue Eindrücke zu sammeln und eine ganz andere – romanosprachige – Region des Gastlandes kennenzulernen.

Die kleine Republik an Moldau und Dnestr gehörte in Bezug auf die Lage und das Klima und aufgrund der Nähe zum Schwarzen Meer zu den südlichen Sowjetrepubliken. Süden – das war gleichbedeutend mit Sonne, Wärme, Salzwasser und subtropischer Vegetation. Da ich vom berühmten schweren moldauischen Rotwein gehört hatte, rechnete ich fest damit, bei der Rebenernte eingesetzt zu werden. Lange vorher malten meine sowjetischen Freundinnen und ich uns aus, wie wir in den sonnenbeschienenen Weinbergen, mit Strohhüten auf den Köpfen als Schutz vor der südlichen Sonne, blaue Trauben nicht nur pflücken, sondern auch essen und nach der Arbeit im warmen Meer baden würden.

In den ersten Julitagen 1984 war es dann soweit. Ich hatte meinen geräumigen Seesack, der mir schon viele gute Dienste geleistet hatte, wieder einmal gepackt und ging auf Reisen. Wir fuhren lange mit einem Zug gen Südwesten, durchquerten die Ukraine, ernährten uns dabei vornehmlich von Schwarzbrot, Käse, Flaschenkürbispüree aus Gläsern und tranken dazu schwarzen Tee. Nachdem wir den Dnepr überquert hatten, erreichten wir am zweiten Reisetag Tiraspol, die zweitgrößte Stadt Moldawiens, seit 1993 Hauptstadt der abtrünnigen Dnestr-Republik. Hier erfuhren wir, dass unser Einsatzort ein großer staatlicher Landwirtschaftsbetrieb im Dorf Sukleja, unweit von Tiraspol, sein würde.

Moldawien im Juli muss man sich als blühenden, duftenden Sommergarten vorstellen. Großzügige Obstplantagen, blühende Felder und sanfte Weinberge beherrschen die Landschaft. Das heiße, trockene Klima und die Nähe des Schwarzen Meeres als natürliche Faktoren lassen das Obst und Gemüse prächtig gedeihen. Viele Flächen müssen künstlich beregnet werden; ich erinnere mich, dass es während der drei Wochen meines Aufenthaltes in Moldawien nicht einmal geregnet hat.

Unsere Erntebrigade aus Woronesh setzte sich aus zwei Dutzend Studentinnen verschiedener Fakultäten zusammen. Außer uns waren auch Brigaden aus anderen Studienorten zur Arbeit in Sukleja angereist. Jede Brigade hatte einen besonderen Namen, und jeder Student trug am Ärmel oder an der Brusttasche seiner Uniformjacke einen Aufnäher mit der Bezeichnung der jeweiligen Hochschule. Unsere Woronesher Mädchenbrigade hieß wie die griechische Göttin und der legendäre Panzerkreuzer, dessen Schuss am siebten November 1917 das Signal zur Erstürmung des Winterpalais gegeben hatte – „Aurora".

Sukleja lag inmitten einer von Feldern, Wiesen und riesigen Apfelplantagen geprägten, sanft hügeligen Landschaft, von Meer und

Weinbergen keine Spur. Die Entfernung bis zur ukrainischen Hafenstadt Odessa am Schwarzen Meer betrug etwa einhundertzwanzig Kilometer.

„Aurora" campierte in einem schulklassengroßen Raum eines am Rande der Ortschaft befindlichen doppelstöckigen Gebäudes. Die Ausstattung des Raumes umfasste nur die notwendigsten Möbelstücke. Dazu zählten ein paar einfache hellbraune Sperrholzkleiderschränke, die an der Wand gegenüber der Fensterfront in einer Reihe angeordnet standen, und die Schlafpritschen, die auf dem Fußboden unter der Fensterfront dicht an dicht aufgestellt worden waren. Keine Gardinen behinderten das durch die großzügigen Fenster hereinflutende Sonnenlicht. Aus besagtem Schlafraum gelangte man über knarrende Bretterdielen in einen leeren Korridor und von dort über eine Treppe in das Erdgeschoß mit dem Speisesaal, außerdem führte vom zweiten Stock eine rostige Außentreppe nach unten auf den Hof.

Die sanitären Anlagen – vier Holzhäuschen mit Herzchenfenstern für gewisse Bedürfnisse und eine lange Waschrinne mit mehreren Wasserhähnen für alle Brigaden – befanden sich gegenüber dem Wohngebäude unter freiem Himmel. Wer von den Mädchen den Wunsch nach gründlicher Reinigung verspürte, ohne den Blicken anderer ausgesetzt zu sein, füllte ein leeres Einweckglas mit – selbstverständlich kaltem – Wasser und vollzog die Reinigungshandlung im Inneren des Holzhäuschens.

Diese eigentümliche Zeremonie kannte ich schon vom Leben im Studentenwohnheim, wo die sowjetischen Studentinnen morgens oftmals mit Einweckgläsern in den Waschraum kamen und sich dann damit zur Intimwäsche hinter der Toilettentür verriegelten.

Vom Wohngebäude weg führte nach links ein holpriger Feldweg zu einer unüberschaubaren Apfelplantage, deren Baumreihen so dicht standen, dass innerhalb der Plantage ein regelrechtes Halbdunkel herrschte. Rechts, in einiger Entfernung von der Wohnanlage, befand sich ein Pappelwäldchen, und von dort führte ein staubiger Weg bis ins Dorf. Aus dem parallel zu diesem Weg verlaufenden Abwassergraben stieg ein abscheulicher Klärgestank auf, so dass man selbst mit geschlossenen Augen den Weg zum Dorf gefunden hätte.

Da auch hier bezüglich der Versorgung mit Lebensmitteln als oberste Priorität die ausreichende Kalorienzufuhr galt, pilgerten die Erntehelfer in ihrer freien Zeit scharenweise zur Apfelplantage, um mit unreifen grünen Äpfeln den eintönigen Speiseplan zu ergänzen und ihren Vitaminhaushalt aufzubessern. Zu den Mahlzeiten gab es das Standardmenü, das ich schon vom archäologischen Praktikum her kannte: Nudeln mit Büchsenfleisch, als Beigabe Brot und Tee. Frisches Gemüse oder Obst beziehungsweise Milchprodukte kamen äußerst selten auf den Tisch, und das einzige während der drei Wochen zum üblichen Gericht dargereichte gekochte Ei verspeiste ich mit großem Genuss.

Die Monotonie der Ernährung ließ uns einfache Erntehelfer mutmaßen, dass an dem Gerücht, die für die Verpflegung verantwortliche Studentin versorge in erster Linie sich und ihre engsten Freundinnen unter anderem mit alkoholischen Getränken, etwas Wahres sein könnte. Der Nachweis für diese Vermutung wurde aber nie erbracht.

Die persönlichen Erfahrungen, die ich den Lebensumständen im Ausgrabungscamp und im moldawischen Sukleja verdankte, fasste ich für mich selbst in Form privater „Lebensweisheiten" zusammen: Lebe mit bestimmten Entbehrungen, ohne zu klagen. Betrachte nicht die Bequemlichkeit als das Wichtigste im Leben. Lerne in unterschiedlichen Situationen Wesentliches vom Unwesentlichen zu unterscheiden. Gib in erster Linie nicht deinen Mitmenschen die Schuld, sondern suche die Ursachen in den Umständen.

Ich rang mich also bewusst dazu durch, beispielsweise das karge Menü der Kategorie der unwesentlichen Daseinsfaktoren zuzuordnen, distanzierte mich innerlich von diversen unangenehmen Kleinigkeiten, indem ich sie als gegeben hinnahm, und stand dafür den weit wesentlicheren Dingen des realen Lebens aufgeschlossen gegenüber.

Unsere Erntebrigade wurde im Landwirtschaftsbetrieb Sukleja nicht in der romantischen Weinlese, sondern in der unromantischen Erbsenernte eingesetzt. Jeden Morgen holte uns ein kleiner, staubiger gelber Bus vor der Unterkunft ab und fuhr uns über Stock und Stein zu dem eine knappe halbe Stunde entfernten riesengroßen Erbsenfeld. Ungeachtet des bevorstehenden langen Arbeitstages sorgten immer einige Mädchen für aufgekratzte Stimmung im Bus, wir sangen sowohl während der Fahrt zur Arbeit als auch auf dem Heimweg alle möglichen Lieder, unter anderem auch das Lied vom Kullererbschen, und verdrängten dabei die Strapazen der Feldarbeit. Wer, wenn nicht wir selbst, hätte uns den Spaß organisiert?

Die Arbeit bestand nicht, wie man meinen sollte, darin, die Erbsenschoten von den Büschen abzupflücken oder die Schoten zu knacken. Mit so leichter Tätigkeit betraute man uns nicht. Stattdessen sollten wir das Erbsenkraut auf dem Feld mit vereinter Kraftanspannung zu walzenartigen Gebilden zusammenrollen, so dass jeweils hinter einer solchen Rolle eine abgeerntete Feldfläche übrigblieb. Diese Arbeit konnte nur in Teamwork bewältigt werden.

Unsere Brigade teilte sich in zwei Gruppen mit jeweils eigenen Feldabschnitten. Eine Studentin übernahm das Kommando über den Beginn der Arbeiten und die Pausen. Auf den Befehl „Stali – natschali" („aufstellen – anfangen") gingen die Erntehelfer synchron in die Beuge. Jeder raffte die vor ihm im Boden steckenden Büschel Erbsenkraut mit den Armen an sich und riss sie mit einem kurzen Kraftakt aus der sommerharten Erde, rollte sie gebückt rückwärtsgehend ein Stück zurück, dabei weitere Büschel aus dem Boden reißend, um anschließend alles herausgerissene Grünzeug in einer Reihe abzulegen. Im Takt wurden diese Arbeitsschritte immer wieder aufs Neue wiederholt, so dass sich die abgeerntete Bodenfläche zusehends vergrößerte. Blieb eines der Mädchen zurück, eilten andere zur Hilfe.

Ab und zu gönnten wir uns kurze Erholungspausen. Dann saßen wir verschwitzt mitten im Erbsenkraut, schwatzten und brachen ununterbrochen eine Erbsenschote nach der anderen auf, um mit den angenehm süß schmeckenden grünen Kügelchen das wachsende Hungergefühl zu vertreiben.

Da es die moldauische Sonne gut mit uns meinte und, je höher sie stieg, umso heißer brannte, dabei aber die staubige Hitze, die über dem Feld brütete, die Kehlen zunehmend ausdörrte, gab es niemanden, der nicht sehnsüchtig nach dem Trinkwagen Ausschau hielt.

Die Trinkwasserversorgung war so geregelt, dass zweimal zwischen Arbeitsbeginn und Arbeitsende ein Tankwagen mit Trinkwasser hinaus auf die Felder fuhr und am Rande des erstbesten Feldes hielt. Sofort strebten aus allen Richtungen die Erntehelfer eilig zu der Stelle, wo das erfrischende Nass gereicht wurde. Die geleerten Blechbecher reichte man unverzüglich an den nächsten zum Nachfüllen weiter. Da jedem

Erntehelfer nur eine begrenzte Wassermenge zustand, reichte das Wasser unter Umständen nicht für alle. Bevorzugt waren auf jeden Fall diejenigen, vor deren Feld der Tankwagen jeweils hielt und denen der kürzere Weg die ihnen zustehende Wasserportion verhieß. Mit Proviant wurden wir allerdings nicht versorgt, wozu auch, denn wir arbeiteten ja auf einem Erbsenfeld und nicht auf einer Teeplantage und konnten das eiweißreiche Naturprodukt, so wie es uns zu Füßen lag, als Rohkost unverarbeitet und in großen Mengen verzehren.

Mittags, wenn über den Feldern die größte Hitze des Tages flimmerte, kam zu unserer Erlösung der kleine staubige Omnibus und brachte uns zum Mittagessen in die Unterkunft. Die Mittagspause verbrachten wir entweder schlafend auf der Pritsche oder spazierten in der dämmrigen, kühlen Apfelplantage umher.

Da die Äpfel Anfang Juli noch grün und hart und zudem mit einem bläulichen Film überzogen waren, hätten wir besser daran getan, ihren Reifungsprozess nicht durch vorzeitiges Pflücken zu beenden. Wir verzehrten die Äpfel so, wie wir sie von den Bäumen pflückten, also ungewaschen.

Eines Tages, an dem wir nicht Erbsenbüschel aus der Erde rissen, sondern ausnahmsweise Tomaten pflückten, denen die fruchtbare moldauische Erde eine satte rote Farbe verliehen hatte, fühlte ich mich schon am Vormittag unwohl, matt und abgeschlagen, die Beine waren bleischwer und der Körper schweißnass. Ich schob dies zunächst auf die extrem schwüle Witterung dieses Tages, an dem die Sonne nicht auf der Haut brannte, sondern als verschwommene hellgelbe Scheibe am dunstigen Himmel stand. Mit letzer Kraft hielt ich bis zum Abend durch, bis uns der Bus in die Unterkunft brachte.

Ungewöhnlich an diesem Abend waren die nicht abreißen wollenden Warteschlangen vor den Toilettenhäuschen, in die auch ich mich auf wackligen Beinen einreihte, mit einer Rolle Toilettenpapier in der Hand, denn inzwischen war mir richtig übel geworden. Zahlreichen Erntehelfern verlangte es heute nicht nach Abendbrot, man begab sich sofort zu Bett. Während des Abends und in der Nacht fand ich keine Ruhe, ich wälzte mich schweißgebadet und fröstelnd hin und her, und es bedurfte jedes Mal wieder einer ungeheuren Überwindung, sich aufzuraffen und die Eisentreppen hinunter zu tasten, um die Toilette im

Hof aufzusuchen. Schlafen konnte ich überhaupt nicht, ich wurde die ganze Nacht von wirren Gedanken und Visionen geplagt und war sicher, dass ich, wenn ich einschlafen sollte, am nächsten Morgen nicht mehr aufwachen würde.

Als es nach dieser schier endlosen Nacht trotz aller Horrorvisionen auch für mich wieder Morgen wurde, konnte ich nicht mehr allein aufstehen. Ein Krankenwagen und eine Ärztin kamen aus der Stadt und stellten bei allen Betroffenen die gleichen Symptome fest.

Mit Streichhölzern entnahm man der Reihe nach Proben aus einer gewissen Körperöffnung, die in einer Klinik auf Ruhrerreger untersucht werden sollten. Diese Prozedur interessierte mich schon nicht mehr. Ich wurde als Einzige ins Krankenhaus eingewiesen, denn mich hatte es offensichtlich am schlimmsten erwischt. Für die Reise brauchte ich nichts weiter – außer einer Rolle Toilettenpapier. Zwei Mädchen fassten mich unter und geleiteten mich die Eisentreppe hinunter, und während ich Stufe um Stufe herabstieg, fühlte ich, wie sich die Welt um mich immer mehr in ein Nichts auflöste. Fast bewusstlos erreichte ich die Toilette, anschließend legte man mich auf die Pritsche im Krankenwagen, die Tür klappte zu und der Krankenwagen fuhr los.

Die nette Ärztin, die mich begleitete, versuchte mich während der Fahrt aufzuheitern und erzählte mir, dass sie als Kind mit ihren Eltern einige Jahre in der DDR gelebt hatte. Ihr Vater diente damals als Offizier der sowjetischen Streitkräfte in Deutschland. Sie meinte, ich würde bald wieder aus dem Krankenhaus entlassen werden, man müsse nur das hohe Fieber bekämpfen und ausschließen, dass ich mit Ruhrerregern infiziert war.

Diese Infektionskrankheit fürchteten die sowjetischen Ärzte beinahe wie die Pest des Mittelalters, was wohl noch aus der Kriegs- und Nachkriegszeit herrührte. Jede harmlose Durchfallerkrankung zog eine unverzügliche Stuhluntersuchung der Betroffenen auf Ruhrerreger nach sich.

Das Krankenhaus, in das ich eingeliefert wurde, nannte sich „Infektionskrankenhaus" und befand sich am Rande der Stadt Tiraspol. Die Bettenhäuser, einstöckige Gebäude aus weißen Silikatsteinen, waren in einer großzügig angelegten, gepflegten Parkanlage angesiedelt.

Die folgende Woche verbrachte ich in einem Fünfbettzimmer eines dieser Bettenhäuser, dessen Einrichtung aus fünf Eisenbetten, fünf Stühlen, fünf Spinden und einem Tisch bestand. Dazu gehörte außerdem ein kleiner Raum, der durch eine teilverglaste Tür vom übrigen Zimmer abgetrennt war, ausgestattet mit einem abgenutzten Waschbecken und einer Toilette. In einer dunklen Ecke des Waschraumes standen Eimer, Schrubber und weitere Reinigungsutensilien herum.

Der Blick aus dem Fenster, genauer, durch den oberen Teil des Fensters, ging in den Krankenhausgarten. Die untere Fensterhälfte war mit einer Gardine verhangen, die vor neugierigen Blicken vorübergehender Patienten schützte. Diese Art von Sichtschutz, ein einfaches, ungemustertes weißes Stück Stoff, aufgezogen auf ein Strickchen, hatte man etwa in Höhe der Fenstermitte links und rechts mit Nägelchen am hölzernen Fensterrahmen befestigt. Fenstertücher dieser Art zierten damals die Fenster fast aller Verwaltungsgebäude, Krankenhäuser und Kindereinrichtungen der Sowjetunion. Der ästhetische Aspekt dieser Textilien spielte im Verhältnis zu ihrer Funktionalität eine nachgeordnete Rolle.

Obwohl es sich bei der Abteilung, in der ich lag, um eine Infektionsabteilung handelte, standen die Fenster der Krankenzimmer aufgrund der sommerlichen Hitze häufig offen, so dass die Patienten ständig von frechen Fliegen und Mücken heimgesucht wurden. Bedauerlicherweise war man nicht auf die Idee gekommen, Gazefenster anzubringen, denn Insekten sind, wie man nicht erst seit heute weiß, Überträger von Krankheitserregern. Gleichzeitig aber verbot die Krankenhausordnung betriebsfremden Personen strengstens, mit ihrer Anwesenheit die Gefahr des Einschleppens unerwünschter Infektionserreger heraufzubeschwören. Besuch durfte aus diesem Grund nur außerhalb des Krankenzimmers empfangen werden.

Diese Hygienevorschriften, die Besuchern den Zutritt verwehrten, galten leider nicht für die leseunkundigen Kakerlaken und Insekten, die sich in den Krankenzimmern wie zu Hause fühlten.

Nicht, dass in den Krankenhäusern die formale Sauberkeit vernachlässigt worden wäre, nein, die Fußböden wurden täglich von Reinigungskräften gewischt und das Zimmerinventar mit feuchten Lappen abgerieben. Aber es fehlte ein effektives System, das die Sterilität in den Einrichtungen in jeder Beziehung gewährleistet hätte.

In vielen Bereichen des gesellschaftlichen Lebens der Sowjetunion, nicht nur im Bereich des Gesundheitswesens, erschwerten unsinnige bürokratische Vorschriften und Anweisungen sowie die Praxis deren willkürlicher Auslegung durch die verantwortlichen Personen die tägliche aufopferungsvolle Arbeit der einfachen Arbeiter und Angestellten.

Da ich in meinem Zustand nicht in der Lage gewesen war, vor dem Abtransport mit dem Krankenwagen noch ein Nachthemd einzupacken, lieh man mir im Krankenhaus für die Zeit meines Aufenthaltes einen Nachtkittel sowie einen „Chalat" – einen baumwollenen, mit grüngelben Blümchen bedruckten ärmellosen Kittel, den ich über das Nachthemd ziehen konnte, wenn ich die Krankenstube für kurze Spaziergänge würde verlassen können. Davon konnte allerdings während der ersten Tage keine Rede sein.

Als ich am Abend meiner Einlieferung in das Krankenhaus aus meiner Benommenheit erwachte, fand ich mich in Gesellschaft von vier Frauen wieder, die wie ich aufgrund eines Infektionsverdachtes in diesem Krankenzimmer des Infektionskrankenhauses lagen.

Zuerst stellte ich mich kurz als neue Zimmergenossin vor, anschließend erfuhr ich meinerseits das Wichtigste über die Frauen in den Nachbarbetten. Die älteste der Patientinnen war eine Lehrerin mittleren Alters, mit vollem, aber bereits angegrautem Haar und energischen Gesichtszügen, Moldauerin. Wir Jüngeren redeten sie respektvoll mit Vor- und Vatersnamen an. Sie hieß Valentina Semjonowna.

Die am Fenster liegende achtzehn oder neunzehn Jahre junge Alla war großgewachsen, schlank, mit hellblondem kurzem Haar und sommersprossigem Gesicht. Sie war eine waschechte Westukrainerin, die ständig russische und ukrainische Ausdrücke vermengte und mit unverkennbarem ukrainischen Akzent russisch sprach.

Valentina Semjonowna, mit Leib und Seele Lehrerin der russischen Sprache und Literatur, bemühte sich redlich und mit großer Geduld, jedoch vergeblich, bestimmte grammatikalische Fehler zu korrigieren, die in Allas Rede immer wieder auftauchten. Die lebenslustige Alla, die gern und mit flottem Redefluss erzählte, wechselte in ihrem Eifer laufend unwillkürlich vom Russischen in ihr geliebtes Ukrainisch.

Die vierte im Bunde war Arina, vierundzwanzig Jahre, Russin, ernst, mit kurzen braunen Haaren und einer auffallend blassen, fast bläulich schimmernden Haut.

Während sich Arina, die neben der Lehrerin lag, unentwegt mit dieser über ihre Eheprobleme unterhielt, hatte ich Mühe, dem unbefangenen, fröhlichen, russisch-ukrainischen Redefluss der fast gleichaltrigen Alla zu folgen, die mich über vieles ausfragte und mir vieles erzählte. Manchmal, wenn sie meinem Gesichtsausdruck ansah, dass ich ihr Kauderwelsch nicht verstanden hatte, unterbrach sie ihren Redefluss und versuchte, mir noch einmal in verständlichem Russisch zu erklären, was sie eben gesagt hatte, wobei sie wieder in das Ukrainische verfiel.

Gemeinsam mit Alla fiel mir die Aufgabe zu, allabendlich kurz vor Zapfenstreich die zahlreichen Stechmücken in unserem Zimmer mit Kissen und Handtüchern zu killen, damit wir alle in Ruhe schlafen konnten. Während wir in unseren Nachtkitteln im Bett standen und mit der „Waffe in der Hand" gegen sämtliche dunklen Punkte an der Wand kämpften, gab Valentina Semjonowna Ratschläge und Hinweise, wo sich weitere Bösewichter versteckt haben könnten. Dass unserem Kampf in der Regel kein nachhaltiger Erfolg beschieden war, bewies das gefährliche nächtliche Summen im Umkreis der Betten der schlafenden Patientinnen.

Während der ersten beiden Tage meines Aufenthaltes im Krankenhaus lag im Nachbarbett zu meiner anderen Seite die dicke Julia, eine selbstbewusste, unbekümmerte Siebzehnjährige, mit dickem geflochtenen blonden Zopf und pausbäckigem Gesicht. Sie wurde vorzeitig entlassen, weil es ihr allem Anschein nach wieder gut ging. Welcher Arzt hätte auch eine Patientin weiter behandeln mögen, die sich trotz der Verordnung strenger Diät jeden Tag von ihren Angehörigen fetttriefende Eierkuchen und Plinsen durch das geöffnete Fenster hereinreichen ließ und deren Appetit von hervorragenden Genesungsfortschritten zeugte. Julia wurde so großzügig mit Essen versorgt, dass sie uns ebenfalls ständig ihre Mundvorräte anbot.

Sämtliche Insassinnen unserer Krankenstube, deren Diagnosen ausschließlich auf Störungen der Magen- und Darmfunktion beruhten, hatten vom Arzt strenge Diät verordnet bekommen. Die Schonkost, die man uns vorsetzte, war jedoch so fad und eintönig, dass wir hin und wieder nicht der Versuchung widerstehen konnten, auf Kosten des Wohlbefindens verbotene Nahrungsmittel zu uns zu nehmen.

Während Julias Pfannkuchen, deren Füllung einen penetranten Knoblauchgestank ausströmten, bei mir nur Ekel hervorgerufen hatten, ließ ich mich, nachdem ich nach ein paar Tagen Aufenthalt bereits im Krankenhausgarten spazieren durfte, von Alla dazu verleiten, im Kiosk vor der Krankenhauspforte eine große Tüte „Chrustiki" zu kaufen. Diese in Öl gebackenen und mit Zucker bestreuten Cornflakes verputzten wir restlos auf dem Rückweg ins Krankenzimmer. Sie schmeckten wunderbar, hatten aber eine durchschlagende Wirkung.

Medizinisch betreut und gepflegt wurden wir von einigen Krankenschwestern und Pflegerinnen sowie dem lustigen jüdischen Arzt Jossif Pawlowitsch, den ich allerdings nur bei meinem Eintreffen im Krankenhaus und am Tag der Entlassung zu Gesicht bekam. Die tägliche Behandlung – Fiebermessen, Blut abnehmen, Spritzen geben, Tabletten verabreichen – oblag den Krankenschwestern, die aufgrund der großen arbeitsmäßigen Belastung oft einsilbig oder mürrisch, aber nicht direkt unfreundlich waren. Die Pflegerinnen kümmerten sich um die tägliche Reinigung der Krankenzimmer und schüttelten die Betten auf.

Die Ursache für den Frust des medizinischen Personals lag hauptsächlich in der miserablen Vergütung der Arbeitsleistung. In der Sowjetunion verdienten Ärzte und Krankenschwestern weniger als Produktionsarbeiter in den Betrieben, die als herrschende Klasse den gesellschaftlichen Reichtum erzeugten. Sie waren daher regelrecht gezwungen, von den Patienten Geschenke oder Geld als Zusatzverdienst anzunehmen. Zudem existierten gravierende Unterschiede zwischen den Krankenhäusern der Republikhauptstädte, der Gebietszentren und der Kreisstädte in Bezug auf die Ausstattung mit medizinischen Geräten und Systemen.

Wer als Arzt in einem größeren Krankenhaus tätig sein durfte, konnte sich glücklich schätzen, denn die größeren Krankenhäuser verfügten in der Regel über zahlenmäßig mehr und modernere Diagnostikgeräte als die Provinzkrankenhäuser. Dementsprechend lang waren auch die Wartezeiten für Patienten, die sich in den Republikkrankenhäusern zur Spezialdiagnostik anmelden mussten.

Obwohl die Ausbildung der Mediziner in der ehemaligen Sowjetunion qualitativ hohen Standards genügte und sich viele Fachspezialisten auch im Ausland eines hervorragenden Rufes erfreuten, ließ die medizinische Betreuung der Durchschnittsbevölkerung, gelinde gesagt, einiges zu wünschen übrig. Der chronische Mangel an modernen Geräten und die vorsintflutliche Ausstattung der medizinischen Einrichtungen in der Provinz ließen sich nicht durch gut ausgebildetes medizinisches Personal kompensieren.

Die Diagnose meiner Erkrankung im Sommer 1984 wurde jedenfalls ohne die Verwendung diagnostischer Geräte gestellt. Zu den technisch machbaren und deshalb obligatorischen Untersuchungen zählte die Untersuchung von Blut- und Stuhlproben, auf die die entsprechende Verordnung von Tabletten folgte. Mehrere Tage lang schluckte ich brav weiße, gelbe und rosafarbene Tabletten. Über die Diagnose ließ man mich im Ungewissen, ich wusste nur, dass es nicht die gefürchtete „Disynterie" (Ruhr) gewesen war, die mich in das Infektionskrankenhaus gebracht hatte. Übrigens konnte niemand aus unserem Krankenzimmer an Ruhr erkrankt sein, denn wir bekamen alle die gleichen weißen, gelben und rosafarbenen Tabletten.

Der Behandlungserfolg stellte sich jedenfalls nach ein paar Tagen ein, vielleicht hätte er sich auch ohne die Tabletten eingestellt, wer weiß, Das Fieber trat den Rückzug an, und am Entlassungstag spürte ich nur noch ein unangenehmes Symptom, das mich noch längere Zeit begleiten sollte. Eine Woche meines ersehnten Aufenthaltes im Süden hatte ich meiner Genesung opfern müssen. Aber ich verließ das Infektionskrankenhaus mit etwas Wehmut, denn mir fiel der Spruch ein, den ich irgendwann von irgendwem gehört hatte: „Das ganze Leben ist ein Abschied. Ich hasse Abschiede."

Zurück blieben Valentina Semjonowna und Arina, Alla war kurz vor mir nach Hause entlassen worden und hatte sich von allen freudestrahlend und voller Optimismus verabschiedet. Aber irgendwie fiel uns allen der Abschied schwer, denn wir würden uns kaum in diesem Leben wiedersehen.

Die Anschriften, die wir für alle Fälle austauschten, schrieben wir auf Servietten, da kein anderes Papier zur Verfügung stand. Auch den Krankenschwestern, Pflegerinnen und dem Arzt, die mich, so weit es in ihren Kräften stand, gewissenhaft gepflegt und behandelt hatten, sagte ich herzlich Lebewohl.

Später erinnerte ich mich noch manchmal der Frauen, mit denen ich eine Woche auf engem Raum zusammen gelebt habe und stellte Mutmaßungen an, wie sich ihr weiteres Schicksal in der Umbruchszeit während und nach der Perestroika gefügt haben mochte.

Nach ein paar ausgetauschten Grußkarten riss die Verbindung zu Valentina Semjonowna ab und damit auch zu der Episode im Infektionskrankenhaus in Tiraspol.

Mit dem Bus fuhr ich nach Sukleja zurück, wo man inzwischen keine blaugespritzten Äpfel mehr aß. Die Mädchen meiner Brigade, von denen mich einige während meines Aufenthaltes im Krankenhaus besucht hatten, freuten sich, dass ich wieder da war. Noch eine Woche Arbeit stand bevor, dann war die Zeit meines Ernteeinsatzes vorbei. Ich würde nach Hause fliegen, während die anderen noch für weitere Wochen in Sukleja blieben.

Viel zum Arbeiten kam ich allerdings nicht mehr, da ich zweimal mit dem Bus in die Hauptstadt Kischinjow fahren musste, um zwei Flugtickets für meine Heimreise zu organisieren: eines für den Flug von der moldauischen Hauptstadt in die ukrainische – Kiew, und eines von Kiew nach Berlin. Erst nach längeren, nervenaufreibenden Verhandlungen mit den Angestellten im INTOURIST-Reisebüro in Kischinjow gelang es mir, die Tickets zu buchen. Während der unvermeidlichen Wartezeiten nutzte ich die Gelegenheit, die moldauische Hauptstadt etwas kennenzulernen.

Sehenswürdigkeiten zu besichtigen – dazu reichte die Zeit nicht. Aber das, was ich sah, ließ den Eindruck einer freundlichen jungen Stadt entstehen, die mit ihren weißen Hochhäusern in viel Grün, zwischen sanften Hügeln mit farbenfrohen Obstplantagen, eingebettet lag.

Zu Fuß gelangte ich zu einem der Badeseen der Stadt, wo sich bei herrlichem Hochsommerwetter mit strahlendem Sonnenschein viel Volk am Strand tummelte. Ungeachtet der Hitze verkauften hier sonnenverbrannte schwarzhaarige Händler außer Kaltgetränken den traditionellen moldauischen Rotwein „Iswar", der heiß getrunken wird. Aus Kassettenrecordern erklang einheimische Schlagermusik, und bei dem einen Lied horchte ich auf, weil ich es gut kannte. Es war eines der bekanntesten Lieder der beliebten moldauischen Sängerin Sofia Rotaru, die „Melancolie", mit dem uns das medizinische Personal in der Krankenstube des Tiraspoler Infektionskrankenhauses allmorgendlich geweckt hatte. Der Titel „Melancolie" stimmte mich heute tatsächlich ein wenig melancholisch, denn übermorgen würde der Studentensommer für mich zu Ende gehen.

Leider hatte ich mir aufgrund meiner Erkrankung einen Wunsch nicht erfüllen können – die ukrainische Hafenstadt Odessa am Schwarzen Meer zu besuchen. Statt das Schwarze Meer hatte ich ein Krankenhaus näher kennengelernt.

Seltsamerweise empfand ich darüber aber gar kein so großes Bedauern, denn nach Odessa würde ich vielleicht zu einem späteren Zeitpunkt als Tourist kommen. Dafür hatte ich mit netten Leuten in Tiraspol Bekanntschaft geschlossen.

Als der Tag des Abschieds von Sukleja gekommen war, versammelten sich sämtliche Mädchen der Erntebrigade und übergaben mir zum An-denken einen aus einem Schulheft herausgerissen, handbeschriebenen Zettel mit folgendem Text:

Die Vernunft sei immer gütig, und klug sei die Seele.
Iss keine Tomaten, Äpfel, Birnen (in ungewaschenem Zustand).
Erinnere dich der Freunde, liebe die Natur und den Himmel,
lächle oft und lache.
Sei ehrlich, sei tapfer.
Lerne immer. Höre auf Mutter und Vater.
Sei dankbar für die Wärme deiner Nächsten, lebe in diesem Sinne,
und glaube, es wird dir warm und hell sein in der Welt
der verschiedenen Gesichter, Charaktere und Sprachen.
Wir lieben und achten dich und denken an dich.
Die Mädchen des Zimmers Nr.15.

Wären nicht allein diese Zeilen die Reise nach Moldawien wert gewesen?

Nachdem wir uns nach der Ruhepause etwas gestärkt haben, setzen wir uns in unser Fahrzeug und nehmen die heutige Tagestour in Angriff, deren Ziel die Ankunft im Dorf S. sein soll. Wieder liegt eine Strecke von etwa 1100 Kilometern vor uns.

Die Fahrt lässt sich ganz gut an, denn wir treffen kaum andere Fahrzeuge, so dass die Straße beinahe uns allein gehört. Das Wetter wird zusehends besser, die Sonne gewinnt gegenüber den sich verziehenden Wolken die Oberhand, was einen schönen, warmen Sommertag verheißt. In Osteuropa ist das Wetter im Vergleich zu Mitteleuropa relativ beständig, hier gibt es den raschen Wechsel zwischen den Wetterperioden, wie wir es von zu Hause gewöhnt sind, nicht. Es scheint, dass wir in eine sommerliche Hitzeperiode hineingeraten. Das ist uns auch sehr recht, denn der Juni in Deutschland war verregnet und kühl.

Die Fahrtkilometer zählen wir effektiv in Hunderterschritten, denn auf den breiten ukrainischen Fernverkehrsstraßen mit ihrem derben, aber gut zu befahrenen Straßenbelag und bei dem spärlichen Morgenverkehr schaffen wir pro Fahrtstunde mindestens einhundert Kilometer. Linkerhand sehen wir in der Ferne die Silhouette des Atomkraftwerkes Rowno, ansonsten sind zu beiden Seiten Wälder und Felder unsere Begleiter.

Hin und wieder weisen uns Geschwindigkeitsbegrenzungsschilder darauf hin, dass wir eine Ortschaft durchfahren, meist Dörfer, deren Gehöfte in respektablem Abstand voreinander angelegt worden sind.

Der Anblick der schäbigen, teils windschiefen Holzhäuschen mit den obligatorischen Sitzbänkchen davor faszinieren und deprimieren uns immer wieder, denn hier scheint die Zeit stehengeblieben zu sein.

Den Giebeln und Fensterläden mit ihren bescheidenen, typisch russischen Holzschnitzereien sieht man an, dass die Häuschen und ihre Hausherren einst bessere Zeiten erlebt haben, nämlich als die vorherrschend türkise und seeblaue Farbe an den Hauswänden noch frisch war. Menschen sind kaum am Wege, dafür aber kreuzen schlanke Hunde und schnatternde Gänsescharen unseren Weg. Diese ignorieren kaltblütig und selbstbewusst die herannahenden Fahrzeuge. Selbst lautes Hupen veranlasst sie in ihrer Geschäftigkeit zu keiner größeren Eile. Ebenso wie in Russland spaziert auch hier allerlei Getier auf den staubigen dörflichen Wegen und den Böschungen entlang der Hauptstraße herum, knabbert hier ein Hälmchen, schnappt dort nach einem Futterrest, muht, schnattert, miaut, bellt, wiehert... Hier wird traditionell Freilandhaltung praktiziert, man kennt das gar nicht anders, und dem Vieh bekommt diese freie Lebensweise scheinbar recht gut. Auch die Pferde werden wie in alten Zeiten als Zugtiere verwendet, hier und da sehen wir Pferdefuhrwerke, die billigsten Transportmittel hierzulande.

Gegen Mittag erreichen wir nach fünfhundert Fahrtkilometern die ukrainische Hauptstadt Kiew. Wenn wir diese ohne Zwischenfälle durchquert haben werden und uns nicht verfahren, sind wir fast zu Hause. Die letzten paar Hundert Kilometer sehen wir als einen Klacks an.

Bei der Einfahrt in die Stadt müssen wir höllisch Acht geben, denn Wegweiser zeigen uns, welche Straße (die Straßen sind nach Richtungen nummeriert) in welche Richtung führt. Das unvermittelt über der Fahrbahn auftauchende Schild ist eher unauffällig und weist mindestens zehn verschiedene Richtungen auf, so dass wir uns blitzschnell orientieren müssen. Wie in jeder größeren Stadt konzentrieren wir uns ununterbrochen sowohl auf den Verkehr als auch auf die Beschilderung, denn sich bei dem hohen Verkehrsaufkommen in der Hauptstadt zu verfahren, würde Orientierungslosigkeit und Zeitverlust zur Folge haben.

Zum Glück verfahren wir uns nicht und nehmen sogar die Gelegenheit wahr, von der großen Moskauer Hängebrücke aus, die beide Dneprufer miteinander verbindet, die goldenen Kuppeln der alten Kiewer Kirchen und Klöster in der Ferne zu bewundern. Der Anblick ist in der Tat beeindruckend, das Gold harmoniert prächtig mit dem Grün der Parks und dem strahlenden Blau des Himmels. Kiew erfreut sich nicht umsonst des Rufes einer grünen Stadt.

Nach einer fast halbstündigen angespannten Fahrt liegt die ukrainische Hauptstadt endlich hinter uns und wir kommen auf eine Autobahn, die vermutlich die Zufahrt zur Stadt entlasten soll. Die Autobahn ist top, scheinbar erst vor kurzem gebaut, der Straßenbelag unterscheidet sich qualitativ kaum von dem unserer deutschen Autobahnen. Wir kommen *wieder schnell vorwärts und es besteht die berechtigte Hoffnung, noch vor Einbruch der Dunkelheit am Ziel einzutreffen.*

Am späten Nachmittag, knapp einhundert Kilometer vor der ukrainisch-russischen Grenze, leisten wir uns eine größere Pause, um uns zu stärken und neue Kräfte zu sammeln. Etwas abseits vom Straßenrand, hinter einer Wildnis aus Bäumen und Büschen, in unmittelbarer Nähe eines Teiches, entdecken wir einen Imbisscontainer, der uns gerade recht kommt. Der Inhaber, ein Ukrainer mittleren Alters, und seine Ehefrau, zeigen sich erfreut über die unerwarteten Gäste. Scheinbar verirrt sich selten ein hungriger Gast hierher. Der Platz für den Imbisscontainer ist auch denkbar ungünstig gewählt.

Wir nehmen vor der Bude an einem im Freien, zwischen Büschen und Gerümpel stehenden, Holztisch Platz und informieren uns über das Speiseangebot und die Preise. Da wir seit vorgestern nichts Warmes mehr gegessen haben, sind wir sehr erfreut, dass Borschtsch, die ukrainische Rote-Bete-Suppe, im Angebot ist. Außerdem bestellen wir Krautsalat, den die Wirtin auf die Schnelle zubereitet, Brot, heißen Tee, Kaffee und Cola. Kurz darauf bringt der Wirt bereits die Speisen und Getränke, für die wir einen Spottpreis zu zahlen haben.

Ein hungriger Hund, der, seiner Figur nach zu urteilen, zu Dauerdiät verdammt ist, lässt sich von uns mit vorgestrigen Speiseresten aus unserem Reiseproviant füttern und kann gar nicht genug bekommen. Immer wieder kehrt er an den Tisch zurück und schaut uns bettelnd an. Nachdem wir dem Wirt versichert haben, dass es uns geschmeckt hat und dass wir auf der Rückfahrt auf jeden Fall wieder bei ihm einkehren werden, begeben wir uns, versehen mit guten Ratschlägen für die Weiterreise, wieder auf Fahrt.

Was uns dann ein paar Kilometer vor der Grenze widerfährt, wundert uns zwar nicht, weil man auf den russischen und ukrainischen Straßen mit den unmöglichsten Zwischenfällen rechnen muss, verdirbt uns aber dennoch gründlich die Laune.

Hinter einer Anhöhe stoßen wir unvermittelt auf einen Straßenabschnitt, der ausgerechnet heute, zum Samstagabend, geteert werden muss. Soweit wir sehen können, ist die gesamte Fahrbahn der Fernverkehrsstraße mit einer dicken, dampfenden Teerschicht bedeckt. Notgedrungen halten wir, um die Lage zu peilen. Direkt vor unserem

Auto liegt ein kniehoher Wall schwarzglänzenden, dampfenden, durchdringend stinkenden Teers, der sich von Fahrbahnrand zu Fahrbahnrand zieht. Wir müssen da durch, um auf den linken Fahrbahnrand, der für uns eigentlich die Gegenfahrbahn ist, zu gelangen, um überhaupt weiterzukommen. Der rechte Fahrbahnrand ist frisch zugeteert.

Der Teerwalzenfahrer, der wer weiß auf wessen Geheiß dieses Chaos angerichtet hat, macht sich nicht einmal die Mühe, von seinem Gefährt herabzusteigen, um die Kraftfahrer einzuweisen. Stattdessen winkt er uns zu und weist auf den Teerwall, offenbar denkt er, dass unser Mitsubishi ein Panzerfahrzeug ist, das alle Hindernisse beim ersten Anlauf und ohne Rücksicht auf Verluste nimmt. Was bleibt uns anderes übrig, es gibt keinen anderen Weg.

Wir setzen das Auto ein paar Meter zurück, um mit Anlauf und Karacho über den Wall zu kommen. Der Wagen fährt auch in den Wall hinein, bleibt aber, wie erwartet, im kniehohen Teer stecken. Vorwärts ist nicht drin, also geht es, mühevoller als rein, wieder raus.

Mit dem letzten Rest von Geduld weisen wir den Walzenfahrer auf unser Missgeschick hin, worauf ihn ein heller Gedankenblitz auf die Idee bringt, den Teerwall etwas flach zu walzen, damit wir besser hinüber kommen. Beim zweiten Anlauf bleiben wir nicht mehr im Teer stecken, wenn wir auch nur mit Mühe und Not durchgerutscht sind. Inzwischen hat die von der dampfenden Teerstraße aufsteigende Hitze mit ihrem ätzenden Gestank das Innere unseres Autos zu einem kaum erträglichen Medium werden lassen. Wir schließen also die Fenster, wodurch uns noch heißer wird, aber besser schwitzen als in den Teerdämpfen ersticken. Außerdem prasseln während der Fahrt – und wir fahren höchstens zwanzig bis dreißig Stundenkilometer – von unten heiße Teersteinchen gegen den Fahrzeugboden und die Metallverkleidung des Fahrzeuges, so dass wir befürchten müssen, bei geöffnetem Fenster von solch einem Steinchen getroffen zu werden.

In beträchtlichem Abstand vor und hinter uns fahren weitere Fahrzeuge auf dem linken Fahrbahnrand, bei entgegenkommenden Fahrzeugen weichen wir einander so gut wie möglich aus, um uns nicht in die Quere zu kommen. Nach mehreren Kilometern Fahrt im Schneckentempo und unter Steinchengeprassel ist endlich weit vorn das Ende der Teerstrecke

zu sehen. Kurz darauf kommt der ukrainisch-russische Grenzkontroll-
punkt in Sicht. Dort haben alle Fahrzeuge vor dem Schlagbaum
anzuhalten

Ein seltener Anblick bietet sich! Am Unterboden unseres Mitsubishi
klebt eine zehn bis fünfzehn Zentimeter dicke Teerschicht, wie bei Autos,
die im Winter eingeschneit werden und deren Räder sich nur mühsam
unter dem dicken Reif aus Schnee und Eis drehen. Der kaffeebraune
Autolack ist schwarz gesprenkelt. Die anderen Fahrzeuge, einige fast
neue BMW und Mercedes, die für den Verkauf nach Russland überführt
werden, würden in ihrem jetzigen Zustand ganz gewiss keinen Käufer
finden, so verdreckt, wie sie sind. Der Teergestank beißt. Selbst die
nicht betroffenen Autofahrer regen sich lautstark auf, alle sind einhellig
der Meinung, dass die chaotische Arbeitsweise aus früheren Zeiten
immer noch nicht abgeschafft ist. Wer weiß, wieviel Zeit noch vergehen
muss, damit sich eine neue Art der Arbeitsorganisation durchsetzt. Das
alte ist zählebig, trotz der neuen Staatsbezeichnungen und der
Unabhängigkeit, auf die man so stolz ist.

Ende des „goldenen Zeitalters"

Drei Monate nach Beginn meines Studiums ereilte unser Gastland ein unerwartetes, schicksalhaftes Ereignis, das folgenschwere Veränderungen auf der seit zwei Jahrzehnten unveränderlichen politischen Bühne nach sich zog.

In der sozialistischen Propaganda, die sich auf Marx und Engels berief, hatte man zwar ständig die Phrase von der hervorragenden Rolle der Volksmassen im Geschichtsprozess strapaziert, erging sich aber andererseits in unentwegte Lobpreisungen des jeweils ersten Mannes von Partei und Staat, so dass das Volk als Subjekt des Geschichtsprozesses und Schöpfer des gesellschaftlichen Reichtums quasi zum Vollstrecker des jeweiligen Genius degradiert wurde.

Im November 1982 ging mit dem Leben des langjährigen Generalsekretärs der Kommunistischen Partei der Sowjetunion, Vorsitzenden des Obersten Sowjets der Union der Sozialistischen Sowjetrepubliken, Marschalls der Sowjetunion, Helden der Sozialistischen Arbeit, vierfachen Helden der Sowjetunion, Trägers der

Goldenen Friedensmedaille F.G.Curie, der Goldenen UN-Friedensmedaille etc. Leonid Iljitsch Breshnew die so genannte Breshnew-Ära zu Ende.

Aufgrund der fehlenden Entwicklungsdynamik als „Ära der Stagnation" und im Vergleich zu späteren Zeiten der Instabilität und großen Defizite von den einfachen Bürgern als „goldendes Zeitalter" bezeichnet, erfuhr diese Periode sowjetischer Geschichte durch Leonid Breshnew als Staats-und Parteichef die entscheidende Prägung.

Im Oktober 1964, nachdem Nikita Chrustschow von seinen Funktionen entlastet und in Rente abgeschoben worden war, startete Breshnews Karriere als Partei- und Regierungschef. Mitte der sechziger Jahre begannen die unter Chrustschow eingeleiteten Reformen im Bereich der Wirtschaft zaghafte Früchte zu tragen, denn die mit mehr wirtschaftlicher Selbständigkeit ausgestatteten Betriebe legten nun auch mehr Interesse an der Steigerung der Produktion an den Tag.

Es wäre aber ein Trugschluss gewesen anzunehmen, dass die Steigerung des Produktionsumfanges dank intensiverer Produktionsmethoden erreicht wurde. Schon immer hatte man auf das schier unerschöpfliche Potenzial an Naturreichtümern und menschlicher Arbeitskraft gesetzt. Da die Arbeitslöhne in der Sowjetunion seit Stalin traditionell niedrig gehalten wurden, bot es sich an, durch Beschäftigung immer neuer Arbeitskräfte die Produktion zu steigern und den Tendenzen der Verringerung des Bruttosozialproduktes entgegenzuwirken, die sich Ende der fünfziger, Anfang der sechziger Jahre bemerkbar machten. Die zwar nicht konsequent durchgesetzten Reformen in der Wirtschaft zeigten ihre Wirkung in der Erfüllung des achten Fünfjahrplanes 1965 bis 1970, der die besten Ergebnisse der Nachkriegsgeschichte aufwies. Danach fuhr man fort, in alten Gleisen weiter zu wirtschaften. Obwohl ein Teil der Führungsspitze der KPdSU, unter anderem auch der spätere Generalsekretär Juri Andropow, ein Programm weiterer Umgestaltungen im Bereich der Wirtschaft und im politischen Bereich (Entwicklung der Demokratie und Selbstverwaltung) vorschlug, setzte sich der gemäßigt-konservative Kurs in der Führungsspitze durch, den auch Breshnew unterstützte.

Alle praktischen Versuche, die Gesellschaft zu demokratisieren, scheiterten an der Konsolidierung der Partei- und Staatsnomenklatur, einer alles beherrschenden Oberschicht in Partei, Politik und Wirtschaft, die grundlegend an der Konservierung der bestehenden Verhältnisse interessiert war. Während der knapp zwanzig Jahre unter Breshnews Führung wuchs die Zahl der in Verwaltungen Beschäftigten auf 18 Millionen, so dass auf 6 bis 7 Arbeiter eine Verwaltungsperson kam. Die Inhaber von Posten und Pöstchen in der weitverzweigten Bürokratie erfreuten sich unterschiedlichster Privilegien, und so war es nicht verwunderlich, dass Mitte der achtziger Jahre jährlich mehr als 40 Milliarden Rubel – 10% des staatlichen Budgets! – zur Unterhaltung dieser Maschinerie verschleudert wurden.

In den Jahren des neunten Fünfjahrplanes 1971–1975 setzte die faktische Stagnation des Wirtschaftswachstums ein. Aber noch bis Ende der siebziger Jahre ließen sich die Symptome der erkrankten Wirtschaft durch weiteres extensives Wirtschaften, aber auch dank des Erdölexports, verschleiern. Zu Beginn der achtziger Jahre wurde die fehlende Effektivität der Ansätze begrenzter Reformen in Bezug auf das wirtschaftliche und politische System offensichtlich, für die einfachen Menschen spürbar im sinkenden Lebensstandard und immer größeren Defiziten. Breshnew starb zu einem Zeitpunkt, als die sowjetische Gesellschaft in eine tiefe Krise eintrat.

Viele Menschen waren vom Tod Breshnews, der zwei Jahrzehnte an der Spitze des sowjetischen Staates und der Partei gestanden hatte, tief erschüttert. Die tägliche Propaganda, die die Person des Generalsekretärs in den Mittelpunkt des gesellschaftlichen Geschehens gerückt hatte, rief bei den Bürgern die Vorstellung von dessen Unersetzbarkeit hervor und erzeugte mit der Nachricht über sein Ableben tiefe Verstörtheit und Ratlosigkeit. Zahlreiche Studentinnen konnten bei der Fernsehübertragung der Beisetzung Breshnews in Moskau die Tränen nicht zurückhalten. Ungewissheit breitete sich aus, denn niemand war auf dieses Ereignis vorbereitet gewesen, die Menschen konnten sich nicht vorstellen, wer Breshnews Nachfolge antreten würde. Das durch Unachtsamkeit verursachte polternde Herunterplumsen des Sarges mit der sterblichen Hülle des toten Leonid Iljitsch Breshnew in die Tiefe des Grabes, das der feierlichen Beisetzungszeremonie die erhabene Würde nahm, erschien vielen als böses Omen.

Die beiden Nachfolger Brehsnews, Juri Andropow und Konstantin Tschernenko, sollten ihrem Vorgänger kurze Zeit später in die Ewigkeit nachfolgen: Andropow starb 1983, Tschernenko Ende März 1985. Auch wenn Juri Andropow, eine Person mit autoritärer Ausstrahlung, den Versuch unternommen hatte, Bewegung in die erstarrten gesellschaftlichen Strukturen zu bringen und die Gesellschaft zu demokratisieren, kam es nach seinem plötzlichen Tod 1983 unter Konstantin Tschernenko wieder zu einem Stillstand. Tschernenko wirkte ebenso gebrechlich und marionettenhaft wie Breshnew in den letzten Jahren seines Lebens, sein Tod im März 1985 überraschte wahrlich niemanden.

Die Zeit der „alten Männer" an der Spitze der Supermacht Sowjetunion ging zu Ende. Im Volk machten in den letzten Jahren zahlreiche Breshnew-Witze die Runde, die seine Senilität, aber auch sein behäbiges Äußeres und seine Gewohnheit aufs Korn nahmen, auch die kleinste Rede von Zetteln abzulesen.

- *Sommer 1980. Leonid Iljitsch steht am Mikrophon und eröffnet die Olympischen Sommerspiele in Moskau. Er hält seine Vorbereitungszettel in der Hand, hinter ihm steht sein Berater. Leonid Iljitsch beugt sich über das Blatt, auf dem die nicht von ihm ausgearbeitete Eröffnungsrede steht. Er liest stockend ins Mikrophon: „O...O...O...O...O". Der hinter ihm stehende Berater flüstert ihm entsetzt zu: „Aber Leonid Iljitsch, das sind doch die olympischen Ringe!"*

- *Leonid Iljitsch verabschiedet am Flughafen den Botschafter eines kleinen afrikanischen Landes. Selbst als das Flugzeug nur noch als winziger Punkt zu sehen ist, starrt Breshnew ihm noch lange wie hypnotisiert nach. Als sich ein Mitglied der Regierung deshalb fragend an Breshnew wendet, ob dies wohl ein wichtiger Staatsbesuch gewesen sei, antwortet Breshnew nach einer Weile: „Als Politiker ist er eine Null. Aber küssen kann der...!" Dabei wurde auf Breshnews Angewohnheit angespielt, Staatsmänner der befreundeten sozialistischen Staaten innig auf den Mund zu küssen.*

- *Sagt ein Mann zum anderen: „Breshnew ist ins Krankenhaus gekommen und wird operiert." Fragt der andere: „Was hat denn bloß unser Leonid Iljitsch?"* – *"Seine Brust wird erweitert, weil nicht mehr alle Orden dran passen."*

- *Leonid Iljitsch verliest auf einem internationalen Kongress die Begrüßung der ausländischen Ehrengäste. Er liest: "Und hiermit begrüße ich Frau Margret Thatcher." Der hinter ihm stehende Berater raunt ihm erschrocken zu: "Das ist doch nicht die Thatcher, das ist Indira Gandhi!" Antwortet Breshnew trocken: "Das sehe ich selber. Hier auf dem Zettel steht aber Margret Thatcher."*

Frischer Wind kam im März 1985 mit der Wahl Michail Sergejewitsch Gorbatschows zum Generalsekretär der KPdSU auf. Gorbatschow, ein Politiker der jüngeren Generation, verfolgte das Ziel, mit Tatkraft die Stagnation im Land zu beenden. Er trat für die Offenlegung der Ergebnisse der jahrzehntelangen Misswirtschaft, für Transparenz (Glasnost) ein und versuchte, die Betriebe auf marktwirtschaftliche Elemente, auf Wirtschaftlichkeit und strenge Rechnungsführung zu orientieren. Sein erklärtes Ziel war die Beschleunigung der sozial-ökonomischen Entwicklung auf der Grundlage der Nutzung der neusten Errungenschaften des wissenschaftlich-technischen Fortschritts. Er hoffte, mit Hilfe bislang verdeckter Reserven in kurzer Zeit eine wirtschaftliche Belebung zu erreichen.

Bezeichnenderweise – im Hinblick auf das schnelle Ableben seiner Amtsvorgänger – interpretierte der Volksmund die Buchstaben des Namens „Gorbatschow" folgendermaßen: „Gotow obognatj Regana, Breshnewa, Andropowa, Tschernenko, jesli wyshiwu" – was übersetzt heißt: „Ich bin bereit, Reagan, Breshnew, Andropow und Tschernenko zu überholen, falls ich es überlebe." Er selbst überlebte, aber sein Land, das sich nicht mehr von ihm reformieren ließ, weil der Reformzug ganz einfach abgefahren war, verschwand als geopolitische Realität und Subjekt des Völkerrechts vom Antlitz der Erde.

Die Sowjetunion ist heute Geschichte. Der Todeskampf des Landes dauerte, mit historischem Maßstab gemessen, nur sehr kurze Zeit – drei Jahre. Gorbatschows Reformversuche scheiterten letztlich daran, dass das gesamte System der Wirtschaft und Politik zu festgefahren war. Es aus dem Stillstand herauszureißen und grundlegend zu reformieren, hätte es der vereinten Anstrengung der gesamten Gesellschaft bedurft –

der Arbeiter in den Betrieben, der Beschäftigten der Landwirtschaft, der Betriebsleiter, der Parteinomenklatur. Wer kein Interesse daran hatte, aus dem alten Trott herauszukommen, war aber eben diese Parteinomenklatur in ihren ausgebeulten Amtssesseln, die Betriebsleiter, die in die eigene Tasche wirtschafteten und kein Interesse an Reformen hatten, die Arbeiter, die bereits abgestumpft waren, die Bauern der Kollektivwirtschaften und Staatsgüter, die es vorzogen, sich am genossenschaftlichen Eigentum zu bedienen und nach Feierabend ihren Trinkritualen zu frönen. Der gesellschaftliche Sumpf hatte schon während der vergangenen Jahrzehnte unergründliche Tiefen erreicht, und das Interesse der Gesellschaft war zu mäßig, die Strukturen zu verknöchert, um wirkliche Reformen durchsetzen zu können.

Nach Jahrzehnten der Misswirtschaft, Korruption und Bevormundung der Menschen konnte Gorbatschow einfach nicht mit der Unterstützung der Mehrheit des Volkes und schon gar nicht mit der Unterstützung der Führungsschicht rechnen. Dazu kam, dass trotz der Reformansätze kaum Erfolge zu spüren waren, und sich zum Ende der achtziger Jahre die Situation noch verschlechterte. Zudem machte Gorbatschow zum Teil gravierende Fehler bei der Durchsetzung bestimmter Ziele.

Beispielsweise versuchte er ab 1986, mit drastischen Maßnahmen das „Suchoj sakon" (das „Trockene Gesetz") durchzusetzen, um dem Alkoholmissbrauch Herr zu werden. Ein edles und gerechtfertigtes Ansinnen, denn der Alkoholismus hatte in den achtziger Jahren erschreckende Ausmaße angenommen. Das Wodkatrinken gehörte besonders auf den Dörfern zur Freizeit- und Arbeitskultur der Männer, viele Frauen waren verzweifelt, weil ihren Männern die Flasche wichtiger war als die Familie. Nun aber sollte der Alkoholkonsum von Staats wegen mit Radikalmaßnahmen eingedämmt werden.

Das „Trockene Gesetz" wurde verkündet, der Alkoholverkauf drastisch reduziert. In den Geschäften gab es nur noch an bestimmten Tagen und zu bestimmten Zeiten und limitiert alkoholische Getränke zu kaufen, zu Feierlichkeiten war jeglicher Alkoholkonsum untersagt. Auch die Hochzeitspaare durften nach der Trauung im Hochzeitspalast nicht mehr mit Sekt anstoßen, die alkoholfreie Hochzeit mit Saft und Selterswasser sollte den Grundstein für eine gesunde Familie legen. Wer es sich leisten konnte, organisierte zwei Hochzeitstafeln – die offizielle mit Saft und Mineralwasser, die heimliche im engeren Kreis daheim – mit Sekt und Wodka. Um die Herstellung von Wein zu reduzieren, initiierte die Regierung eine außergewöhnliche drastische Maßnahme: Ganze Weinberge, der Stolz des sonnigen Südens der Sowjetunion, wurden vernichtet, was den Menschen dort ihre traditionelle Existenzgrundlage raubte.

Und was taten die unverbesserlichen Alkoholsünder, die ihr „Wässerchen" nicht mehr in den Läden erstehen konnten? Glaubte die Regierung tatsächlich, dass staatliche Verordnungen das soziale Problem Alkoholismus zu lösen in der Lage wären? Die Staatsmänner, selbst Russen, unterschätzten in dieser Beziehung eindeutig das dem russischen Volk mit Recht nachgesagte Improvisationstalent und den Erfindungsgeist in der Bedrängnis. In der Not frisst der Teufel bekanntlich Fliegen.

Bald kamen zu den bereits vorhandenen Defiziten weitere Versorgungs-defizite hinzu. Zunächst verschwanden die alkoholhaltigen Eau de Cologne-Fläschchen aus den Geschäften, und so mancher Mann fand sein Ende in der Gosse. Danach wurde der Zucker knapp, kurze Zeit später gab es gar keinen Zucker mehr zu kaufen und der Staat war gezwungen, zur Zuckerrationierung überzugehen. Das Verschwinden des Zuckers hing ursächlich damit zusammen, dass man diesen in großen Mengen dazu benötigte, um Selbstgebrannten in eigenen illegalen Destillierapparaten herzustellen. Da es keinen Wodka mehr in den Läden gab, brannte man eben seinen Schnaps selbst. Und dieser hatte 60% Alkohol und war damit sogar noch besser als der 40%ige Wodka aus dem Laden.

Illegale Schnapsbrennereien gibt es heute in jedem russischen Dorf. Früher brannte man das Gesöff aus Zuckerrüben, heute wird vorwiegend Zucker dafür verwendet. Bei der Verarbeitung von Zuckerrüben müssen diese (in großer Menge) mit einer Reibe zerschrotet werden. Anschließend kommt die Masse in einen wasserdurchlässigen Sack, der mit Hilfe einer Quetschvorrichtung solange bearbeitet wird, bis die maximale Rübensaftmenge in das darunter stehende Gefäß geflossen ist. Anschließend gießt man den Rübensaft in Fässer, gibt Hefe hinzu und lässt die Flüssigkeit einige Wochen gären. Das entstehende Produkt nennt man „Braga" –

Dünnbier, das in Bezug auf den Alkoholgehalt in etwa dem Bier entspricht. Dieses wird anschließend in einen gusseisernen Kessel gegossen und im russischen Ofen für längere Zeit einer mäßigen Wärmezufuhr ausgesetzt. Man stellt das Endprodukt gleich in großen Mengen her, um es, außer für den eigenen Genuss, auch als Gegenleistung für nachbarschaftliche Erntehilfe zu verwenden. Selbstgebrannter galt und gilt auch heute auf den Dörfern Russlands inoffiziell als Zahlungsäquivalent.

Was aber taten die Städter, die über keinen Destillierapparat auf dem nicht vorhandenen Hof verfügten? Sie tauschten Rezepte aus, wie man am preisgünstigsten und im Geheimen unter Verwendung zugänglicher einheimischer Ressourcen eine Flüssigkeit herstellen konnte, die den gewünschten Effekt hervorrief.

An dieser Stelle sollen einige wenige Rezepte vorgestellt werden, die dem Leser den Erfindungsgeist der suchtgeplagten Männer vor Augen führt (mit der Bitte, sich nicht vor Ekel zu übergeben und die Rezepte nicht selbst auszuprobieren):

1. Bei −40 °C wird ein Brecheisen in ein Gefäß gestellt; von oben gießt man langsam Bremsflüssigkeit hinein, die gefriert und sich an der Oberfläche des Brecheisens festsetzt. Der Spiritus aber fließt in das Gefäß. Anschließend kann er mit Wasser verdünnt oder pur genossen werden.

2. Alkoholhaltige Schuhkrem wird auf eine Scheibe Brot geschmiert. Wenn die Krem in das Brot eingezogen ist, schneidet man vorsichtig die dünne Oberschicht des kremdurchsetzten Brotes ab. Der größte Teil des Brotes kommt in den Müll, während das dünne Scheibchen für einen angenehmen Rausch sorgt.

3. Eine Tube Zahnpasta „Pomorin", gemischt mit 200 ml glasklaren einheimischen Wassers ergibt einen schmackhaften Trunk.

4. Alkoholhaltiger Klebstoff wird in eine Dose gefüllt. Anschließend nimmt man eine Bohrmaschine zur Hand, „quirlt" damit den Klebstoff durch. Dabei windet sich die klebrige Masse

um den Bohrer, die alkoholhaltige Flüssigkeit aber gelangt in die Dose. Nun kann sie in den Schlund gekippt werden.

Jedenfalls entpuppte sich die Antialkoholkampagne der Regierung, gemessen an ihrem Erfolg, als buchstäblicher „Schuss in den Ofen" – den Destillierapparat.

1990 führte die allumfassende tiefe Krise in der Sowjetunion zur Proklamation souveräner nationaler Republiken, die gewillt waren, sich vom Zentrum zu lösen und ihr politisches und wirtschaftliches Schicksal in die eigenen Hände zu nehmen. Die 1922 gegründete Union der Sozialistischen Sowjetrepubliken fand ihr Ende in Belaja Wescha, einem Ort in der Nähe von Minsk, an dem am 8. Dezember 1991 von den Präsidenten der Russischen Föderation, der Ukrainischen Republik und der Republik Weißrussland über Gorbatschows Kopf hinweg das Ende der Sowjetunion beschlossen wurde. Man munkelte übrigens, dass dieser Beschluss ebenfalls nicht mit nüchternem Kopf gefasst worden war.

Die Folgen der Regierungstätigkeit Michail Gorbatschows werden heute in den Nachfolgestaaten der UdSSR und in der westlichen Welt sehr differenziert bewertet. Während der Westen Gorbatschow als den großen Reformer und Staatsmann mit Weitblick feiert, der den Kalten Krieg beendet und die Einheit Deutschlands ermöglichte und ihm und seiner Frau Raissa Gorbatschowa die verschiedensten Ehren angedeihen ließ, sieht die Mehrheit des russischen Volkes in der Person Gorbatschows den Zerstörer der Einheit ihres Landes, seines Ausverkaufes an den Westen und als Schuldigen an der heutigen Misere.

Ehefrau Raissa, die sich im Ausland und auf Staatsempfängen in kostbare Pelzmäntel gehüllt, elegant und modisch gekleidet zeigte, rief das Missfallen vieler Frauen in der ehemaligen Sowjetunion hervor. Es wurde gemutmaßt, dass Raissa Gorbatschowa ihre Garderobe nur in besten Pariser Ateliers erstehe; ihre Eleganz wich zu krass vom gewohnten bescheidenen Erscheinungsbild und dem von Zurückhaltung geprägten Verhalten der Ehefrauen der einstigen Generalsekretäre der KPdSU ab. Die sowjetische Öffentlichkeit konnte sich nur schwer daran gewöhnen, die Ehefrau eines Generalsekretärs als First-Lady zu sehen.

So beliebt Raissa Gorbatschowa im Ausland war; in der Sowjetunion überwogen eher kritische Meinungen in Bezug auf ihr Auftreten und ihre Rolle in der Staatspolitik.

Kann man es den einfachen Russen verübeln, dass sie die ihnen im Fernsehen vorgeführte Eleganz im Spiegel ihrer eigenen unfreiwilligen Schäbigkeit sehen mussten? Die tiefgreifenden sozialen Differenzierungsprozesse, die im Verlauf der neunziger Jahre zu einer – zu sowjetischen Zeiten unvorstellbaren und in den Ausmaßen ungeheuren und unüberbrückbaren – Spaltung der Gesellschaft in bettelarm und unermesslich reich führten, werden heute von den einfachen Bürgern, den Verlierern der sogenannten Perestroika, deren Urheber Michail Gorbatschow angelastet. Die Vergangenheit lebt in der Gegenwart weiter.

Ja, die alten Zeiten sind noch immer nicht vorbei, trotz neuer Namen, Fahnen und Hymnen.

Der für uns in diesem Moment wesentliche Unterschied zu früher ist die Existenz von Staatsgrenzen, die es früher nur als Republikgrenzen auf der Landkarte gab. In der guten alten Sowjetzeit reiste man ungehindert hin und her, die Russen aus den an die Ukraine grenzenden Gebieten kauften ihre Räucherwurst traditionell im ukrainischen Sumy, der Kartoffelverkäufer aus dem ukrainischen Shitomir bot seine Ware auf dem Shelesnogorsker Markt feil. In anderen Ländern öffnet man die Grenzen um des besseren gegenseitigen Verständnisses und Warenaustausches willen, hier baut man bewusst Barrikaden, um sich vom Kuchen gegenseitig soviel abzuschneiden, damit für jeden nur ein Krümchen abfällt und am Ende nichts übrig bleibt. Auch das muss gekonnt sein, dazu dienen die alten Methoden und Systeme, die Abzockmanier, die mit jedem Jahr weiter perfektioniert wird.

Auf den Teerwall kurz vor der Grenze, in dem wir zum Glück nicht steckengeblieben sind, folgt nun der Grenzwall, wie der römische Limes oder die deutsch-deutsche Staatsgrenze mit ihren berüchtigten Hindernissen.

Wir lassen unser eingeteertes Fahrzeug an der Stoppschranke stehen und vertreten uns die Beine, bis wir gnädig zur Weiterfahrt bis an den Pass- und Zollkontrollpunkt aufgefordert werden. Theoretisch gesehen dürfte das Prozedere nicht allzu lange dauern, denn die Warteschlange hier ist mit der an der polnisch-ukrainischen Grenze nicht zu vergleichen, was wir als positives Zeichen sehen. Ein paar Autos stehen vor uns und ein paar hinter uns und es ist noch Tag, ungefähr achtzehn Uhr. So Gott will, werden wir noch bei Tageslicht ans Ziel kommen. Nachts fahren wir nicht gern, weil sowohl die Landstraßen als auch die weit voneinander entfernten Ortschaften nachts so gut wie nicht beleuchtet sind.

Zudem existieren keine Fahrbahnbegrenzungsmarkierungen. Dagegen ist es nicht ausgeschlossen, dass eventuell streunende Tiere oder betrunkene Zecher unverhofft und folgenschwer unseren Weg kreuzen oder dass ein größeres Schlagloch für unser Fahrzeug zur Gefahr wird.

Der Zustand der Landstraßen ist aber schon viel besser als 1992, als wir das erste Mal mit dem Auto in Russland unterwegs waren. Damals kam dem Beifahrer beinahe eine größere Verantwortung zu als dem Fahrer selbst, denn der Beifahrer lotste mit Scharfblick das Auto um die ungezählten Schlaglöcher herum. Dabei handelte es sich keineswegs um harmlose Unebenheiten, sondern um richtig tiefe Löcher in der Teerdecke, die unvermutet und tückisch insbesondere vor und auf Brücken zur Falle für die Fahrzeuge werden konnten, deren Fahrer nicht rechtzeitig den Zustand des Straßenbelags erkannten.

Jedenfalls sind wir daran interessiert, nach 2100 Fahrtkilometern endlich anzukommen. Von dieser Grenze bis nach Hause sind es noch läppische einhundert Kilometer.

Die Passkontrolle durch die Ukrainer bringen wir rasch hinter uns, wir müssen nicht, wie an der polnisch-ukrainischen Grenze, vor dem Posten strammstehen. Die Pässe werden durchgeblättert, die Visa sind Gott sei Dank in Ordnung, ein Blick in den Fahrzeugraum sagt dem erfahrenen Auge des Postens, dass sämtliche in den Pässen aufgeführten Personen zugegen sind.

Mehr Zeit nimmt die Zollabfertigung in Anspruch. Seit Kurzem gibt es die Vorschrift, dass auch Fahrzeuge, die die Ukraine lediglich auf dem Transitwege in Richtung Russland durchqueren, deklariert werden müssen. Um die Deklaration in aller Ruhe vollziehen zu können, hat man einen Wellblechcontainer aufgestellt, in dem ein ukrainisches Fräulein eifrig mit einer Schreibmaschine mehrseitige Fragebögen ausfüllt. Man sagt uns Deutschen sicher nicht ganz zu Unrecht den

Hang zur Bürokratie nach, aber der Formalismus an dieser Grenze erweckt den dringenden Verdacht, dass es hier im Grunde genommen nur um die Existenzberechtigung der Bürokraten geht und um nichts anderes.

Eigentlich haben wir gar keine Lust zum Streiten. Dennoch wagen wir einzuwenden, dass man unlängst noch ohne dieses Papier ukrainisches Territorium in Richtung Russland verlassen durfte und dass wir es eigentlich eilig haben und heute noch nach Hause kommen wollen. Der Papierkrieg wird unter Garantie mindestens eine halbe Stunde in Anspruch nehmen, und außerdem werden wir für den „Service" zu zahlen haben und das nicht zu knapp.

In unserem Fall hilft gutes und ausdauerndes Zureden. Die Zöllner geben es auf, mit uns zu streiten, und statt des Riesenpamphlets wird per Hand ein DIN-A-5 Blatt ausgefüllt, das alle wesentlichen Angaben zum Fahrzeug enthält. Natürlich kommen wir um die obligatorische Gebühr nicht herum und nehmen den ernstzunehmenden Hinweis mit auf den Weg, dass es auf der Rückfahrt kein Pardon mehr geben wird und wir um die ausführliche Deklaration nicht herumkommen werden. Das ist uns momentan aber herzlich egal, wir wollen endlich weiterfahren, denn noch haben wir den russischen Grenz- und Zollkontrollposten vor uns, wo ähnliche Überraschungen zu erwarten sind.

Also sehen wir zu, dass wir alle wieder unsere Plätze im Fahrzeug einnehmen, rufen den Ukrainern einen kurzen Abschiedsgruß zu und nehmen Kurs auf die letzte Barriere, bis zu der wir nicht weit zu fahren haben. Wir sind im Begriff, das Staatsgebiet der Ukrainischen Republik zu verlassen, die uns vor vielen Jahren Heimat gewesen ist, damals noch im Verband der Unionsrepubliken, deren Zusammenhalt an der Schwelle der achtziger und neunziger Jahre aufgrund der immer größer werdenden wirtschaftlichen und sozialen Schwierigkeiten in allen Nähten zu krachen begann.

Teil II: Ukraine

Im russischen Zarenreich unterteilte man die großen Völkerschaften der einheimischen ostslawischen Bevölkerung in Großrussen, Kleinrussen und Weißrussen. Unter Großrussen verstand man die Angehörigen des russischen Volkes, des Kernvolkes des Russischen Reiches. „Kleinrussen" ist die alte Bezeichnung für das Volk der Ukrainer. Der Name „Ukraine" bezeichnet eine Region, das „Randgebiet" („Okraina") des Reiches.

Mitte des 17. Jahrhunderts nahm das Russische Reich die Ukraine auf deren ausdrücklich geäußerten Wunsch in den russischen Staatsverband auf, nachdem die Ukrainer zuerst unter litauischem, dann unter polnischem Joch gestanden und unter Führung des Hetmanns Bogdan Chmelnizki um ihre Unabhängigkeit gekämpft hatten.

Die Schwarzerdeböden der Ukraine sind sehr fruchtbar (daher die Bezeichnung „Kornkammer Europas"), das milde Klima der südlichen Ukraine wird durch das Schwarze Meer geprägt und die ukrainischen Menschen gelten als humorvoll und lebensfroh. In alten Zeitdokumenten werden die Ukrainer als kleinwüchsiger als die Russen und dunkelhaarig beschrieben.

Das Volk der Weißrussen lebt in einem von ausgedehnten Wäldern, Wiesen und Sümpfen geprägten Landstrich, im Osten an Russland, im Westen an Polen, im Süden an die Ukraine und im Norden an die baltischen Staaten grenzend. Charakteristisch für die Wälder Weißrusslands sind die weißstämmigen Birken, daher stammt wohl auch der Name „Weiß-Russland". Auch dieses Land, das ebenfalls unter litauischer und polnischer Herrschaft gestanden hatte, wurde im 17. Jahrhundert an das Russische Reich angegliedert. Somit verbindet Russen, Ukrainer und Weißrussen eine etwa 350 jährige gemeinsame Geschichte. Gemeinsam ist auch der traditionelle russisch-orthodoxe christliche Glaube, der nicht in allen Regionen die gleiche Ausprägung erfuhr. Zu Zeiten der Sowjetunion verlor er infolge der atheistischen Propaganda und Erziehung wesentlich an Boden und erfährt nun in Krisenzeiten wieder einen starken Zulauf. In den Westgebieten der Ukraine und Weißrusslands ist dagegen der Katholizismus recht verbreitet, was auf die zwangsweise Einführung durch die polnischen

Fremdherrscher mit Unterstützung des päpstlichen Nuntius im 16. und 17. Jahrhundert zurückzuführen ist. Die russische, weißrussische und ukrainische Sprache gehören zur slawischen Sprachgruppe; trotz der Unterschiede in Wortbildung, Schreibweise und Aussprache verstehen die Menschen dieser drei Völker einander. Gemeinsam ist ebenso die traditionelle ländliche Lebensweise der Menschen, denn im Russischen Reich war die Landwirtschaft jahrhundertelang der Haupterwerbszweig der Menschen.

Auch in der Sowjetunion blieb die Ukraine einer der Hauptproduzenten landwirtschaftlicher Erzeugnisse; ukrainisches Obst und Gemüse und ukrainische Wurst fanden selbst auf entfernteren Märkten der Russischen Föderation reißenden Absatz. Die in der südlichen Ukraine unter Freilandbedingungen gereiften Tomaten beispielsweise können sich in Bezug auf Größe, Geschmack und Aroma mit den besten Tomatensorten der Welt messen. Die ukrainischen Melonen werden unter der südlichen Sonne riesengroß und sind aufgrund ihres außergewöhnlich süßen Fruchtfleisches sehr beliebt. Der geräucherte Speck aus der Ukraine, der auf den Märkten zum Verkauf geboten wird, ist goldgelb, würzig und wunderbar durchwachsen. Und der weltberühmte Krimsekt, hergestellt aus Reben der Halbinsel Krim, erfreut sich nicht nur in seinem Herkunftsland großer Beliebtheit.

Familiärer Rückblick

Nachdem ich 1988 das Studium abgeschlossen und mein Diplom, ein blaugebundenes Pappbüchlein mit auf dem Deckel eingestanzten Wappen der UdSSR in der Hand hielt, durfte ich mich Historiker / Lehrer für Geschichte und Sozialkunde nennen.

Bereits während der Semesterferien im Anschluss an das dritte Studienjahr hatten an der Hochschule für Ökonomie Köthen Informationsveranstaltungen bezüglich des künftigen Einsatzes der Absolventen der sowjetischen Hochschulen stattgefunden. Meine künftige Wirkungsstätte sollte die Karl-Marx-Universität Leipzig werden, wo ich an der Sektion Geschichte ein Forschungsstudium in Religionsgeschichte, meiner Spezialisierungsrichtung bis zum dritten

Studienjahr, hätte aufnehmen können. Nachdem ich aber zu Beginn des vierten Studienjahres auf jemandes Ratschlag hin zur Geschichte der Kommunistischen Partei der Sowjetunion gewechselt hatte, bot man mir zum Ende des Studiums eine Stelle als wissenschaftlicher Assistent an der Sektion Geschichte der Karl-Marx-Universität an.

Ich hätte sie auch mit Freuden angenommen, wenn mich meine familiäre Situation nicht bereits auf ganz andere Gleise geschoben hätte. Meine Hochzeit mit einem russischen Kommilitonen, der gleichzeitig Staatsbürger der UdSSR war, hatte 1986 zu einem Zeitpunkt stattgefunden, als das „Trockene Gesetz" gerade in der Phase seiner unerbittlichen Durchsetzung war. Die Eheschließung fand im Woronesher Hochzeitspalast statt, und zwar, wie alle Hochzeiten seit Beginn der Perestroika, ohne das traditionelle Anstoßen mit einem Gläschen Sekt.

Trotzdem trafen wir uns am Nachmittag mit unseren beiden Trauzeugen Galja und Andrej, die als einzige Gäste an der Trauungszeremonie teilgenommen hatten, sowie anderen guten Freunden zum richtigen Feiern in unserem Zimmerchen im Wohnheim Nummer I, dem Familienwohnheim.

Den Raum hatten wir mit einem Vorhang, einem auf einen dünnen Strick aufgezogenen Stück weinroter Übergardine, die quer von Wand zu Wand gespannt wurde, abgeteilt. Während wir mit unseren Gästen im vorderen Teil des Zimmers am Tisch saßen und uns gedämpft unterhielten, schlief hinter dem Vorhang unser neun Monate alter Sohn in seinem Gitterbettchen, erschöpft von den Strapazen der letzten Tage. Erst einen Tag zuvor war ich mit dem Baby nach Ablauf des einjährigen akademischen Urlaubs zur Fortsetzung des Studiums nach Woronesh zurückgekehrt. Die Reise per Bahn nach Berlin, per Flugzeug nach Moskau und wieder per Bahn nach Woronesh hatte den Lebensrhythmus des Kleinen merklich durcheinandergebracht.

Knapp zwei Jahre lebten wir in diesem bescheidenen Zimmerchen, dessen Einrichtung aus dem Notwendigsten bestand: einem Wohnheimbett, dem Gitterbettchen, einem alten Sessel vom Sperrmüll, einer selbstgezimmerten Schrankwand aus rohen Brettern, einem Küchenschrank, einem Tisch und zwei Hockern. Im ersten Winter diente uns die äußere Fensterbank als Kühlschrank, erst viel später gelang es uns mit etwas Glück, einen großen Kühlschrank zu erstehen. Die riesige tote Gans, die uns die Schwiegereltern für das Weihnachtsfest 1986 spendiert hatten, passte nur mit Mühe und Not auf den nicht sehr breiten Fenstersims.

Die Lebensbedingungen im Familienwohnheim unterschieden sich nicht wesentlich von denen der anderen Wohnheime. Auch hier gab es Gemeinschaftsduschen und Gemeinschaftsküchen, auch hier wuschen wir die Wäsche in Waschschüsseln mit der Hand. Im Unterschied zu früher war aber der Umfang der zu waschenden Wäschemenge etwas größer geworden. Die zum Teil nach dem Waschen tropfnassen Kleidungsstücke sämtlicher Familien wurden im Korridor auf langen, von Wand zu Wand gespannten Wäscheleinen ohne Klammern zum Trocknen übergehängt. An den Wochenenden, wenn jede Familie ihre große Wäsche erledigte, waren alle Leinen mit Handtüchern, Hosen, Pullovern, Unterwäsche, Windeln, Strumpfhosen, Strümpfen, Jacken und Bettwäsche behängt, so dass am Ende nichts weiter übrig blieb, die ganze Reihe etwas zusammen zu schieben. Als Erwachsener musste man sich bei vollbehängten Leinen zwischen der Wäsche hindurch schlängeln, während die Kinder die zahlreichen Wasserlachen für ihre Spiele nutzten.

Um unseren Sohn baden zu können, hatten wir eine kleine Plastikwanne gekauft. Diese wurde jeden Abend in der Damentoilette mit warmem Wasser gefüllt und in unser Zimmer geschleppt, wo wir die Reinigungsprozedur vollzogen und der Kleine herumplanschen konnte, bis der Boden schwamm. Anschließend trugen wir die Wanne in die Küche oder wieder in die Damentoilette und schütteten das Wasser in den Ausguss. Wir setzten diese Badeprozedur auch später fort, als der Junge kein Säugling mehr war, denn die Gemeinschaftsdusche wollte ich ihm nicht zumuten, da es dort aufgrund einer zerschlagenen Fensterscheibe besonders in der kalten Jahreszeit ständig zog. Außerdem konnte man nie sicher sein, ob das Wasser nicht im nächsten Moment versiegen oder nur noch kochendheißes Wasser aus der Wand laufen würde.

Auch alle anderen Studentenfamilien unserer Etage, die kleine Kinder hatten, badeten diese in solchen Plastikwannen. Eine junge Frau, deren Sohn oft mit unserem Sohn im Korridor spielte, bezahlte familiäre Streitigkeiten um dieses Ritual gewissermaßen mit ihrem Leben.

Lena lebte mit ihrem Mann Alexander, einem bereits älteren Studenten eines höheren Studiensemesters, und ihrem einjährigen Söhnchen Sascha im dritten Stock des Familienwohnheimes. Der Mann hatte bis zur Heirat mit Lena das Amt des Studentenratsvorsitzenden des benachbarten Wohnheimes ausgeübt. Es blieb nicht verborgen, dass ihm der Abschied von der Ungebundenheit des Junggesellendaseins und von seinem alten Wohnheim nicht leicht gefallen war, und wohl aus diesem Grunde verbrachte er, zum Ärger seiner jungen Ehefrau, fast jeden Abend im ehemaligen Wohnheim bei seinen Freunden.

Währenddessen versorgte Lena ihren kleinen Sohn allein, sie schleppte allabendlich die mit Wasser gefüllte, für sie viel zu schwere Badewanne durch den langen, dunklen Korridor, während der Sohn allein im Zimmer blieb. Oft erbarmten sich männliche Heimbewohner und fassten kameradschaftlich zu.

Lena ertrug die Gleichgültigkeit ihres Mannes in Bezug auf die täglichen Pflichten monatelang mit Geduld, aber jeder von uns wusste, dass sie litt. Manchmal suchte sie abends zur Badezeit das andere Wohnheim auf, in dem sich ihr Mann aufhielt, und bat diesen, heimzukommen und ihr zu helfen.

Dieses Verhalten nahm der Mann Lena übel und ließ sie das auch spüren, denn in der Runde saßen nicht nur seine Freunde, sondern auch Mädchen seiner Studiengruppe, und wie hätte er in deren Augen wohl ausgesehen, wenn er treu und brav seiner widerspenstigen Ehefrau nach Hause gefolgt wäre! Wieso lief sie ihm mit ihren häuslichen Problemen bis ins andere Wohnheim nach, sie sollte sich besser um den Sohn kümmern und ihn nicht vor seinen Freunden lächerlich machen!

Mit dieser Einstellung stellte Alexander keineswegs eine Ausnahme dar, denn in der Sowjetunion gehörte es zum gewohnten Alltag, dass gerade Frauen körperlich schwere Arbeit verrichteten, ob in der Landwirtschaft, der Industrie oder im Haushalt, während die Männer tatenlos danebenstanden, sich unterhielten, Zigaretten pafften und den Frauen interessiert bei der Arbeit zuschauten. Oft hatten wir das Bild der Fahrbahnsanierung beobachtet, wie mit großen, schweren Schaufeln bewaffnete Frauen die heißen, stinkenden Teerklumpen, die von einem langsam vorbeifahrenden Lastkraftwagen auf die Fahrbahn geschüttet wurden, zerkleinerten und dann auf der Fahrbahn verteilten, während ihre männlichen Kollegen schwatzend und rauchend herumstanden. Die Männer verdienten das Geld, während die Frauen arbeiteten.

Lena trug ihr Schicksal stumm und wurde immer schmaler, bis sie nicht mehr im entfernten der lebenslustigen, hübschen Studentin ähnelte, die sie noch vor einem Jahr gewesen war. Einen Tag nach Weihnachten, am frühen Abend, lief sie wieder zu ihrem Mann in das andere Wohnheim und bat ihn eindringlich, nach Hause zu kommen. Und diesmal verband sie die Bitte mit der Drohung, sich das Leben zu nehmen.

Als wir an jenem Abend aus der Stadt nach Hause kamen, nachdem wir aus Anlass des ersten Geburtstages unseres Sohnes meine Eltern in der DDR angerufen und Glückwünsche entgegengenommen hatten, stand ein Rettungswagen vor der Tür des Familienwohnheimes.

Ganz aufgeregt teilte uns die alte Wächterin mit, dass Lena leblos in ihrem Zimmer aufgefunden worden war. Kurz vorher hatte sie eine Nachbarin gebeten, auf ihren Sohn aufzupassen. Lena starb unter Qualen in ihrem Zimmer. Sie hatte ihre Drohung wahrgemacht und mit einer Überdosis Tabletten ihrem Leben ein Ende gesetzt.

Alle Heimbewohner waren von dem tragischen Vorfall tief erschüttert. In der Küche, den Waschräumen und den Korridoren wurde verhalten diskutiert. Man verurteilte den Ehemann und fragte sich, warum ihm Lena nicht einfach den Laufpass gegeben hatte.

Einen Tag vor Silvester überführte man im Auftrag der Universität Lenas Leichnam in ihr Heimatdorf, wo sie beerdigt wurde. Einige Studenten und ein Dozent begleiteten sie auf ihrem letzten Weg. Der einjährige Sohn wurde der Großmutter, der Mutter des pflichtvergessenen Witwers, zur Erziehung überlassen.

Kurze Zeit nach diesem Ereignis ebbten die Gespräche in den Wohnheimen ab, und das gewohnte Leben setzte seinen Lauf fort, denn jeder hatte mit seinen eigenen Sorgen zu tun. Ob aber der Witwer, der übrigens wieder verheiratet ist, wohl wenigstens seinem eigenen Gewissen gegenüber eingestanden hat, indirekt die Schuld am Freitod seiner bedauernswerten jungen Frau zu tragen?

Nicht nur familiäre Konflikte, die zum Glück nur äußerst selten so tragisch endeten, hielt das Leben im Familienwohnheim bereit.

Man konnte auch in Geschehnisse ausgefallener Art hineingeraten, und das unversehens.

Das Fenster des Duschraumes im Erdgeschoss führte in einen der Hinterhöfe, der von einer der üblichen schäbigen Bretterwände umgeben war. In dieser Bretterwand fehlten ein paar Latten, so dass ein Schlupfloch entstanden war, durch das bequem ein Mensch hindurch kriechen konnte. Durch das Fenster des Duschraums mit der ewig kaputten Scheibe traf der Blick genau auf diese Bretterwand.

Als ich eines Tages – ich befand mich allein im Duschraum – aus der Duschnische trat, um mich abzutrocknen, bemerkte ich ein seltsames Blinken vom Hof her. Unwillkürlich schaute ich in Richtung Bretterwand und versuchte zu erraten, wodurch das wie ein Lichtsignal wirkende Blinken verursacht wurde, das von dem Schlupfloch herzukommen schien.

Ich starrte ein paar Sekunden aufmerksam in diese Richtung. Plötzlich hörte das Blinken auf und genau an der Stelle, von wo es gekommen war, erblickte ich einen Mann mit heruntergelassener Hose, der seine unästhetischen Spielchen trieb und dabei seinerseits unablässig in meine Richtung starrte. Es war ein Exhibitionist, der meine Aufmerksamkeit erregt hatte, indem er den reflektierten Sonnenstrahl von einem gläsernen Gegenstand in seiner Hand durch die zerbrochene Fensterscheibe genau in mein Blickfeld gelenkt hatte.

Ich erschrak natürlich vor dem nie gesehenen Schauspiel, wich in das Duschrauminnere zurück, zog mich in Windeseile an und raste die Treppen hoch, um die männlichen Kommilitonen auf diesen unverschämten Kerl zu hetzen. Dieser hatte sich aber leider schon längst aus dem Staube gemacht, als die Rächer am Tatort eintrafen.

Vorfälle solcher Art kamen, wie ich später erfuhr, recht oft vor, sogar die Miliz veranstaltete regelmäßig Jagd auf die Exhibitionisten, die sich in unmittelbarer Umgebung der Studentenwohnheime und im benachbarten Perwomaiski-Park herumtrieben.

Der Alltag bestand hauptsächlich nicht aus ungewöhnlichen, tragischen oder komischen Vorfällen, sondern aus familiären und studentischen Pflichten, deren Erfüllung vor allem Improvisationskunst und die Hilfsbereitschaft der Kommilitonen erforderte.

Da mein Mann und ich oft zur gleichen Zeit Studienveranstaltungen besuchten, mussten wir eine Lösung finden, um während unserer Abwesenheit die Betreuung unseres Sohnes abzusichern.

Mit seinen zarten neun Monaten nahm ihn noch keine Kindereinrichtung auf. Kinderkrippen wie in der DDR gab es hier nicht. In jedem Kindergarten, in dem wir vorsprachen und um Aufnahme unseres Sohnes baten, hörten wir nicht weniger bedauernde als gutgemeinte Worte, dass so ein kleiner Kerl noch ausschließlich in häusliche Pflege gehöre.

Diese Ratschläge halfen uns leider nicht bei der Lösung des Problems, denn die Anwesenheit bei den Studienveranstaltungen galt nach wie vor als Pflicht. So baten wir fast täglich unsere Wohnheimnachbarn, während unserer Abwesenheit, die wir so kurz wie nur möglich hielten, das Baby zu beaufsichtigen.

Die Hilfsbereitschaft unserer großen internationalen Wohnheimfamilie war überwältigend. Heute half man uns, morgen halfen wir anderen. Wir engagierten Studenten zahlreicher Rassen und Nationen als Tagesmütter und Tagesväter für unseren Sohn – Deutsche, Russen, Afghanen, Afrikaner, Mongolen, Peruaner, Mittelamerikaner...Wer gerade keine Unterrichtsveranstaltungen hatte, erklärte sich ohne Umschweife zur Hilfe bereit. Niemand verlangte dafür auch nur einen Rubel, obgleich jeder Student Zuschüsse zum Stipendium gut hätte gebrauchen können.

Erst als unser Sohn ein Jahr alt wurde, konnten wir ihn endlich in einem Kindergarten unterbringen, was für uns eine große Erleichterung bedeutete.

Wie früher im Wohnheim II, sahen wir auch im Familienwohnheim jeden Abend das Nachrichtenprogramm „Wremja" im Zimmer einer befreundeten Studentenfamilie, die irgendwo einen Fernsehapparat aufgetrieben hatte. Inzwischen vollzogen sich in der internationalen Politik spürbar positive Veränderungen, die wir mit Erleichterung registrierten. Gemeinsam mit den Freunden saßen wir beim Tee, als das sowjetische Fernsehen das Gipfeltreffen zwischen Michail Gorbatschow und Ronald Reagan übertrug, die als Präsidenten der wichtigsten Atommächte das historische Abkommen über die Abrüstung der Mittelstreckenraketen SALT II unterzeichneten.

Auf den Gesichtern beider Staatsmänner sahen wir ein Lächeln und wir hörten, wie Ronald Reagan, der die Sowjetunion einmal als das Reich des Bösen bezeichnet hatte, mit Gorbatschow scherzte.

Diese Gesten waren für uns Gesten der Hoffnung, denn wie oft in den letzten Jahren hatten wir das Gefühl gehabt, dass die Welt in einen Atomkrieg hineintreibt.

Kurz vor Abschluss des Studiums fuhr ich mit meinem Sohn in die DDR, vier Wochen später kam unsere Tochter zur Welt. Erst im Winter 1988 kehrte ich für einen Monat nach Woronesh zurück, um meine Diplomarbeit zu vollenden und zu verteidigen. Die Kinder blieben einstweilen bei meinen Eltern in der DDR.

Formell trat nach Beendigung des Studiums mein Arbeitsvertrag mit der Karl-Marx-Universität Leipzig in Kraft. Da mein Mann und ich von Anfang an übereingekommen waren, dass unsere Familie künftig in der Sowjetunion leben würde, ließ ich den Arbeitsvertrag nicht verlängern, sondern suchte mir für ein paar Monate eine Stelle als Postzusteller. Dies tat ich, um die Zeit bis zum Sommer zu überbrücken, denn nach Abschluss des Studiums meines Mannes würde ich mit den Kindern zur ständigen Wohnsitznahme in mein ehemaliges Studienland zu ziehen.

Im Schicksalssommer 1989, als viele Menschen der DDR den Rücken kehrten, um über Ungarn in die Bundesrepublik zu gelangen und in der freien Marktwirtschaft ihr Glück zu suchen, packte ich wieder einmal meinen altbewährten Seesack – diesmal für drei Personen − und rüstete für ein Leben mit meiner Familie in der Sowjetunion.

Durch meine immer nur kurzen Aufenthalte in der DDR und die Fixierung auf die eigenen Probleme wehte der Hauch der bevorstehenden Wende an mir vorbei, ich nahm ihn einfach nicht wahr.

Für mich war die DDR immer noch ein Hort der sozialen Sicherheit. Meine beiden Kinder besuchten kostenlos die Kinderkrippe, wurden kostenlos kinderärztlich betreut, und trotz bestimmter Defizite gab es in den Geschäften das Lebensnotwendige zu kaufen. Der Vergleich mit der Sowjetunion drängte sich jederzeit unwillkürlich auf, und dabei schnitt die DDR in punkto Versorgung mit Lebensmitteln und Kleidung und sozialer Sicherheit eindeutig besser ab als das Land, in dem ich fünf Jahre gelebt und während der letzten beiden Studienjahre nicht mehr nur Verantwortung für mich allein zu tragen hatte.

Da mein Reiseausweis aus der Studentenzeit seine Gültigkeit verloren hatte, musste ich auf dem Volkspolizeikreisamt ein neues Reisedokument beantragen. Außerdem gab ich mein SED-Parteidokument zurück, weil ich ab sofort im Ausland keiner Grundorganisation mehr angehören würde und meine Parteimitgliedschaft damit zum Ruhen kam. Meine bescheidenen Ersparnisse, die bislang von der Sparkasse verwaltet wurden, gingen nun an die Staatsbank über.

Da ich künftig in der Sowjetunion leben und arbeiten und mein Einkommen dort in Rubel ausgezahlt bekommen würde, verpasste mir die Staatsbank den Status eines „Devisenausländers". Damals wusste ich mit dieser Bezeichnung nichts anzufangen, kam aber auch nicht auf den Gedanken, mich danach zu erkundigen. Erst bei Inkrafttreten der Währungsunion im Juni 1990, als es um den Umtausch meiner Spareinlagen ging, begriff ich, was es mit dieser sonderbaren Bezeichnung auf sich hatte.

Wo ich auch hinkam, um meine persönlichen Angelegenheiten zu klären, überall betrachtete man mich mit Skepsis, die einen, weil ich nicht in den goldenen Westen, sondern in den tristen Osten ausreisen wollte und damit der nationalen Tendenz zuwiderhandelte, die anderen, weil sie in mir schlicht und einfach Staatsuntreue witterten.

Im August 1989 kündigte ich meinen Job bei der Deutschen Post, regelte endgültig alle Ausreiseformalitäten und setzte mich mit „Kind und Kegel" gen Osten in eine ungewisse Zukunft ab. Ich wusste zum Zeitpunkt der Abreise weder, wo wir leben, noch wo wir arbeiten würden.

Zwischen Mittelalter und „entwickelter sozialistischer Gesellschaft"

Als Aufenthaltsort für die erste Zeit kam nur das Dorf S. im Gebiet Kursk in Frage, wo wir bei den Schwiegereltern unterkommen konnten. Dort würden wir ein Dach über dem Kopf und genug zu essen haben, denn die schwiegerelterliche Wirtschaft umfasste einen großen Kartoffel- und Gemüseacker, einen Obstgarten und eine Menge Haustiere: Schweine, Kühe und Geflügel, nicht zu reden von einem Hund und mehreren Hauskatzen, die die Ställe von Mäusen und Ratten reinhielten.

Als ich im Sommer 1986 zum ersten Mal im Leben in S. weilte, fühlte ich mich unter den Blicken der Dorfbewohner zunächst etwas unbehaglich.

Seit dem zweiten Weltkrieg hatte man hier keine Deutschen mehr gesehen und ich konnte nicht wissen, wie der eine oder andere über die Deutschen dachte. Immerhin waren zahlreiche Männer des Dorfes als Soldaten im Krieg gegen die Deutschen gefallen.

Umso erstaunter war ich, dass man mit den Kriegserinnerungen recht unbefangen umging. Die alten Frauen, die sich aus unbezähmbarer Neugier und unter fadenscheinigen Vorwänden am Hoftor des schwiegerelterlichen Gehöfts die Klinke in die Hand gaben, um mich, die Deutsche, näher in Augenschein nehmen zu können, breiteten vor mir ihre Erinnerungen an das Jahr 1941 aus und erzählten, wie die Deutschen damals mit ihren Motorrädern in das Dorf eingerückt waren. Fast schwärmerisch erinnerten sie sich, dass es alles großgewachsene, schlanke, blonde Männer (wohl Angehörige einer Waffen-SS-Einheit) gewesen seien, die von Hof zu Hof gingen und den Hausfrauen mit dem Satz „Matka, jaika, mleka – Mutter, Eier und Milch" Lebensmittel entlockten. Besonders beeindruckt waren die Dorffrauen von den tadellos gescheitelten Offizieren in ihren korrekt sitzenden Uniformen. Allerdings musste eine Bäuerin ihre Weigerung, ihre Kuh abzugeben, mit ihrem Leben bezahlen.

Die Deutschen hielten sich nach ihrem Einmarsch nur kurz im Ort auf und zogen dann weiter, nachdem sie eine Gendarmerie aus zirka fünfzehn einheimischen Männern, die bereit waren, mit den Okkupanten zusammenzuarbeiten, zusammengestellt hatten. Diese sollte vor allem für die Aufrechterhaltung der neuen Ordnung sorgen. Vor Kämpfen und Zerstörung blieb das Dorf S. zum Glück verschont, obwohl ganz in der Nähe, im Kursker Bogen, die größte Panzerschlacht des Zweiten Weltkrieges ausgetragen wurde.

Böse Erfahrungen machten die Bewohner des Dorfes Michailowka, etwa dreißig Kilometer von S. entfernt, mit den Deutschen, die die gesamte Ortschaft niederbrannten. An diesem Ort befindet sich nun eine Gedenkstätte, ähnlich der in Chatyn. Heute wird sie vor allem von überlebenden Kriegsveteranen, Nachkommen der Bewohner des Dorfes und neuvermählten Ehepaaren besucht, die der Opfer gedenken.

Jedenfalls war ich erleichtert, dass die alten Frauen des Dorfes zufriedengestellt von mir abließen und mich sogar mit Wohlwollen behandelten, nach dem sie sich persönlich überzeugt hatten, dass ich physiologisch wie ein gewöhnlicher Mensch aussah und die Sprache der Einheimischen sprach.

Mit meinen Schwiegereltern − die Schwiegermutter arbeitete als Direktorin der Dorfschule, der Schwiegervater als Ingenieur in der Landwirtschaft − hatte ich glücklicherweise von Anfang an keine Akzeptanzprobleme, da ich ihre Sprache fließend beherrschte und mich ohne Zögern an die Lebensumstände im Dorf anpasste.

Eine Enttäuschung nur bereitete ich der Schwiegermutter, die sie spontan äußerte, als sie mich das erste Mal erblickte. Sie rief aus: „Wieder so eine dünne Schwiegertochter!" Das Ideal der Schwiegertochter auf dem russischen Dorf ist nämlich groß, breitschultrig, mit geburtsfreudigem Becken, wie geschaffen für die schwere Arbeit in der Wirtschaft und auf dem Feld. Und diesem Ideal entsprach ich leider gar nicht.

Während der folgenden Tage bot sich mir glücklicherweise die Gelegenheit, mich auf dem Kartoffelacker zu bewähren und die Achtung der Dorfbewohner und insbesondere der Schwiegermutter mit dem kritischen Blick zu erringen. Eure Deutsche, sagten die Nachbarinnen anschließend zur Schwiegermutter, drückt sich nicht vor schwerer Arbeit.

Ich war seit meinem ersten Besuch im Sommer 1986 mehrmals in S. gewesen, das sich auf einer Länge von mehreren Kilometern links und rechts der Landstraße erstreckt und damals mehr als achthundert Einwohner zählte.

Etwa in der Mitte des Dorfes befanden sich unter dem Schutzdach hochragender Pappeln die wichtigsten Gebäude: der Dorfsowjet mit der Sanitätsstelle und die Post (beides Holzhäuser), das Klubhaus (ein profanes, flaches, weißgetünchtes Gebäude), die Verkaufsstelle und die Schule.

Die Schulkinder, welche zum großen Teil weitab vom zentralen Teil des Dorfes wohnten, hatten täglich einen Schulweg von mehreren Kilometern zu bewältigen, der sie durch sumpfige Wiesen, über unwegsame, üppig mit Gras und Buschwerk bewachsene Hügel, vorbei an weidenden Pferden, schnatternden Gänsen und angeketteten Kühen und Schafen führte. Besonders im Winter, wenn die Temperaturen nicht selten bis unter zwanzig Grad Frost sanken, die Landschaft in meterhohen Schneewehen versunken war, der eiskalte Wind über die Ebene heulte und keine Straßenlaternen den Weg erhellten, erschien der Schulweg unendlich lang. Dick vermummt in Pelzmänteln, Kopf und Gesicht mit wollenen Tüchern umwickelt, dass nur noch die Augen herausschauten, die Füße in „Walenki" – warme Filzstiefel – gesteckt, so trafen die Kinder morgens in der Schule ein, wo sie sich vor dem Unterricht erst einmal aufwärmen mussten.

Die Schule war der Stolz aller Bewohner des Dorfs S. Die fünfzehn Lehrer bemühten sich Tag für Tag, den ungefähr einhundertzwanzig Schülern ihres Dorfes polytechnisches Wissen zu vermitteln. Die Fachlehrer standen unter der strengen Kontrolle von Seiten der Schulleitung und der Kreisabteilung für Volksbildung und waren nicht zuletzt um des guten Ansehens der Schule willen darauf bedacht, mit einem hohen Leistungsniveau der Schüler in Form von sehr guten und guten Noten aufzuwarten. Um dieses Ziel zu erreichen, erteilten sie im Anschluss an den regulären Schulunterricht, also in ihrer freien Zeit, schwächeren Schülern Nachhilfeunterricht und riefen Schülerpatenschaften ins Leben.

Im Anschluss an die achtklassige polytechnische Mittelschule, der den Kindern die sogenannte nicht abgeschlossene Mittelschulbildung vermittelte, gingen die meisten der Schulentlassenen in die Stadt, um die Ausbildung fortzusetzen. Es gab die Möglichkeit des Besuches der Berufsschule oder Fachschule, wo zusätzlich zum Beruf die abgeschlossene Mittelschulbildung erworben wurde, und wer das Zeug dazu hatte und die Aufnahmeprüfungen bestand, konnte anschließend ein Hochschulstudium aufnehmen.

Die Immatrikulation ehemaliger Absolventen der Mittelschule S. an renommierten Hochschulen des Zentralen Schwarzerdegebietes, wie beispielsweise der Staatlichen Universität Woronesh, gab dem Lehrerkollegium immer wieder Anlass zum Stolz auf seine ehemaligen Zöglinge. Die wenigsten allerdings kehrten nach Abschluss der Berufsausbildung oder des Studiums in ihr Dorf zurück.

Das zweistöckige, aus roten Ziegeln in einfacher, funktionaler Bauart errichtete Schulgebäude, befand sich in einiger Entfernung von den administrativen Gebäuden des Dorfzentrums auf einer naturbelassen-wildwüchsigen Anhöhe. Es war das ansehnlichste Gebäude des Ortes. Die Schule verfügte über eine gut ausgestattete moderne Turnhalle und eine Schülermensa, in der die Schüler täglich mit warmem Mittagessen versorgt wurden. Hinter dem Schulgebäude war ein Schulgarten mit einer ausgedehnten Apfelplantage angelegt worden, und den Platz vor dem Haupteingang zierten Blumenrabatten, deren Pflege den Schülern und Lehrern gemeinsam oblag.

Die Korridore und Klassenräume hatten einen hellen Anstrich und wurden peinlich sauber gehalten, die Wände in den Korridoren zierten allerlei Tafeln und Wandzeitungen, die über die Schulgeschichte, Lernergebnisse der Absolventen, sportliche Erfolge und Rekorde der Schüler bei Wettkämpfen und natürlich die heroische Geschichte des sowjetischen Vaterlandes sowie die Heldentaten ehemaliger Schüler während des Großen Vaterländischen Krieges Auskunft gaben. Im Pionierzimmer standen auf einem rotbetuchten Tisch eine Pioniertrommel, eine Trompete und Pionierwimpel.

Das obligatorische Tragen der Schuluniform – blaue Hose und blaue Jacke über dem weißen Hemd beziehungsweise blauer oder brauner Trägerrock mit weißer Bluse, dazu das rote Pionierhalstuch – förderte bereits bei den Kindern das Kollektivbewusstsein.

Alljährlich während der Sommerferien widmete sich das Lehrerkollegium der Renovierung des Schulgebäudes. Die Holzfußböden, die Wände der Klassenräume und Korridore sowie die Turnhalle, selbst die Schulbänke erhielten einen neuen Farbanstrich. Zu den Renovierungsarbeiten zog die Schulleitung außer den Lehrern auch die Schüler und deren Eltern heran, die halfen, Möbel umzusetzen, Arbeitsgerät abzuladen und die Klassenräume wieder einzuräumen.

Mit Ausnahme der Lehrer bezog die Mehrheit der Dorfbewohner ihr Einkommen aus einer Tätigkeit in der Landwirtschaftlichen Produktionsgenossenschaft „Sawety Iljitscha" („Iljitsch's Vermächtnis"). Nebenbei bewirtschafteten sie ihre eigenen Ackerflächen und hielten Vieh. Über eigene Wirtschaften mit Vieh und landwirtschaftlich genutzte Böden verfügten auch die Lehrer.

Das Dorf war an das allgemeine Stromnetz angeschlossen, und auf den hölzernen, teils windschief stehenden Strommasten und Stromleitungen saßen winters wie sommers Schwärme großer schwarzer Krähen, deren Gekreisch und lebhaftes Gehabe beim Aufschwärmen und Niederlassen in den Baumwipfeln alle anderen Geräusche im Dorf übertönte.

In punkto Wasserversorgung des Ortes schien die Zeit stehengeblieben: Im Dorf gab es mehrere Brunnen, aus denen die Haushalte ihr Trinkwasser bezogen. Wie die Frauen der vergangenen Jahrhunderte gingen die Frauen des ausgehenden zwanzigsten Jahrhunderts mit Traghölzern und zwei Zinkeimern über die Wiesen, vorbei an schnatternden Gänsen und weidenden Kühen und Schafen zum Dorfbrunnen, um klares Wasser zu schöpfen und dabei mit anderen Frauen die letzten Neuigkeiten des Dorfklatsches auszuschlachten.

Bis zu dem Zeitpunkt, da eine Inspektion Mitte der neunziger Jahre (im Zusammenhang mit der Reaktorkatastrophe in Tschernobyl) durch Wasserproben feststellte, dass das Trinkwasser der Brunnen leicht pestizidverseucht war, schwor man in S. auf die Reinheit des Brunnenwassers. Man sagte dem eiskalten Wasser krankheitsprophylaktische Wirkung nach, wenn man es bei zwanzig Grad Kälte direkt aus dem Eimer pur genoss.

Der naturnahe, von Sterilität weit entfernte Lebensstil härtete die Menschen ab, es traten kaum Erkältungskrankheiten auf. Kinder, die im Winter ohne Strümpfe in Gummistiefeln in den schneebedeckten Wiesen herumtollten, bekamen weder Schnupfen noch Husten.

Das Wasser für den Haushaltsgebrauch, zum Waschen der Wäsche oder für die Körperreinigung holte man gleichfalls aus Brunnen. Das Wasser dieser Brunnen war aber längst nicht so sauber wie das der Dorfbrunnen; besonders nach längeren Regenfällen nahm es eine dunklere Färbung an, und auf der Oberfläche schwammen herabgefallene Blätter und Zweige.

Keiner der Haushalte verfügte über fließendes Wasser, die Wäsche spülten die Frauen zuweilen im Fluss, die Körperwäsche erledigte man mit Hilfe einer Waschschüssel – des Winters in der Küche, des Sommers im Garten. Das kalte Brunnenwasser wurde direkt im Eimer mit Hilfe eines Tauchsieders im Hühnerstall erhitzt. Die Hühner, die das Prozedere mit dem summenden Wasser zu respektieren gelernt hatten, umkreisten die Einrichtung immer in angemessenem Abstand und hüteten sich, ihre vorwitzigen Schnäbel in den Eimer zu tauchen. Wie in früheren Jahrhunderten wurden die Mahlzeiten auf der Herdplatte des etwas eineinhalb Meter hohen russischen Ofens zubereitet, der im Winter als Lieblingsplatz der vom Spielen im Freien durchfrorenen Kinder diente. In letzter Zeit kamen die russischen Öfen jedoch allmählich aus der Mode, dafür setzten sich Gasherde als Kochgeräte durch. Damit ging ein Teil der traditionellen häuslichen Romantik verloren.

Der normale Arbeitstag der russischen Dorffrauen begann im Morgengrauen und endete im Dunkel der Nacht. Als Erstes musste nach dem Aufstehen die Morgensuppe zubereitet werden. Da Arbeit in der Wirtschaft viel Kraft kostete, wurde kalorienreiche Kost bevorzugt. Ein kontinentales Frühstück in Form von Brötchen, Butter, Marmelade und Kaffee war in den russischen Dörfern nicht üblich, selbst in städtischen Familien gab es oft der Tradition entsprechend morgens ein üppiges warmes Essen.

Während der Fleischsud kochte, wurde das Vieh versorgt: Aus Lebensmittelabfällen und gehackten Brennnesseln bereitete die Hausfrau in einem großen Topf das Futter für die Schweine zu. Anschließend wurde gefüttert, auch das Geflügel bekam seine Körner und Hirse, die Kühe und Kälber wurden getränkt. Nach dem Frühstück der Menschen wurden die Kühe gemolken und ausgetrieben. Zwischendurch musste Trinkwasser für die Mittagsmahlzeit vom Brunnen herangeschafft werden.

Außer in den Wintermonaten war am Vormittag Arbeit auf dem hauseigenen Acker angesagt. Übrigens hat die Kartoffelkäferplage in den letzten Jahren wieder zugenommen; die Vernichtung dieser Schädlinge ist natürlich nur sinnvoll, wenn auch der Feldnachbar die Plage bekämpft. Die Bekämpfung erfolgt manuell und ist mühselig: Das Gift wird, mit Wasser gemischt, in eine Handsprühflasche gegeben. Mit dieser Sprühflasche muss jede Staude sorgfältig von allen Seiten abgesprüht werden; dabei ist regelmäßiger Wassernachschub notwendig. Unter der sengenden Sonne des Hochsommers im Zentralen Schwarzerdegebiet Russlands gleicht diese Tätigkeit einer körperlichen Tortur. Da die Sprühsubstanz giftig ist und gesundheitliche

Schädigungen hervorrufen kann, verschont man Kinder und Jugendliche meist von dieser Arbeit. Sie werden lediglich mit der Aufgabe betraut, Wasser zum Nachfüllen der Sprühflaschen auf den Acker zu bringen.

Das Mittagessen bestand gewöhnlich aus zwei Gängen: einer Suppe und einem Fleischgericht. Nach dem Essen wurde bei sengenden Mittagstemperaturen eine Siesta im Haus eingelegt, bei kühlerem Wetter ging die Feldarbeit weiter. Abends hieß es wieder, Wasser zu holen, dem Vieh das Futter zubereiten, Kühe, Kälber und Gänse einzutreiben, das Vieh zu tränken und zu versorgen, die Kühe zu melken und das späte Abendbrot zu kochen.

Mit Ausnahme von Brot, Mehl, Zucker, Salz, Backnatron, Hefe und Gewürzen wurden kaum Lebensmittel käuflich erworben, da die Wirtschaft die Selbstversorgung weitgehend sicherte. Auch Milchprodukte wie Quark und Käse stellten die Hausfrauen selbst her. Obst, Gemüse und Pilze wurden für die kalte Jahreszeit konserviert.

So verging Jahr um Jahr bei nicht enden wollender schwerer körperlicher Arbeit in der eigenen Wirtschaft, die hauptsächlich auf den Schultern der Frauen lastete, während die Männer auf den genossenschaftlichen Feldern arbeiteten. Und so ist es nur zu verständlich, dass es sich die Bäuerinnen nicht leisten konnten, krank zu werden. Viele suchten im Verlaufe ihres Lebens niemals einen Arzt oder Zahnarzt auf, sie behandelten ihre Beschwerden selbst mit häuslichen Mitteln (unter anderem auch Alkohol), und wenn ihre Zeit gekommen war, starben sie still in ihrem Haus, in dem sie ihr Leben gelebt und gearbeitet, ihre Kinder geboren und großgezogen hatten und in dem sie alt geworden waren. Oft wussten die Verwandten nicht einmal, an welcher Krankheit sie gelitten hatten.

Nach ihrem Ableben wurden die Verstorbenen, wie es Brauch war, von den weiblichen Verwandten und Nachbarinnen gewaschen und gekleidet, drei Tage aufgebahrt und beweint und anschließend unter Anteilnahme des ganzen Dorfes zu Grabe getragen.

Aber auch das Vergnügen kam früher im dörflichen Alltag nicht zu kurz. An den Wochenenden fand sich die Dorfjugend im Klubhaus zusammen, das gleichzeitig Kino und Tanzsaal in sich vereinte. Gewohnheitsgemäß endeten die Tanzabende mit Schlägereien der angetrunkenen jungen Männer. Reichlich Wodka, selbstgebrannter

Schnaps und Blut flossen gleichfalls auf den Hochzeiten, zu denen das ganze Dorf zusammen kam.

Das Leben spielte sich weniger in den Häusern als im Freien ab, jeder kannte jeden, man sprach aus, was man dachte, fluchte und scherzte und stritt miteinander, half einander in der Not. Die lebendige Kommunikation wurde damals noch nicht durch moderne elektronische Geräte verdrängt, die die moderne Jugend zunehmend in die soziale und geistige Isolation führt.

Das sowjetische Dorf der siebziger und Anfang der achtziger Jahre symbolisierte die typische Symbiose des „goldenen Zeitalters" und der Stagnation. Man lebte, abgesehen von den neuen Produktionsbeziehungen im Kolchos, den mechanisierten Produktionsmitteln in der Landwirtschaft, dem elektrischen Strom und der modernen Schule im täglichen Leben faktisch immer noch wie im Mittelalter und die Entwicklung schien jahrzehntelang stillzustehen. Dennoch fühlten die Menschen sich in ihren bescheidenen Ansprüchen gesättigt und im Großen und Ganzen zufrieden und das, was man heute unter Freiheit, Demokratie und Rechtsstaatlichkeit versteht, vermissten sie kaum.

Erst zum Ende der achtziger Jahre machte sich die allgemeine Krise auch im Leben der Dorfbewohner ernsthaft bemerkbar.

Das Dorf S. empfing unsere Familie im August 1989 mit strömendem Regen, der tagelang nicht aufhören wollte, was für diese Jahreszeit eigentlich untypisch war. Tag für Tag ergoss es sich vom endlosen, wolkenverhangenen grauen Himmel, die Wege weichten auf und die tiefen Spurrinnen, im Hochsommer knochentrocken und rissig, füllten sich bis zum Rand mit Regenwasser, die Wiesen sogen sich übervoll und versumpften.

In dieser Zeit zeigte sich das Dorf von seiner trostlosesten Seite. Tag für Tag hofften wir auf ein Ende der Regenperiode, und Tag für Tag saß ich mit den Kindern im tristen Zimmer und konnte die Legobausteine, das einzige kombinierbare Spielzeug, nicht mehr ohne Widerwillen sehen.

Den Kindern fiel nicht weiter auf, dass sie in ein anderes Land gekommen waren, im zarten Alter von zweieinhalb Jahren und einem Jahr konnten sie diese Tatsache noch nicht rational erfassen.

In der DDR hatten sie sich am Bahnhof, ausgerüstet mit bunten Ruck-
säckchen und Spielzeug und aufgeregt vor der großen Reise, von den
deutschen Großeltern verabschiedet, die sich ihre Abschiedserschütte-
rung den Kindern zuliebe nicht hatten anmerken lassen.

Die lange Zugfahrt war spannend für sie gewesen, die komplizierte
Weiterreise bis ins Dorf hatten sie gut überstanden, denn bei uns, den
Eltern, lag die Verantwortung.

Hier im Dorf S. kamen sie zu den russischen Großeltern, die sie nicht
weniger herzlich aufnahmen. Auch wenn sie anfangs nicht gleich das
sprachliche Verständnis zueinander fanden und ich ständig zwischen
den Kindern und den Großeltern dolmetschen musste, gab es keine
Heimwehstimmung – dazu waren die Kinder noch zu klein.

Wichtig für sie war die Anwesenheit der Eltern, und die war hier – bei
dem schlechten Wetter auf engstem Raum – ununterbrochen gegeben.

Mein Mann verließ Ende August das Dorf für unbestimmte Zeit, um
Arbeit für uns zu suchen. Selbstverständlich konnten wir nur auf Arbeit
in einer größeren Stadt hoffen. In einer völlig fremden Stadt wären die
Chancen gleich null gewesen, daher musste es ein Ort sein, in der wir
nicht völlig auf uns allein gestellt sein würden.

Anfang September dann ein Lichtblick: Wir würden in Saporoshje in
der Ukraine bei entfernten Verwandten vorläufig unterkommen können.
In der großen Industriestadt am Dnepr gab es zahlreiche Schulen und
Hochschulen, dort würden wir uns gemeinsam nach Arbeit umsehen.
Uns konnte es egal sein, in welcher Stadt wir unser neues Leben
beginnen würden, wir wollten nur weg vom Dorf.

In der sowjetischen Ukraine – in Saporoshje

Eines schönen Spätsommertages packten wir unsere paar Sachen, setzen
uns in den fünfzehn Jahre alten Moskwitsch des Schwiegervaters und
verließen das Dorf S. in Richtung Südwesten, fuhren Hunderte
Kilometer durch die – damals noch sowjetische – Ukraine, bis wir am
Abend das Ziel erreichten.

Wir kamen bei einem älteren Ehepaar, dessen neunzehnjähriger Sohn in
der Sowjetarmee, in einem in der DDR stationierten Truppenteil seinen

zweijährigen Wehrdienst ableistete, in deren Zweiraumwohnung unter. Dass die Wohnung für vier Erwachsene und zwei Kinder zu klein war, störte uns zunächst überhaupt nicht, wir waren froh, nach dem Monat spartanischen Lebens auf dem Dorf endlich in eine Wohnung mit Bad und Toilette zu kommen.

Außer den alten Leuten gehörte zum Haushalt noch ein kapriziöser schwarzer Pudel, der mit Vorliebe die Säume der an der Garderobe hängenden Straßenkleidung und Hauskittel anknabberte. Es bereitet ihm ein tierisches Vergnügen, in die Höhe zu springen, seine spitzen weißen Zähne in den Stoff zu schlagen und diesen zu zerreißen.

Besonders die Kinder hatten zu diesem Tier ein zwiespältiges Verhältnis. Einerseits mochten sie es, wie Kinder Haustiere eben mögen. Andererseits aber fürchteten sie sich vor seinem ungestümen Temperament, denn immer, wenn der feine tierische Instinkt dem Hund eingab, dass seine kleinen Freunde vom Spaziergang zurückkamen, brach er in Freudengebell aus und riss ihnen beim Öffnen der Wohnungstür förmlich die Kleider vom Leibe.

Die Stadt Saporoshje liegt im Süden der Ukraine, ungefähr einhundertfünfzig Kilometer vom Asowschen und zweihundert Kilometer vom Schwarzen Meer entfernt. Sie wird vom Dnepr durchflossen, der Stadt in zwei Hälften teilt und ins Schwarze Meer mündet.

Mit achthunderttausend Einwohnern zählt sie zu den großen Städten der Ukraine. Gegründet 1806, hieß sie zunächst Alexandrowsk und wurde 1921 in Saporoshje umbenannt. Der Name bedeutet „Hinter den Stromschnellen", womit die Stromschnellen des Flusses Dnepr gemeint sind.

Auf der Dnepr-Insel Hortiza befand sich im siebzehnten und achtzehnten Jahrhundert einer der wichtigsten Kosakenstützpunkte, die sogenannte Kosakenrepublik, die von einem Ataman regiert wurde.

Von hier aus führten die Kosaken Kämpfe gegen die Krimtataren, die Türken und die polnisch-ukrainischen Feudalherren, für die Unabhängigkeit des ukrainischen Volkes. 1775, nach der Unterdrückung des Bauernaufstandes unter Jemeljan Pugatschow, in dem auch Kosaken eine bedeutende Rolle gespielt hatten, befahl die russische Zarin, den Kosakenstützpunkt zu liquidieren.

Im Verlaufe der Industrialisierung der Sowjetunion entwickelte sich Saporoshje zu einem der bedeutendsten Industriestandorte der Ukraine. Das 1863 gegründete Werk für Landwirtschaftswerkzeugproduktion wurde 1975 als Saporoshjer Automobilwerk „Kommunar" zum Stammbetrieb der Automobilherstellervereinigung „Saporoshez" und gleichzeitig Ersatzteilhersteller.

Saporoshje ist Zentrum der Eisenhüttenindustrie, der Buntmetallurgie, des Maschinenbaus, der chemischen Industrie, außerdem ein wichtiger Eisenbahnknotenpunkt und aufgrund des berühmten Dnepr-Wasserkraftwerkes „Lenin" bedeutender Stromlieferant. Zudem verfügt es über einen Hafen der Dnepr-Flussschiffahrt.

Bei der großzügigen Errichtung der zahlreichen Industriebetriebe, welche den Menschen Arbeitsplätze in großer Zahl boten, insbesondere bei der Auswahl ihrer Standorte, hatte man leider nicht bedacht, welche Folgen dies für die Umwelt und die menschliche Gesundheit haben würde. Den Begriff „Ökologie" gab es damals noch nicht im russischen Wortschatz.

Josef Stalin, der Arbeiterfreund, glaubte mit seiner Idee, dass für die Werktätigen im Sozialismus der tägliche Weg zur Arbeit möglichst kurz sein solle, dem Wohl der Arbeiter redlich gedient zu haben. Damit sollte erreicht werden, dass ihnen nach ihrem schweren Tagwerk mehr wohlverdiente Freizeit als im Kapitalismus zur Verfügung stand.

Da zu Stalins Zeiten der heutige Stadtteil „Baburka" am Rande der Steppe über dem Dnepr-Steilufer als solcher noch nicht existierte und die Menschen vor allem im Zentrum der Stadt siedelten, wurden die Industriebetriebe auf oberste Weisung ebenfalls direkt im Stadtzentrum angesiedelt. Chemiebetriebe direkt im Stadtzentrum!

Was dies bei den damals völlig unzureichend vorhandenen Abgas-und Schmutzfiltrieranlagen für die Gesundheit der Menschen bedeutete, die hier zu leben gezwungen waren und dank Stalin den Vorteil eines kurzen Arbeitsweges eingeräumt bekamen, kann man sich leicht vorstellen: Tag für Tag, Jahr für Jahr, Jahrzehnt für Jahrzehnt schwebte ein schmutzig gelber, grauer und rötlicher Hauch von Hölle über der

Stadt und setzte sich in Form winziger todbringender Partikel in den menschlichen Bronchien ab.

Nach dem Großen Vaterländischen Krieg wurde oberhalb des Dnepr-Ufers der Stadtteil „Baburka" mit vielgeschossigen Wohnblöcken und der notwendigen Infrastruktur eines typisch sozialistischen Neubauviertels aus dem Steppenboden gestampft und die Bewohner der „Baburka" sowie der Stadtbezirke hinter der Dnepr-Staumauer hatten das Glück, aufgrund ihrer Entfernung zum Stadtzentrum von den Schadstoffemissionen weniger zu spüren.

Vom Dnepr-Steilufer genießt man bis heute einen eindrucksvollen Blick über den Fluss bis auf das dahinter gelegene Stadtzentrum mit den Industrieschloten, die an ungünstigen Tagen die Sonne derart verschleierten, dass diese nur als mattgelber, dunstverhangener Ball sichtbar ist.

Wären nicht die Industriemonster gewesen – Saporoshje hätte eine der schönsten ukrainischen Städte sein können.

Die vom Dnepr umflossene naturbelassene Insel Hortiza, die von üppig bewachsenen Wiesenhügeln mit allerdings spärlichem (durch die ökologische Verunreinigung verursachten) Baumbestand bedeckt ist, sowie das romantische Flussufer mit seinen langgestreckten Sandstränden, wären für Tourismus und Wellness denkbar geeignet.

In der Tat waren im Uferbereich der Insel zahlreiche Betriebssanatorien angesiedelt, ausgestattet mit eigenen Sportplätzen und eigenen Strandabschnitten. Aber es kamen kaum Touristen von außerhalb, um hier ihren Urlaub zu verbringen. Die Sowjetunion hatte eben weit attraktivere Ferienorte, fernab der Industriestandorte, zu bieten.

Als junge Spezialisten tätig

Bei der Arbeitssuche ergaben sich für uns keine allzu großen Schwierigkeiten. Der Umstand, dass Lehrer und Wissenschaftler in der Sowjetunion in Bezug auf die Vergütung ihrer Leistung vom Staat knappgehalten wurden, schuf die Möglichkeit, diese in großer Zahl an den staatlichen Bildungseinrichtungen zu beschäftigen.

Saporoshje verfügte Ende der achtziger Jahre über drei Hochschuleinrichtungen: die Universität, das Pädagogische Institut und das Maschinenbauinstitut „Tschubar", an dem zahlreiche junge Leute aus der Ukraine zu Ingenieuren für Maschinenbau ausgebildet wurden.

Wir hatten zu einem verhältnismäßig günstigen Zeitpunkt, nämlich unmittelbar vor Beginn des neuen Schul-und Studienjahres, begonnen, uns nach Arbeit umzuschauen. Eine Mittelschule in der „Baburka", wo wir bei den Verwandten campierten, suchte zu Beginn des Schuljahres dringend einen Lehrer für Geschichte und Sozialkunde, der gleichzeitig eine Abiturklasse als Klassenleiter übernehmen sollte.

Das damalige Schulsystem ermöglichte den Schülern den Erwerb der Hochschulreife entweder durch den Abschluss eines Fachschulstudiums im Anschluss an den achtjährigen Schulbesuch oder durch den Abschluss der elften Klasse einer Mittelschule. Die Mittelschule Nr. 45 in der „Baburka", seit 1991 offiziell mit dem Status eines Gymnasiums, bot ihren Schülern den zweiten Weg des Erwerbs der Hochschulreife.

Zweihundertvierzig Rubel sollte das Monatsgehalt des einzustellenden Lehrers betragen, die wöchentliche Unterrichtsstundenzahl wurde mit sechsunddreißig festgesetzt, einschließlich der Stunden an den Sonnabenden.

Zum Überlegen blieb nicht viel Zeit, da das Schuljahr bereits begonnen hatte, wir hatten uns sofort zu entscheiden und taten dies. Nun musste nur noch ich eine Arbeitsstelle finden.

Das war einfacher als gedacht. Ich wandte mich auf gut Glück zuerst an das Pädagogische Institut, danach an das Maschinenbauinstitut „Tschubar". Die sowjetischen Institute besaßen den Hochschulstatus und eine Lehrtätigkeit an einem dieser Institute würde meiner Qualifikation und meinen Vorstellungen entsprechen.

Im Pädagogischen Institut gab es zu diesem Zeitpunkt noch eine freie Assistentenstelle, und zwar am Lehrstuhl für Geschichte der KPdSU. Der Haken jedoch bestand darin, dass der Unterricht zukünftig in ukrainischer Sprache erteilt werden sollte. Dieser beginnende Trend zum Ende der Sowjetära verfolgte das Ziel, die russische Sprache als Unterrichtssprache langfristig durch die ukrainische zu ersetzen. Am intensivsten konnte sich diese Tendenz in der westlichen Ukraine durchsetzen, in der das Nationalbewusstsein stärker als in der übrigen

Ukraine ausgeprägt war. Für mich hätte dies jedenfalls bedeutet, den russischsprachigen Lehrstoff (es gab noch keine Lehrmittel in ukrainischer Sprache) den Studenten auf Ukrainisch, das ich nicht beherrschte, zu vermitteln. Das traute ich mir nun doch nicht zu.

Nachdem ich mich mit Bedauern von den netten Damen und Herren des Pädagogischen Instituts verabschiedet hatte, versuchte ich mein Glück am Maschinenbauinstitut. Als ich das Gebäude betrat, fiel mir als erstes der besondere metallische Geruch auf, der an eine Maschinenhalle erinnerte. So hatte es im Produktionsunterricht im heimatlichen Reißverschlusswerk gerochen. Die langen, mit knarrendem Parkett ausgelegten Korridore und die Infotafeln an den farbig gestrichenen Wänden erinnerten mich wiederum an die Universität Woronesh.

Die Ausbildung der künftigen Maschinenbauingenieure an den sowjetischen Hochschulen umfasste neben den fachspezifischen Fächern gleichfalls die gesellschaftswissenschaftlichen Pflichtfächer Marxismus-Leninismus (mit den Bestandteilen Dialektischer und Historischer Materialismus, politische Ökonomie des Kapitalismus und Sozialismus und Wissenschaftlicher Kommunismus) sowie Geschichte der Kommunistischen Partei der Sowjetunion. Den künftigen Kadern der sozialistischen Wirtschaft sollte außer dem technischen Fachwissen auch das nötige gesellschaftswissenschaftliche Rüstzeug mit auf den Schaffensweg gegeben werden.

Den Unterricht in den gesellschaftswissenschaftlichen Fächern erteilten die Dozenten der Lehrstühle für marxistisch-leninistische Philosophie und Geschichte der Kommunistischen Partei der Sowjetunion.

(Diese Lehrstühle wurden zum Ende der Sowjetära flugs umbenannt: der Lehrstuhl für marxistisch-leninistische Philosophie in Lehrstuhl für Philosophie, der Lehrstuhl für Geschichte der KPdSU in Lehrstuhl für Politologie. Allerdings entließ man nicht, wie in der scheidenden DDR, sämtliche Lehrer für Marxismus-Leninismus aus dem Lehrdienst in ein ungewisses Schicksal, sondern beschäftigte sie, unter anderen politischen Prioritäten, weiter.

Ich wandte mich also an das Maschinenbauinstitut, um mich bescheiden nach einer freien Assistentenstelle zu erkundigen. Und ich hatte tatsächlich Glück. Der Lehrstuhlleiter des Lehrstuhls für marxistisch-leninistische Philosophie befand sich zufällig gerade in seinem Arbeitszimmer, als ich anklopfte.

Beim Eintritt fiel mit gleich der anthrazitfarbene Marxkopf ins Auge, der auf dem Fensterbrett stand und nach draußen zu blicken schien. Dieser Kopf schien mir das einzig Markante im Zimmer zu sein, ansonsten erweckte die Einrichtung des Raumes einen ärmlichen Eindruck: Die Tapeten an den Wänden waren vergilbt, links und rechts vom Fenster hingen unordentlich zusammengerafft dunkle Fenstervorhänge, an der rechten Wand stand ein einfacher Bücherschrank mit Frontverglasung, vor dem Fenster ein mit Büchern, Zeitschriften und Papier vollgepackter Schreibtisch. Dahinter saß in einem Sessel ein etwa vierzigjähriger bärtiger Mann mit Brille, bekleidet mit einem abgetragenen grauen Anzug, wie ihn damals viele Männer trugen, und einem schwarzen Rollkragenpullover unter dem Jackett – ein Philosoph, wie er im Buche stand: von unscheinbarem, nachlässigem Äußeren, mit eckiger Gelehrtenbrille und vergeistigtem Gesicht. Da ein Begrüßungshandschlag zwischen Mann und Frau in der Sowjetunion nicht üblich war, nickte der Gelehrte mir kurz zu, wünschte mir einen guten Tag und erkundigte sich nach meinem Begehr.

Etwas befangen und aufgeregt begann ich, meine Situation darzulegen: dass ich die Woronesher Universität absolviert hätte, aus der DDR käme und nun hier mit meiner Familie lebte und Arbeit suchte. Ich erklärte, dass ich mich bereits in der Schule und umso mehr beim Studium für Philosophie interessiert hätte.

Die Tatsache, dass ich aus der DDR kam, schien den Mann zu beeindrucken, er bemerkte nebenbei, dass er dort einen Bekannten habe, der ebenfalls an einer Hochschule als Philosophiedozent tätig sei. Nachdem ich mit meiner Vorstellungsansprache geendet hatte, schwieg und ihn ansah, zog er ein dickes Buch mit dunkelblauem Einband aus dem Bücherschrank, hielt es hoch, wog es auf dem Handteller und stellte mir die wohl alles entscheidende Frage: „Lesen Sie so was?"

Es war einer der Bände der Gesamtausgabe der gesammelten Werke Lenins. Natürlich las ich ab und zu so was, während des Studiums mussten wir häufig kleinere Werke Lenins lesen und Konspekte dazu anfertigen. Meine bejahende Antwort befriedigte ihn sichtlich. Mehr

Fragen hinsichtlich einer beruflichen Kompetenz brauchte ich nicht zu beantworten. Ich war eingestellt und konnte mich ab Oktober Assistent des Lehrstuhls für marxistisch-leninistische Philosophie nennen. Am 8. Oktober begann das Studienjahr 1989/90.

Ich sollte laut Plan sowohl vormittags als auch nachmittags unterrichten, einmal in der Woche auch abends, bei Arbeitern des Transformatorenwerkes, die im Abendstudium einen Hochschulabschluss anstrebten. Zum Glück blieb mir Wochenendunterricht erspart, nur in der Prüfungszeit, der „Sessia", würde ich nicht umhin kommen, an mehreren Sonnabenden hintereinander bei der Abnahme der mündlichen Philosophieprüfungen der Fernstudenten zu helfen. Mein Assistentengehalt betrug neunzig Rubel – zum Leben zu wenig, zum Sterben zu viel. Aber ich fand trotzdem, dass mir das Glück hold gewesen war, so schnell eine Arbeit gefunden zu haben, die im Großen und Ganzen meinen Vorstellungen entsprach. Mehr Geld würde ich an anderen Lehreinrichtungen auch kaum verdienen. Außerdem winkte – ganz in der Ferne – vielleicht die Perspektive einer Promotion, der Voraussetzung für eine wissenschaftliche Laufbahn an einer staatlichen Hochschule.

Ich konnte mein Tagwerk als Erfolg verbuchen. Das Problem der Arbeitssuche schien auf lange Frist gelöst zu sein.

Der Einstieg in meine neue Tätigkeit stand am Abend des 8. Oktober bevor. Ich war natürlich aufgeregt, denn zum ersten Mal in meinem Leben würde ich Unterricht erteilen. Laut Unterrichtsplan sollte ich mein erstes Philosophieseminar mit Abendstudenten des Fachbereichs Fahrzeugbau, die tagsüber einer Erwerbstätigkeit nachgingen und am Abend Lehrveranstaltungen besuchten, durchführen. Ich hatte mir noch kurzfristig das vorläufige Semesterprogramm besorgt, um mich wenigstens mit den Themen des Faches vertraut zu machen, denn mir blieb nichts weiter übrig, als meinen künftigen Studenten immer einen Schritt voraus zu sein und mich gründlich auf das jeweilige Seminarthema vorzubereiten.

Mein philosophisches Wissen beschränkte sich im Wesentlichen auf die Wissensinhalte, die wir im dritten Studienjahr in den Fächern „Dialektischer und Historischer Materialismus" und im vierten Studienjahr im Fach „Geschichte der Philosophie" vermittelt bekommen hatten. Die Verantwortung für die Durchführung von Seminaren in einer

Fachrichtung, die nicht meine Spezialisierungsfachrichtung an der Universität gewesen und mit der ich nur oberflächlich vertraut war, ließ mich kribbelig und unsicher werden.

Ich nahm mir vor, das erste Seminar so zu gestalten, dass kein Raum für Fragen blieb, mit deren Beantwortung ich Probleme bekommen hätte. Der Seminarplan sah als Erstes vor, den Philosophiebegriff zu klären und den Maschinenbaustudenten plausibel zu machen, weshalb dieses Fach für sie so wichtig sein sollte. Mit diesem Thema würde ich noch fertig werden und die Argumentation sollte mir eigentlich nicht schwerfallen. Außerdem rechnete ich fest damit, dass sich die Studenten für das Leben in der DDR interessieren würden. Kurzum, ich wollte mein erstes Seminar zum gegenseitigen Kennenlernen und zur Erörterung allgemeiner Fragen nutzen. Ich war mir sicher, dass ich, hatte ich die erste Hürde hinter mir, mich mit größerer Ruhe in den Lehrstoff hineinknien können und mich künftig nicht blamieren würde. Zu diesem Zeitpunkt ahnte ich zum Glück noch nicht, dass sich im Zuge der gravierenden gesellschaftlichen Veränderungen und im Zusammenhang mit dem neuen Selbstbewusstsein der Studentengeneration der Perestroika Anfang der neunziger Jahre auch die Studieninhalte kurzfristig der neuen Situation angepasst werden mussten. Sonst wäre ich verzweifelt.

Der Abend des 8. Oktober kam heran. Versehen mit dem Zuspruch aller Bewohner unseres kleinen Quartiers, unter dem Arm eine dünne Aktentasche, machte ich mich auf den Weg zu meiner beruflichen Premiere. Die Sonne stand schon tief am Horizont, als der Omnibus der Linie 36, der ins Stadtzentrum fuhr, vor dem Wohnblock hielt. Ich war froh, dass die Strecke von der „Baburka" bis zum Institut ziemlich lang war. So gewann ich Zeit, meine Gedanken zu sammeln.

Der Bus durchquerte zunächst die „Baburka", bevor er in die Chausseestraße, die von der „Baburka" hinab in Richtung Stadtzentrum führte, abbog. Bis dahin aber war es weit: Es mussten die beiden holprigen, mit Schlaglöchern übersäten Dneprbrücken und die Insel Hortiza überquert werden. An den vier Haltestellen der Insel stiegen weitere Fahrgäste zu, und bis zur „Haltestelle der Metallurgen", genau im luftverpesteten Stadtzentrum, wo die meisten Fahrgäste ausstiegen, dauerte die Fahrt zirka vierzig Minuten. Von dort waren es ein paar

Schritte bis zur O-Bushaltestelle auf dem Leninprospekt, von der der O-Bus nochmals fast eine halbe Stunde bis zur Haltestelle „Universität" benötigte. Von dort hatte ich noch fünf Minuten Fußweg bis zum Institut. Summa summarum benötigte ich für die Anfahrt zur Arbeit eine bis eineinhalb Stunden. Diese Zeit nutzte ich, um mich gedanklich auf das Seminar einzustimmen.

Es war schon dunkel, als ich im Institut ankam. Dort traf ich kaum noch junge Direktstudenten an, nur ein paar Abendstudenten liefen durch die Korridore. Mein Seminar fand in einem Seminarraum im vierten Stock statt. Mit klopfendem Herzen betrat ich mit dem Klingelzeichen den Raum und sah mich etwa zwanzig Männern gegenüber, die alle schon dem Studentenalter entwachsen waren – Abendstudenten, die neben ihrer Berufstätigkeit die Qualifikation von Maschinenbauingenieuren erwerben wollten.

Während meines Eintritts erhoben sich alle von ihren Bänken, um stehend auf meinen Befehl zum Platznehmen zu warten. Ich musste meine Verlegenheit überwinden, versuchte also zu lächeln, wünschte den Studenten einen Guten Abend und bat sie, Platz zu nehmen. Dann begab ich mich mit steifen Knien zum Lehrertisch und breitete meine Unterlagen übertrieben ausgiebig darauf aus, um nochmals eine Galgenfrist herauszuschinden. Danach musste ich endlich anfangen.

Ich stellte mich zunächst einmal vor, und zwar wie in der Sowjetunion üblich mit Vor- und Vatersnamen, bat dann den Klassenältesten um das Klassenbuch, in dem die Studenten alphabetisch geordnet namentlich aufgeführt waren, denn auch an dieser Hochschule wurde vor Beginn der Lehrveranstaltungen die Anwesenheit kontrolliert.

Nachdem ich die ersten einleitenden Sätze gesprochen hatte und kurz Luft geholt hatte, um fortzufahren, hob einer der Studenten die Hand und wagte die von mir heimlich erwartete und erwünschte Frage, ob ich denn aus dem Baltikum stamme, er hätte am Akzent festgestellt, dass Russisch nicht meine Muttersprache sei. Ich ging freundlich auf diese nicht zum Unterricht gehörende Frage ein und klärte ihn auf, dass ich aus der DDR käme.

Da horchten die Studenten interessiert auf, denn kaum einer von ihnen hatte schon einmal einen leibhaftigen Ausländer gesehen. Aufgrund der strengen Reisebestimmungen konnten nur wenige sowjetische Bürger ins Ausland reisen, und wenn sie es durften, dann lernten sie als Touristen nur die Sehenswürdigkeiten des Auslands kennen, nicht aber das Alltagsleben der Menschen. Daher hatten die einfachen Bürger der Sowjetunion ziemlich abstrakte Vorstellungen vom Leben der Menschen im Rest der Welt.

Großmütig ermunterte ich die Studenten, Fragen an mich zu stellen, die nichts mit Philosophie zu tun hatten. An diesem Abend beantwortete ich eine Menge verschiedener Fragen, aber eine Antwort, die ich damals mit Überzeugung zum Besten gab, trieb mir später immer wieder, wenn ich mich daran erinnerte, die Röte ins Gesicht. Einer der Studenten begehrte Antwort auf eine von mir als einfach zu beantwortend eingestufte Frage, die lautete: „Bei uns in der Sowjetunion sind, wie Sie selbst sehen, die Geschäfte leer, es gibt kaum etwas zu kaufen. Wie kommt es, dass in der DDR so ein Warenüberfluss in den Geschäften herrscht?" (In der Sowjetunion galt die DDR als wohlhabendstes unter den sozialistischen Bruderländern.)

Um darauf zu antworten, brauchte ich als diplomierter Gesellschaftswissenschaftler gar nicht lange nachdenken: „Die Warenfülle in den Geschäften in der DDR lässt sich vor allem damit erklären, dass unsere Wirtschaft seit dem VIII. Parteitag der SED 1971 zu intensiveren Wirtschaftsmethoden übergegangen ist, die Vorzüge von Wissenschaft und Technik nutzt, einschließlich der Mikroelektronik, und damit ein höheres Wirtschaftswachstum erreicht wird. Bei uns wird die Einheit von Wirtschafts- und Sozialpolitik nicht nur auf dem Papier verwirklicht. Das ist auch dadurch bedingt, dass die DDR durch die unmittelbare Nachbarschaft zur BRD gezwungen ist, ihre Wirtschaft zu entwickeln und ihren Bürgern etwas zu bieten. Deshalb sind die Läden voll. Im Unterschied zur Sowjetunion, die heute erst die Fehler der Stagnationsperiode aufarbeitet und darüber nachdenkt, wie man schneller zu intensiven Wirtschaftsmethoden übergehen kann, haben Partei und Staat in der DDR bereits vor fast zwanzig Jahren den Intensivierungskurs erfolgreich eingeschlagen."

Ich konnte vor Kleister kaum aus den Augen schauen und merkte es nicht einmal.

Kein Jahr später, als die DDR in ihren letzten Zügen lag, war ich froh, dass ich in dieser Gruppe keinen Unterricht mehr hatte. Nachdem mir die Augen aufgegangen waren, schämte ich mich vor mir selbst für diese Sätze, die ich so fahrlässig und siegesgewiss von mir gegeben hatte.

Am selben Abend stellte mir ein weiterer Student die Frage nach der Stellung Westberlins im deutsch-deutschen Staatengefüge. Die Vorstellung, Westberlin befände sich irgendwo an der Grenze zwischen DDR und BRD, war unter den sowjetischen Studenten sehr verbreitet. Um den Irrtum auszuräumen, versuchte ich anhand eines Tafelbildes darzustellen, dass Westberlin ein Teil der Stadt Berlin sei und als solcher gemäß dem Viermächteabkommen mitten in der DDR einen Sonderstatus habe, also sozusagen wie ein vergifteter Pfeil im gesunden sozialistischen Fleisch steckte, weil von dort aus DDR-Fachleute in den Westen abgeworben und Diversionsakte inszeniert wurden.

Auch diese Erklärung akzeptierte man ohne weiteres. Unverständlich fanden die Studenten allerdings die menschliche Seite der deutschen Teilung. Sie konnten es kaum glauben, dass sich selbst nahe Verwandte jahrzehntelang nicht besuchen konnten. Sie wussten natürlich, dass es zwei deutsche Staaten gab, sie wussten auch von der Teilung Koreas, aber was dies für die Menschen bedeutete, die zueinander wollten und nicht konnten, hörten sie zum ersten Mal. Ich selbst fand es wohl noch akzeptabler als die Studenten, dass man dem großen Ziel zuliebe mit Recht derartige Opfer von anderen Menschen einfordern konnte.

Denn: Wo gehobelt wird, da fallen bekanntlich Späne.

Während dieses ersten Seminars kam ich jedenfalls kaum zur Einführung in die eigentliche Wissenschaft, die Philosophie. Ich war aber zufrieden, dass ich dank des ungezwungenen Gesprächs den Kontakt zu den Studenten hergestellt und meine eigene Scheu überwunden hatte. Beim nächsten Seminar würde ich konsequent zum Lehrstoff übergehen, zumal ich mit heimlicher Befriedigung herausbekommen hatte, dass Philosophie für die künftigen Ingenieure absolutes Neuland war. Ich ließ abends im Bett das erste Seminar Revue passieren und fand, dass die ganze Aufregung vorher umsonst gewesen war.

Die neue Arbeit in der Schule und am Institut lief ganz nach unseren Vorstellungen an. Beide hatten wir Neues zu lernen und wälzten nach Feierabend Lehrbücher und wissenschaftliche Zeitschriften. Im Unterrichtsjahr 1989/90 verlief der Unterricht noch im gewohnten Trott, nach alten Mustern und im Rahmen der sozialistischen Theorien, bis die Ereignisse in den damaligen sozialistischen Ländern Ende 1989 und im Jahr 1990 alles von Grund auf in Zweifel zogen und ein Prozess des Umdenkens und Umlernens begann, der nicht ohne Auseinandersetzungen und Widerstände abging.

Was das Verhältnis zu den neuen Kollegen am Lehrstuhl für marxistisch-leninistische Philosophie betraf, konnte ich mich nicht beklagen. Sie nahmen mich ohne weiteres in ihre Philosophenkaste auf. Auch ihnen gegenüber musste ich Fragen zum Leben in der DDR beantworten und tat dies ähnlich wie in den Unterrichtsstunden, was wiederum akzeptiert wurde.

Allerdings war ich ständig bemüht, meine mangelhaften philosophischen Kenntnisse den Kollegen gegenüber zu kaschieren, ein schwieriges Unterfangen, denn diese hielten mich für eine Koryphäe auf dem Gebiet der deutschen Philosophie. Die Namen vieler Philosophen hörte ich leider zum ersten Mal, und vor einem Referat zum Leben und Wirken Martin Luthers, meines großen Landsmannes, der die europäische Denkweise so nachhaltig beeinflusst hatte, konnte ich mich nicht drücken. Die Tatsache allein, dass ich aus dem Land der Dichter und Denker stammte, wurde mir als großes Plus angerechnet.

Auf Wohnungssuche

Nachdem wir beide Arbeit gefunden hatten, widmeten wir uns notgedrungen der Wohnungssuche, da uns die kleine Zweiraumwohnung bei den Verwandten immer enger erschien. Für die täglichen Unterrichtsvorbereitungen benötigten wir vor allem Platz und Ruhe.

Da wir als „junge Spezialisten" und „junge Familie" zur Integrationskategorie des Staates mit Vergünstigungsanspruch gehörten, hegten wir die törichte Hoffnung, bevorzugt mit Wohnraum versorgt zu werden.

Mit verkrampftem Optimismus fuhren wir eines Tages mit dem Bus dorthin, wo der begehrte Wohnraum verteilt wurde – in die Wohnungsverwaltung der Stadt Saporoshje.

Durch den Flur gelangten wir in einen tristen Warteraum, dessen Wand gegenüber den gardinenlosen Fenstern mit einem Portrait des Generalsekretärs der KPdSU geschmückt war; darunter hing eine größere Anzahl lupenklein maschinenbeschriebener Amtsblätter.

Da wir erfahrungsgemäß eine lange Wartezeit einkalkuliert hatten, nahmen wir uns die Zeit, den Inhalt der Blätter genau zu studieren. Wir wollten unseren Augen nicht trauen, als wir diese Blätter als Warteliste identifizierten, eine Liste, in der die Personen und Familien aufgeführt waren, die auf Wohnraum warteten. Diese Liste hing offenbar seit Jahren an derselben Stelle und wurde durch immer neue Namen ergänzt: Nummer 997, Nummer 998, Nummer 999...wir wären Nummer x-Tausend und... geworden! Als Nummer x-Tausend und... würden wir in der nächsten Dekade und wahrscheinlich auch in der übernächsten noch keinen Wohnraum bekommen, bei dem Wohnungsbautempo!

Das konnte einfach nicht wahr sein, wir wollten uns nicht damit abfinden und mit der Person, die für die Verteilung des Wohnraumes verantwortlich zeichnete, persönlich und eindringlich sprechen. Alternativ zur Listenplatzeintragung würden wir zur Not die erforderliche Rubelsumme im Briefkuvert aufbringen und damit nicht einmal aus dem Rahmen der hiesigen Gepflogenheiten fallen. Dazu hätten wir aber unsererseits eine Schwelle überschreiten müssen, die wir noch nie überschritten hatten, zudem kannten wir die hiesigen „Tarife" nicht.

Wie erwartet verlief das Gespräch kurz und ergebnislos. Das Argument, „junge Spezialisten" half uns nur insofern, dass man uns entgegenkam und auf die Warteliste für „Bevorzugte" setzte. Wir bekamen unsere Ziffer (vierstellig) zugeordnet, die alle Hoffnung auf baldige Lösung unseres Problems zunichte machte. Uns schien die Bevorzugtenliste noch länger zu sein als die Liste der Normalsterblichen. Wir hatten wieder einmal mit aller Deutlichkeit zu spüren bekommen, dass wir als kleine Schräubchen im großen Gesellschaftsgetriebe gesichtslos, unbedeutend, jederzeit ersetzbar waren. Wir wurden nicht gebraucht.

Trotz der erlittenen, obwohl vorausgesehenen, aber dennoch bitteren Niederlage hatten wir einen Ausweg aus der Situation zu finden und zwar selbst, ohne auf die Hilfe der offiziellen Stellen zu hoffen. Der Ausweg konnte zum Beispiel so aussehen, dass wir unter glücklichen

Umständen auf Leute stoßen würden, die für ihren gemieteten Wohnraum zeitweilig Untermieter suchten. Die flächenmäßig riesige Sowjetunion bot ihren beispielsweise in der Ukraine wohnenden Bürgern, die in der Heimat wenig verdienten, die Möglichkeit, in den Polargebieten und im Fernen Osten das große Geld zu machen. Deshalb zog es vor allem Ingenieure und Techniker zum höheren Verdienst in die Ferne, wo sie einige Jahre arbeiteten, bis sie eines Tages mit ihren in harter Arbeit ersparten Rubeln in die heimatlichen Gefilde zurückkehrten. Dann mussten warmes Sonnenlicht und vitaminreiche Kost die vielen überstandenen dunklen, kalten Monate ohne ausreichend Obst und Gemüse sowie den damit verbundenen Verlust an Gesundheit und Zahnfestigkeit ausgleichen.

Wir begannen gezielt nach solchen Leute zu suchen und baten auch die Verwandten, bei ihren Bekannten nachzufragen, ob jemand seine Wohnung aus den genannten Gründen zeitweilig untervermietete. Wahrhaftig dauerte es nur einige Tage, bis man uns die erlösende Nachricht zukommen ließ, dass in der „Baburka", in derselben Straße, in der die Verwandten lebten, demnächst ein Ehepaar seinen Wohnsitz für zwei Jahre in den Fernen Osten zu verlegen gedachte. Für diesen Zeitraum boten sie uns die Nutzung ihrer Wohnung an, und das für ein relativ geringes Entgelt. Wir sagten natürlich sofort zu. Zwei Jahre sind für junge Menschen eine lange Zeit, und sowieso konnte niemand voraussagen, was in zwei Jahren sein würde.

Sobald wie möglich brachten wir unser bisschen Habe in die untervermietete Wohnung, die sich im ersten Stock eines neungeschossigen, fast endlos langen, sich von einer Straßenkreuzung bis zu einer anderen ziehenden Wohnblocks, befand.

Das Umfeld entsprach im Wesentlichen unseren Vorstellungen, denn genau gegenüber unserem Wohnblock befand sich das Gymnasium, so dass wenigstens einem von uns ein langer Weg zur Arbeitsstätte erspart blieb. Die Kinder konnten sofort im Kindergarten in unmittelbarer Nähe des Gymnasiums untergebracht werden. Im weiteren Umkreis gab es mehrere Geschäfte: ein paar Brotläden, zwei Milchgeschäfte, einen größeren Selbstbedienungsladen, „Universam" genannt, einige kleinere Lebensmittelgeschäfte, Geschäfte für Haushaltswaren, Schuhe, Möbel und Spielzeug, einen Buchladen und den Markt. Bis zur Poliklinik hatte man etwa zehn Minuten zu laufen, bis zum Bahnhof fünfzehn Minuten, die Entfernung zur Post betrug zehn Wegminuten. Auch die Bushaltestellen ließen sich in kurzer Zeit bequem zu Fuß erreichen. Wichtig war außerdem, dass es in der Nähe mehrere Kinderspielplätze gab, nicht zu vergessen einen kleinen Rummel und ein Kino.

Schlicht und praktisch

Unser Wohngebiet unterschied sich in seiner Struktur kaum von den anderen Wohnvierteln sozialistischer Bauart und die Notwendigkeit der Ausstattung mit den lebensnotwendigen infrastrukturellen Einrichtungen ließ für ästhetische Gesichtspunkte einen sehr geringen Spielraum: Alles war auf die Befriedigung der dringendsten sozialen Bedürfnisse der arbeitenden Bevölkerung ausgerichtet, mit anderen Worten – es gab nichts Überflüssiges.

Übrigens wagte es ein Regisseur, die Bauweise, die in den sowjetischen Städten quasi identische Wohnviertel aus dem Boden schießen ließ, so treffend humoristisch in den Film „Die Ironie des Schicksals" einzuarbeiten, dass dieser Film jahrelang ein Kinohit war und auch heute noch unter der älteren Generation nichts an Beliebtheit eingebüßt hat.

– Ein Leningrader verbringt mit Freunden den letzten Abend des Jahres in der Sauna einer fremden Stadt, wobei reichlich Alkohol konsumiert wird. Torkelnd begleiten ihn die Freunde zum Flughafen, von wo er nach Hause, nach Leningrad, fliegen will, um dort mit seiner Freundin Silvester zu feiern. In seinem Suff verwechselt er jedoch das Flugzeug und fliegt anstatt nach Leningrad – nach Moskau. In dem Glauben, zu Hause angekommen zu sein, lässt er sich mit einem Taxi nach Hause zu seinem Wohnblock bringen. Alles stimmt haargenau überein – die Adresse, die Etage, der Wohnungsschlüssel passt, die Wohnungseinrichtung ist identisch. – So begreift er seinen Irrtum, in einer fremden Stadt und in einer fremden Wohnung gelandet zu sein erst, nicht einmal sofort, als die Hausherrin, eine junge Frau, nach Hause kommt und ihren ungebetenen, auf dem Sofa liegenden, halbnackten Gast empört zum Verlassen ihrer Wohnung auffordert.

Erst nach langem Hin und Her kommt ihm zu Bewusstsein, dass sie im Recht ist und er im Unrecht. Eine recht vergnügliche Verwechslungsstory mit Happyend.

In einigen Parterrewohnungen unseres Wohnblocks hatte man kleine öffentliche und private Einrichtungen angesiedelt: einen Friseurladen, eine Poststelle, eine Bibliothek, eine Schusterwerkstatt und ein Fotoatelier, die zwar äußerlich recht primitiv aussahen, jedoch ihren Zweck, die Versorgung der Bewohner des Hauses, erfüllten.

Es wäre zum Beispiel niemandem eingefallen, sich über den Rost der Eingangstüren oder der Treppengeländer oder die kümmerliche, unschöne Einrichtung zu mokieren. Unzulänglichkeiten ästhetischer Art, die jedem Fremden gewiss ins Auge gefallen wären, nahmen die Menschen einfach nicht oder nicht mehr wahr. Man hatte weiß Gott andere Sorgen, als darüber zu befinden, ob ein Gegenstand des öffentlichen Gebrauchs hässlich oder schön war.

In Jahrzehnten der Entbehrung war den Menschen in dieser Beziehung das natürliche Ästhetikempfinden abhandengekommen. Die Notwendigkeit, sich und die Familie, oft auch entferntere Verwandte im täglichen Überlebenskampf mit dem Notwendigsten zu versorgen, überlagerte die weniger wichtigen Aspekte des Lebens.

Man darf sich aber nicht alle Dinge dieser Zeit mausgrau vorstellen. Farbe, insbesondere Ölfarbe, wurde vielfach beim Innenanstrich von Gebäuden verwendet, zum Beispiel kräftiges Blau oder Grün. Blaugestrichene Korridore in öffentlichen Gebäuden, wie Polikliniken, Krankenhäusern und Verwaltungseinrichtungen, die man sowieso nur aufsuchte, wenn es unbedingt notwendig war, verstärkten noch das bedrückende Gefühl des innerlichen Unbehagens und Ausgeliefertseins an höhere Gewalten. Was bunt sein sollte, war grellbunt, was Wohlstand imitieren sollte, wirkte protzig-plump. Nicht davon zu reden, dass die Zeit das Bunt der Farben verwischte.

Zu unserer Wohnung im ersten Stock gelangte man über ein paar Steinstufen, durch einen schmutzigen, dunklen Hausflur. Die Konstrukteure dieser Art von Wohnhaus hatten es für zweckmäßig befunden, den Müllsammelschacht so einzubauen, dass alle Mietparteien unmittelbar ihren Hausmüll in diesen Schacht entsorgen konnten, was im Hausflur für einen permanenten Verwesungsgeruch sorgte und günstigen Nährboden für allerlei Ungeziefer schuf.

Die von der Hausflurseite mit einem brüchigen, schwarzledernen Schalldämmpolster bestückte Wohnungstür gab zunächst den Blick in den Korridor frei, der nach links und geradeaus in die einzelnen Räume führte. Auf der linken Seite befanden sich Küche, Bad und Toilette. Ging man von der Eingangstür geradeaus durch den Korridor, kam man an einem mit rotbunter großgemusterter Tapete verkleideten Verschlag an der rechten Wand vorbei; gegenüber dem Verschlag befand sich das Kinderzimmer. In das parkettierte Wohnzimmer gelangte man durch eine verglaste Tür mit Doppelflügel, die meist offen stand. Vor dem mit grauen Brettern ausgelegten Balkon ging der Blick auf die Schule, den pappelbestandenen Schulhof und einen anderen großen Wohnblock.

Das Schlafzimmer, vollgestellt mit den Möbeln, die die Wohnungsbesitzer zurückgelassen hatten, war von diesen für die Zeit ihrer Abwesenheit fest verschlossen worden. Ebenso wie die meisten Möbel der Wohnung konnte es von uns nicht benutzt werden.

Insgesamt machte die Wohnung auf uns einen recht gepflegten Eindruck, wir stellten keine wesentlichen Mängel, die die Wohnqualität beeinträchtigen würden, fest. Auch die Fernheizung funktionierte problemlos und zuverlässig.

Allerdings bereiteten uns die nicht vorhandenen Möbel Kopfzerbrechen. Wir hatten ja außer unserem Kühlschrank, dem nach dem Studium gekauften Fernseher und dem Gitterbettchen nichts vom Studium mitgebracht. Die in der Küche eingebaute Spüle, der Gasherd, der einteilige Küchenschrank und der wacklige Tisch, dessen quadratische salatgrüne Holzplatte auf vier dünnen metallischen Beinen stand, bildeten zusammen mit unserem Kühlschrank die Grundausstattung. Es fehlten nur die Sitzgelegenheiten. Da selbst einfachste rohe Holzhocker, geschweige denn richtige Stühle, im nahen Möbelgeschäft nur mit Hilfe von Beziehungen erstanden werden konnten, behalfen wir uns eine Zeitlang mit umgestülpten Wischeimern. Das Essen schmeckte auf solcher Sitzgelegenheit auch nicht besser oder schlechter.

Trotzdem kamen wir unerwartet zu Sitzmöbeln. Nachdem uns die stellvertretende Direktorin mit einem kurzen Besuch beehrt und ihren Kaffee auf einem der umgestülpten Eimer sitzend genossen hatte, spendete uns das Gymnasium aus seinem Möbelbestand drei hölzerne Hocker. Das Notwendigste an Geschirr kauften wir im Haushaltswarengeschäft. An elektrische Küchengeräte war natürlich nicht zu denken.

Der akute Mangel an Möbeln jeglicher Art in den Geschäften störte uns nicht übermäßig, da wir gute Möbel sowieso nicht hätten bezahlen können. Hinsichtlich des Kaufs einer Schrankwand oder Couchgarnitur gaben wir uns überhaupt keinen Illusionen hin.

Unsere Kleidung und das Schuhwerk verstauten wir im Verschlag hinter der Korridorwand, unsere zahlreich vorhandenen Bücher aus der Studentenzeit stapelten wir im Wohnzimmer einfach an den Wänden und in den Zimmerecken hoch, weswegen das großes Ehebett aus dunkelbraunem Holz in der Mitte des Raumes aufgestellt werden musste. Das eigentliche Schlafzimmer war ja abgeschlossen. Ein Jahr später gesellte sich zur Ausstattung dieses Zimmers noch ein rostbrauner Schreibtisch mit polierter Platte hinzu, den wir per Zufall käuflich erworben hatten.

Die Einrichtung unseres Wohn-Schlafzimmers sah in seiner „Glanzzeit" wie folgt aus: in der Raummitte das großflächige Ehebett, welches zu allen Gelegenheiten auch Gästen als Sitzgelegenheit diente, vor dem Balkonfenster ein Schränkchen, darauf der Fernseher, links und rechts an den Wänden beeindruckende Bücherstapel, an der linken Wand vom Eingang aus gesehen, unsere letzte Errungenschaft, der Schreibtisch mit polierter Tischplatte.

Kam Besuch zum Essen, wurde ein kleiner Campingtisch mit einer Tischplattengröße von zirka 1 m x 0,80 m aufgeklappt. Dann trugen wir die Küchenschemel ins Wohnzimmer und platzierten darauf die Gäste, während wir selber auf dem Bettrand Platz nahmen.

Zur Vorbereitung der Unterrichtsstunden und Seminare breiteten wir die Bücher und das Schreibzeug auf und vor dem Bett aus. Diese nicht ganz optimalen Bedingungen hatten aber keinen nachweislich negativen Einfluss auf die Qualität der Vorbereitungen.

Die wenigen Gardinen, die ich zum Teil aus der DDR mitgebracht hatte, verliehen den Räumen einen freundlicheren Anblick. Leider mussten wir auf Fensterblumen verzichten, da es keine zu kaufen gab.

Der Balkon, den wir mit allerlei hölzernem und rostigem Gerümpel übernahmen, diente ausschließlich zum Aufhängen der Wäsche. Wie überall in der Sowjetunion üblich, hängte ich die Wäsche, für alle Straßenpassanten sichtbar, unterhalb der Balkondecke an Hanfstricken auf. Dazu musste ich mich auf einen wackligen Stuhl stellen und in die Höhe recken, wobei ich häufig nach den Hanfstricken griff, um nicht mit dem schwankenden Stuhl auf den Bretterboden zu stürzen.

Der freundlichste Raum der Wohnung war das Kinderzimmer. Die zartgeblümten rosa-weißen Übergardinen und das gelbbraun gemusterte Teppichstück, das wir aus unserem Wohnheimzimmer mitgebracht hatten, verliehen dem Zimmer trotz der kargen Ausstattung ein gemütliches Flair. Als Schlafgelegenheiten dienten den Kindern das vom Studium mitgebrachte Gitterbettchen sowie eine im Mittelteil gebrochene Metallpritsche mit Stoffüberzug. Erst ein Jahr später erstanden wir mit Hilfe der Mutter eines Gymnasiasten, die als Verkäuferin im Möbelgeschäft arbeitete, eine kleine gepolsterte Schlafcouch.

Kinderzimmermöbel waren überhaupt eine solche Rarität, dass man sie niemals auf normalem Wege im Laden kaufen konnte. Das Kinderspielzeug wurde nach dem Spielen immer in Pappkartons verstaut, so dass auch unsere Kinder lernen konnten, was aufräumen bedeutet. Bettzeug hatten wir von den Schwiegereltern und den Verwandten in Saporoshje bekommen.

Es ist heute kaum zu glauben, aber damals freuten wir uns über jede Kleinigkeit, die unsere Wohnumstände nur ein klein wenig verschönern halfen. Trotz aller materiellen Defizite fühlten wir uns nicht unglücklicher als die Menschen, die alle Bequemlichkeiten des Wohnens ihr Eigen nennen können. Glück begriffen wir nicht als Haben-Zustand.

Zufriedenheit fanden wir in der Arbeit und in der Anerkennung durch Kollegen, Schüler und Studenten. Die Kinder wurden tagsüber im Kindergarten von guten Erzieherinnen betreut und versorgt. Diese gaben sich, trotz des jämmerlich niedrigen Gehalts, das sie im wahrsten Sinne des Wortes nicht verdienten, große Mühe, die Kinder sinnvoll zu beschäftigen.

Die bescheidene materielle Ausstattung hatte keinen Einfluss auf die Qualität der Erziehungsarbeit des Personals, und der Einfallsreichtum und das Improvisationstalent der Erzieherinnen kompensierten die materiellen Defizite.

Gelegenheit dazu gab insbesondere die Gestaltung kultureller Höhepunkte. Lange vor den traditionellen Feiertagen – dem Neujahrsfest, dem Frauentag oder dem Ersten Mai – bereiteten sich die Kinder gemeinsam mit ihren Erzieherinnen auf die Feierlichkeiten vor. Zum Feiertagsprogramm gehörten auf jeden Fall Lieder, Gedichte, Tänze. Unsere Kinder begannen zu meinem Erstaunen, auch zu Hause ukrainische Lieder zu singen und sich untereinander auf Russisch zu unterhalten. (Ich las ihnen aber zu Hause weiterhin deutsche Geschichten vor und sang mit ihnen deutsche Lieder.)

Auch die Eltern der Kindergartenkinder wurden aktiv in die Vorbereitungen einbezogen; die Mütter nähten zu Hause für ihre Kinder fantasievolle, prächtige Kostüme und Kappen, denn in den Läden gab es keine zu kaufen. Die musikalische Begleitung der Auftritte der Kinder lag in den Händen der Erzieherinnen oder Eltern, die ein Instrument spielen konnten. Die Großen und Kleinen verstanden es einfach, die Feste als Höhepunkte im Alltagsleben zu feiern und die Eltern daran teilhaben zu lassen.

Die arbeitsfreien Stunden und Tage gestaltete unsere Familie aktiv und nutzte jede der bescheidenen Möglichkeiten der Erholung. Darunter verstanden wir gemeinsame Spaziergänge zu den Spielplätzen mit ihren Klettergerüsten, an denen es zum Glück nicht mangelte, zum nahen Feuerwehrübungsplatz, wo die Kinder an den Übungsleitern hochklettern durften, in die Sandgrube sprangen oder um die Wette rannten, zum Steilufer, an den Dnjepr-Strand oder auch zum Rummel, wo die Kinder für ein paar Kopeken Karussell fahren konnten, oder ins Kino.

Kein Wetter hielt uns vom Spazieren ab. Zu Hause hielt uns wahrhaftig nichts, den Fernseher schalteten wir nur selten an und an elektronisches Spielzeug war überhaupt nicht zu denken, wir bekamen ja nicht einmal mehr ganz normales traditionelles Kinderspielzeug, wie Autos, Spiele, Baukästen und Puppen in den Läden zu kaufen. Das Warenangebot der Spielzeuggeschäfte war einfach jämmerlich und unansehnlich. Wir konnten den Kindern doch nicht zu allen Anlässen rote Plastiksäbel kaufen!

Unser tägliches Brot

Ende 1989 zeigte sich mit erschreckender Deutlichkeit, dass die von Gorbatschow begonnene sogenannte Perestroika zum Scheitern verurteilt und das totalitäre System nicht reformierbar war. Während immer lauter nationalistische Töne erklangen und man in gewissen Kreisen zur vorsorglichen Planung der Verteilung des „zerbröckelnden Kuchens" überging, hatten die Schöpfer des gesellschaftlichen Reichtums und ihre Familien die Folgen des Zerfalls mit aller Härte zu tragen.

Die permanent schlechte Versorgungssituation, die sich mit der Zeit auf sämtliche Warengruppen auswirkte, brachte mit sich, dass besonders die Frauen praktisch ihre gesamte freie Zeit für die Beschaffung von Lebensmitteln aufzuwenden gezwungen waren.

In den staatlichen Geschäften gähnten leere Vitrinen, denn ein bedeutender Teil der Ware gelangte gar nicht erst in den Handel, sondern wurde von den Verkäuferinnen für den eigenen Verbrauch zurückgelegt oder „unter dem Ladentisch" verkauft. Brot war so gut wie das einzige Nahrungsmittel, das man noch nicht zu den Defiziten rechnen musste. Obst, Gemüse, Fleisch und Wurst konnten nur noch auf dem Markt erstanden werden.

Jeden Samstag zogen Scharen von Familien mit ihren Einkaufstaschen auf den Markt der „Baburka", um wenigstens für das Wochenende Fleisch und Gemüse einzukaufen. Lange Schlangen bildeten sich vor allem am Wurststand, wo man Fleischkonserven, verschiedene Sorten Räucherwurst und Kochwurst kaufen konnte – wenn man den richtigen Zeitpunkt abpasste.

Da die vorhandenen Warenvorräte begrenzt waren, kam es in der Warteschlange ständig zu Auseinandersetzungen. Es brauchte nur der Verdacht entstanden sein, dass sich jemand auf unlautere Weise seinen Platz in der Schlange erschlichen hatte, und schon begann ringsherum ein gereiztes, immer heftiger werdendes Gezeter, als hätten die

Menschen nur auf einen Anlass gewartet, um ihren Frust herauszulassen. So mancher machte seinem Unmut mit deftigen, beleidigenden Äußerungen, die im wahrsten Sinne des Wortes unter die Gürtellinie gingen, Luft.

Man sagt, dass die Russen von den mongolischen und tatarischen Herrn, die vom dreizehnten bis fünfzehnten Jahrhundert in Russland herrschten, die Mutterflüche übernommen hätten. Schon immer galt ihr Gebrauch in der Öffentlichkeit als Zeichen einer schlechten Kinderstube, und wenn es sich schon nicht vermeiden ließ, dann war es ausschließlich Männern vorbehalten, sich auf diese unschöne Weise zu erleichtern. Ein Mutterfluch aus einem Frauenmunde galt als Ausgeburt der Sittenlosigkeit.

Die Furcht, die gewünschte Ware nicht mehr zu bekommen, und der daraus resultierende Frust ließen selbst die inzwischen betagten medaillengeschmückten Kriegsveteranen nicht mehr ungeschoren. In den Glanzzeiten der Sowjetunion hätte es unter keinen Umständen jemand gewagt, einen alten Mann, dessen Brust von seinem aufopferungsvollen Dienst Zeugnis ablegte, respektlos zu begegnen. Im Gegenteil, Kriegsveteranen wurde in jedem Geschäft eine bevorzugte Bedienung eingeräumt und zu den sowjetischen Feiertagen waren allein die Veteranen des Großen Vaterländischen Krieges und der Arbeit berechtigt, in den separaten Abteilungen mit der Aufschrift „Nur für Kriegs- und Arbeitsveteranen" Lebensmittel einzukaufen, auf die man als Nichtveteran nur ein staunendes Auge werfen konnte. Die Krise ließ nun auch die ehemaligen Krieger in die Kategorie der Schwachen und Benachteiligten abrutschen, denen in kritischen Situationen nichts weiter übrig blieb, als den Beleidigern hilflos mit dem Gehstock zu drohen.

Während die Obst- und Gemüsepreise in der warmen Jahreszeit noch einigermaßen erschwinglich waren, musste man sich in den Wintermonaten tatsächlich auf das Notwendigste beschränken. Wir kauften gerade soviel, um den Kindern auch während der kalten Jahreszeit eine geschmackliche Abwechslung zu bieten und die notwendige Vitaminzufuhr zu gewährleisten. Manchmal saßen wir selbst nur bei Brot und Speck, der auf dem Markt noch preiswert verkauft wurde, und tranken dazu Kaffee, den die Mutter in einem der regelmäßig eintreffenden Päckchen schickte. Aufgrund meiner Arbeitszeit im Maschinenbauinstitut, die neun Uhr begann, wenn die Läden öffneten, und am Nachmittag endete, wenn die Waren in den Läden bereits ausverkauft waren, bot sich mir nur selten die Möglichkeit, ausgiebig zu „shoppen", um zu Hause eine vollwertige Mahlzeit anbieten zu können. In der reichen Ukraine, einst Kornkammer des Russischen Reiches, wurden wir mit einem Mangel an Nahrungsmitteln konfrontiert!

Glücklicherweise wurden die Kinder im Kindergarten ausreichend verpflegt. Sie bekamen jeden Morgen ihren Grießbrei oder einen Teller Buchweizengrütze mit Milch, dazu ein Stück Brot, zum Mittag einen Teller Suppe mit Brot und anschließend das meist aus Kartoffelbrei oder Grütze, Fleischklopsen oder Fisch und Weißkrautsalat bestehende Hauptgericht, am Nachmittag Tee und Plätzchen. Ich musste also nur für das Abendbrot und die Wochenendmahlzeiten sorgen. Und so verbrachte unsere Familie jeden Sonnabendmorgen mehrere Stunden auf dem Markt und in den Läden auf der Suche nach Lebensmitteln und wir schätzten uns glücklich, wenn wir mit vollen Netzen den Rückweg antreten konnten.

Oft fuhr ich nach dem Mittagessen, wenn die Kinder Mittagsschlaf hielten, noch einmal in den Selbstbedienungsladen, das „Universam", um mit etwas Glück Eier, Limonade, Kochwurst oder Süßigkeiten zu ergattern und die Kinder damit beim Aufstehen zu überraschen. Eine Zeit lang waren geräucherte Hähnchen, die die Hausfrauen aufgrund ihrer Magerkeit ironisch „Sportlerinnen" nannten, der Verkaufsschlager. Neben der Magerkeit wiesen diese Hähnchen beinahe solche Festigkeitsparameter auf, die wohl kaum hinter dem Geflügel aus dem Spielfilm „Brust oder Keule" mit Louis de Funes zurückstanden. Nach zweimaligem „Genuss" dieses gummiartigen, graubraunen Fleisches riskierte ich keinen dritten Versuch mehr.

Die Ausdehnung der Verkaufsfläche des „Universam" stand in keinem Verhältnis zum Warenangebot. Das Sortiment zeichnete sich durch Konstanz aus, die nur durch die wieder und wieder auftretenden Engpässe unterbrochen wurde. Die Ware kam in Metallgitterwagen in den Verkaufsraum, wo sich Wagen an Wagen aneinanderreihte, in dem die Lebensmittel, in Beutel verpackt, übereinander lagen: Nudeln,

Pfefferkuchen, Hirse, Brotwaren, Karamellbonbons, Reis etc. Es gab kein Verkaufspersonal, das die Ware in Regale hätte sortieren müssen, denn die frischgelieferten Lebensmittel in den Wagen waren umgehend vergriffen, während die Verkaufsartikel in den reichlich vorhandenen übermannshohen Metallregalen – Dreilitergläser mit Apfelsaft, Birkensaft, eingelegten Tomaten, diversen Pürees usw. – reine Staubfängerfunktion erfüllten.

Außerdem gab es noch eine kleine „Zaubertruhe", ähnlich den Kühltruhen in unseren Supermärkten. Darüber befand sich ein Schiebefenster. Diesen Teil des Ladens ließ ich beim Beladen meines Einkaufskorbes mit Gläsern und Beuteln nie aus dem Blickfeld. Bemerkte ich dort eine Menschenansammlung, eilte ich sofort dorthin, denn das bedeutete, dass in Kürze verpackte Kochwurststücken, Blut- oder Leberwurst, Sülze oder sogar Fleischknochen für die Suppe durch die Fensterklappe in die „Zaubertruhe" poltern würden. Aus der Truhe wanderten sie augenblicklich in die Einkaufskörbe. Wer zu spät kam und nicht rechtzeitig zugriff, hatte das Nachsehen.

Wenn ich nach erfolgreichem Einkauf im „Universam" mit zwei vollen Taschen an der zugigen Bushaltestelle stand und in Gedanken schon die Mahlzeit zubereitete, ließ sich auch der eiskalte Wind ertragen, der die Hände langsam erstarren ließ. Selbst das Gedrängel im Bus und das Stehen mit den Taschen während der schlingernden Fahrt durch die „Baburka" konnten die zufriedene Stimmung nicht verdrängen. Es gab aber auch Sonnabende, an denen ich das „Universam" nur mit Mineralwasser und einem Würfel Margarine verließ.

Einen Einkauf, den ich im Winter des Jahres 1990 tätigte, werde ich wohl nie vergessen. Ich fuhr ein paar Tage nicht zur Arbeit, weil beide Kinder erkältet waren und somit nicht den Kindergarten besuchen konnten. Ich hatte also für die drei Mahlzeiten täglich selbst zu sorgen und dementsprechend Lebensmittel einzukaufen. In den Geschäften gab es bedauerlicherweise keine Fertiggerichte oder Halbfabrikate wie in den Supermärkten der westlichen Welt, so dass jeder Nahrungsmittelbestandteil und jede Zutat, seien es die Grundnahrungsmittel, Gemüse, Zutaten oder Gewürze einzeln zusammengetragen werden mussten. Das für die Kinder wichtigste Nahrungsmittel war natürlich die Milch.

Ich begab mich an jenem Morgen extra früh auf die Suche nach Milch und hatte auch das Glück, in einem der Milchgeschäfte gerade zur rechten Zeit, also kurz nach der Warenlieferung, einzutreffen. Da es kein Selbstbedienungsladen war, stellte ich mich in der Schlange an und bestellte, als ich endlich an die Reihe kam, vier Flaschen Milch, gleich zwei Flaschen mehr, denn wer wusste schon, ob ich am nächsten Tag wieder Milch bekommen würde. Die Verkäuferin, eine jüngere, grell geschminkte Frau mit einem weißen Häubchen auf dem Kopf, blickte mich an und verlangte kurz angebunden: „Die Bescheinigung!"

Ich glaubte, mich verhört zu haben und frage verständnislos nach: „Welche Bescheinigung denn?" – „Die Bescheinigung, dass Ihre Kinder nicht organisiert sind." Ich begriff überhaupt nicht, wovon die Rede war, ich wollte doch Milch kaufen. Ich kam mir ziemlich dumm vor, weil ich noch einmal nachfragen musste, was das bedeutete – „nicht organisiert zu sein" und wiederholte gleichzeitig meine Bestellung. Nun schon ungehalten über so viel Unverstand, klärte mich die Verkäuferin endlich auf, dass ich eine Bescheinigung vorzuweisen hätte, als Nachweis, dass meine Kinder keinen Kindergarten besuchten.

Langsam dämmerte mir, dass ein ganz bestimmter Zusammenhang zwischen der Milch, die ich kaufen wollte und der geforderten Bescheinigung bestand. Da ich nun einmal schwer von Begriff war, ließ ich mich aufklären: „Kinder, die im Kindergarten organisiert sind, bekommen dort ihre tägliche Milchration. An die Mütter organisierter Kinder darf aufgrund der knappen Lieferungen keine Milch verkauft werden. Milch wird nur an Mütter nicht organisierter Kleinkinder verkauft, die einen entsprechenden Nachweis der Stadtbezirksverwaltung vorlegen können, und auch dann nur in begrenzter Menge. Wo also haben Sie Ihre Bescheinigung, dass Ihre Kinder unorganisiert sind?"

Solch ein Schriftstück konnte ich bedauerlicherweise nicht vorweisen. Mit vor Aufregung zitternder Stimme wagte ich die Entgegnung, dass meine organisierten Kinder zurzeit krank zu Hause im Bett lagen und deshalb nicht im Kindergarten ihre Milch bekommen konnten und dass gerade kranke Kinder für ihre Genesung Milch mit Honig trinken müssten. Meine Argumentation beeindruckte die Verkäuferin überhaupt nicht, vielleicht hatte sie keine Kinder. Schnippisch wiederholte sie, ohne Bescheinigung gäbe es keine Milch und basta. Damit wandte sie sich der nächsten Kundin zu.

Da stand ich nun mit leerem Einkaufsbeutel ohne Milch, und mein Blick erfasste unwillkürlich die hinter dem Ladentisch übereinander aufgebauten eisernen Kästen mit den Milchflaschen, die in kurzer Zeit ihre Käufer gefunden haben würden. Todsicher hatten die Verkäuferinnen rechtzeitig für sich und ihre Verwandten und Bekannten das weiße Gold zurückgestellt, es kontrollierte ja keiner, wieviel gelieferte Ware über dem Ladentisch und unter dem Ladentisch verkauft wurde. Dieser Willkür stand ich vollkommen hilflos gegenüber. Ich war in dieses Land gekommen, um zu leben und zu arbeiten wie alle und nun hatten meine Kinder keinen Anspruch auf Milch, eine Frau gönnte ihnen nicht einmal eine Flasche dieser weißen Kostbarkeit, *weil sie krank waren.*

Was hätte ich tun sollen? Formell war die Verkäuferin ja im Recht, man hätte mich immer wieder auf die Verordnung über die organisierten und unorganisierten Kinder hingewiesen. Übrigens wäre ich in diesem Augenblick überhaupt nicht imstande gewesen, etwas zu unternehmen, denn mein Hals war wie zugeschnürt, die Tränen brannten in den Augen und ich verließ wortlos den Laden. Die Kränkung, die nicht mir, sondern meinen Kindern unverdient widerfahren war und von der sie zum Glück nichts wussten, saß tief. Ich hasste auf einmal dieses System, das die Menschen dazu zwang, sich wegen der Defizite ständig zu erniedrigen und erniedrigen zu lassen. Diese selbstzerstörerische Gesellschaft, die sich hochstaplerisch als „entwickelt sozialistisch" bezeichnete, wäre in diesem Moment in meinen Augen den Knüppel nicht wert gewesen, mit dem man sie in Stücke hätte schlagen sollen. Ich fand im Geiste die schlimmsten Schmähungen für dieses Geschäft, die Verkäuferin und das Land selbst, führte lange stumme Dialoge mit den Schuldigen an dieser Situation – und konnte doch nicht das Geringste tun.

Das grundlegendste Defizit dieser Gesellschaft war von Anfang an das Demokratiedefizit gewesen, das den Volkswillen ausgeschaltet und im Verlaufe der Jahrzehnte wesentlich dazu beigetragen hatte, dass zaghafte Versuche, die Wirtschaft zu reformieren, auf den erfolgreichen Widerstand reformfeindlicher Schichten stießen und die Menschen der

Arbeit zu einem puren Nichts degradiert wurden. Wohlstand und Gerechtigkeit für alle Mitglieder der Gesellschaft waren Illusion, der Drang nach Macht und Machterhaltung traten jedes ehrliche Bestreben nach Veränderung mit Füßen. Den sowjetischen Sozialismus und die Kategorie „Humanismus" – Menschlichkeit – in einem Atemzug genannt, bedeutete Feuer und Wasser zu vereinen. Die solidarische Gemeinschaft starker, freier Individuen blieb unerfüllte Marx`sche Vision.

Und der „Homo sovieticus", das Erziehungsprodukt der sowjetischen Umstände, rebellierte nicht, wehrte sich nicht, duldete und litt, und wenn er von Zeit zu Zeit des Schweigens überdrüssig wurde, knurrte er böse vor sich hin oder er vergriff sich – weil falsch programmiert – an den eigenen Artgenossen.

Dieses System war eine böse Karikatur auf den Sozialismus und der „Homo sovieticus" seine Ausgeburt. Ich begriff an diesem Tag erst richtig, dass nur noch ein Wunder dieses Land vor der Katastrophe retten konnte.

Umbrüche

Das Weihnachtsfest des Jahres 1989 feierte unsere Familie gemeinsam mit den Verwandten, die wir in unsere Wohnung eingeladen hatten.

Diese hatten keine Vorstellung davon, wie die Deutschen Weihnachten begehen, denn in der Sowjetunion galten die Weihnachtsfeiertage nicht als offizielle Feiertage. Am 24., 25. und 26. Dezember gingen die Menschen ihren alltäglichen Beschäftigungen nach, und am 26. Dezember 1982 hatte unsere Studiengruppe sogar die Semesterprüfung im Fach „Geschichte des Alten Orients" ablegen müssen. Auch die Lehrveranstaltungen dauerten an diesem Tag wie immer für alle Studenten bis in die Abendstunden.

Wer hier trotzdem traditionell Weihnachten beging, der feierte nach dem alten russisch-orthodoxen Kalender zwei Wochen später. Und der weitaus wichtigere Anlass zum Feiern war der Jahreswechsel, der unter der riesigen geschmückten Tanne mit der Vergabe von Geschenken begangen wird.

Von meinen Eltern waren rechtzeitig Päckchen mit Süßigkeiten und kleinen Geschenken für die Kinder eingetroffen, so dass wir etwas unter den auf dem Markt erstandenen Weihnachtsbaum zu legen hatten. Zum Abendbrot trug ich Kartoffelbrei mit Gulasch (das Fleisch hatten wir der Schulküche des Gymnasiums abgekauft und in mundgerechte Stückchen geschnitten) und Weißkrautsalat auf und stellte die Schüsseln auf den kleinen Campingtisch mit der Tischplatte von zirka einem Quadratmeter, während Gastgeber und Gäste die Teller auf den Knien hielten. Das tat der festlichen Stimmung keinen Abbruch. Anschließend tranken wir nach russischem Brauch Kaffee und aßen eine kleine selbstgebackene Haselnusstorte, deren Zutaten aus den Päckchen stammten.

Die Verwandten hatten aus dem Betrieb, in dem sie arbeiteten, eine Flasche Sekt mitgebracht. Die Kinder liefen aufgekratzt mit Püppchen und Spielzeugauto durch die Wohnung. Es war richtig gemütlich in unserem Wohn-Schlafzimmer.

Am nächsten Tag übertrug das sowjetische Fernsehen Dinge, die nicht recht zur Weihnachtsstimmung passen wollten. Wir sahen den rumänischen Diktator Ceaucescu mit Ehefrau Elena, die – natürlich nicht allein – ihr Land in den Ruin herabgewirtschaftet und selbst in Saus und Braus gelebt hatten. Der Reporter filmte Nicolae Ceaucescu in einer Haftanstalt, man sah ihn hemdsärmelig und guter Dinge, mit einem zuversichtlichen Lächeln im Gesicht. Augenblicke darauf ein neues Bild – Nicolae Ceausescu auf dem Gefängnishof liegend – tot. Wir waren von der Unerbittlichkeit der Situation schockiert. In Rumänien hatte der Volkszorn oder ein Tribunal mit dem Hauptschuldigen also kurzen Prozess gemacht.

In der Sowjetunion gab es zwar keinen Volkszorn, aber wir spürten, dass unabsehbare Veränderungen auf uns zukamen; so wie es jetzt war, konnte es keinesfalls bleiben. In der DDR, auch das erfuhren wir aus den sowjetischen Medien, hatte man die Grenzen geöffnet und war sich noch nicht recht einig, wohin der weitere Weg führen sollte. Alles war ungewiss. Wir konnten nicht voraussehen, was uns das Jahr 1990 bringen würde. Den Übergang in das neue Jahrzehnt feierten wir verhalten.

Während der Winterferien 1990 fuhr ich das erste Mal seit unserem Umzug nach Hause. Vorher gab es eine Formalität zu erledigen – ich musste für die Reise in mein Heimatland bei der Pass- und Visastelle in Saporoshje ein Visum beantragen. Das Visum bekam ich für einen bestimmten Zeitraum ausgestellt, es berechtigte mich zur Ausreise aus der Sowjetunion zwecks Einreise in die DDR und zur Ausreise aus der DDR zwecks Einreise in die Sowjetunion.

Selbstverständlich hatte ich den Visumsantrag bereits vor mehreren Wochen abgegeben und mich mehrmals telefonisch und persönlich in der Visastelle erkundigt, ob die Bearbeitung abgeschlossen sei. Ob man in mir einen verkappten Spion vermutete? Aber die Zeiten des offenen Misstrauens Ausländern gegenüber waren eigentlich vorbei. Wahrscheinlicher schien, dass die bürokratischen Mühlen so langsam mahlten, weil ich mich der hier üblichen Mitwirkungspflicht entzogen hatte, indem ich der geschminkten blonden Dame, die hier das Sagen hatte, ein Präsentchen vorenthielt. Die Behörden setzten diese Geste bei Ausländern stillschweigend voraus.

Nach mehrmaligem Anlauf gelang es mir, bis zur besagten Dame vorzudringen, denn vordem war ich jedes Mal an ihrer ledergepolsterten Bürotür abgewiesen worden. Ich musste ihr die Fahrkarte nach Kiew und Berlin vorweisen, um glaubhaft zu machen, dass ich tatsächlich nach Hause fuhr. Da man das Visum nicht auf ewig zurückhalten konnte und den Schein der Seriosität wahren wollte, brauchte ich das wichtige Gebäude diesmal nicht mit leeren Händen verlassen.

Ich traf in einem Land ein, das nicht mehr das war, welches ich vor einem halben Jahr verlassen hatte. Die Ereignisse des letzen Vierteljahres hatten die Menschen aufgewühlt. Sie waren unausgeglichener als früher, gereizt, auch schadenfroh und gnadenlos. Vieles, was früher nicht gesagt werden durfte, gab man nun laut und genießerisch zum Besten. Selbst im katholischen Glauben und Geist der Nächstenliebe erzogene Bürger lechzten nach Rache an „den Roten". Unsicher und abwartend ging ich die ersten Schritte in dieser für mich neuen Welt, die besser werden sollte als die alte. Alte Zöpfe fielen – neue Perücken wurden übergestülpt.

Bei einem Friseurbesuch in meiner Heimatstadt fing ich ein Gespräch zwischen Friseur und Kunden auf, in dem über die gestürzten Kommunisten hergezogen wurde. Die vom Friseur an die aufmerksam lauschenden Kunden gestellte makabre Rechenaufgabe, „was denn fünf Rote Socken minus fünf Rote Socken seien", wurde von allen einhellig triumphierend richtig beantwortet. Der Spieß ward umgedreht, die Aufarbeitung der DDR-Geschichte konnte beginnen!

Der Beantwortung der Frage folgte allgemeines hämisches Gelächter. Offenbar fühlte nur ich mich von dieser Szene unangenehm berührt. Diese Stimmung erinnerte mich irgendwie an die Zeiten der Menschenverfolgungen und jagte mir einen Schauer des Unbehagens über den Rücken. Genau genommen musste ich mich auch zu den Roten Socken zählen, ich hatte immerhin ein rotes Halstuch getragen, in der roten Sowjetunion studiert und einst ein rotes Parteibuch besessen. Würde mich nun mein roter Kopf verraten? Würde es eine Hexenjagd auf diejenigen geben, die in der DDR einst die „Diktatur des Proletariats" verkörperten? Die Abrechnung würde gewiss nicht nur die Schuldigen treffen.

Zunächst sah es nicht so aus. Auf politischer Ebene ging man sachlich an die Dinge heran. Es gab kein Revolutionsgericht wie in Rumänien, das die ehemaligen Machthaber kurzerhand ins Jenseits beförderte. Man hatte den Runden Tisch geschaffen, an dem Dutzende Parteien und Organisationen der DDR vereint um die Lösung der Probleme des Landes bemüht waren.

Die Tätigkeit des Runden Tisches beeindruckte mich so, dass ich mir vornahm, den Studenten des Maschinenbauinstituts davon zu berichten. Diese Art der Demokratie hatte bisher weder die DDR noch die Sowjetunion gekannt. In der Sowjetunion begann man erst jetzt vorsichtig von Pluralismus zu reden. Hier war Pluralismus momentan Realität. Man konnte nur hoffen, dass dieses Gremium als Garant für die Meinungsvielfalt und demokratische Entscheidungsfindung bestehen bleiben würde.

Auf meinem ersten Trip ins benachbarte Niedersachsen bekam ich keinen Kulturschock wegen der ungewohnten Warenfülle. Wohl in der Annahme, dass ich, die ich in den letzten sechs Jahren nur leere Geschäfte gesehen hatte, beim Anblick des westlichen Überflusses einen seelischen Knacks wegbekommen könnte, hatten mich Nachbarn und Bekannte rechtzeitig darüber aufgeklärt, was mich im Westen erwarten würde.

Voraussetzung für einen Einkauf im Westen war allerdings das Vorhandensein von Deutscher Mark-Währung in meinem Portemonnaie. Also schickte ich mich an, das Begrüßungsgeld, das jedem DDR-Bürger zustand, abzuholen. Das setzte, wie konnte es anders sein, die Vorlage des Personalausweises voraus, aber diesen hatte ich beim Empfang des Reisepasses bei der Ausreise in die Sowjetunion abgeben müssen. Ohne Ausweis gab es aber kein Begrüßungsgeld und den Ausweis wollte man mir partout nicht wiedergeben. Wieder einmal hatte ich mit Frust zu kämpfen – dort verkaufte man mir aufgrund einer fehlenden Bescheinigung keine Milch, hier sollte ich wegen meines nicht vorhandenen Personalausweises auf das Begrüßungsgeld verzichten. Zum Teufel mit der Bettelei und den Defiziten!

Irgendjemand mit Herz zeigte dann nach langem Hin und Her doch Verständnis für mein eindringliches Begehren und ich erhielt auf meinen schmucken blauen DDR-Reisepass hin mein erstes „Westgeld". Dieses setzte ich alsbald vor allem in Süßigkeiten und kleine Spielsachen für die Kinder um. Obwohl meine erste Bekanntschaft mit dem Westen keine traumatischen Folgen hervorrief, hinterließen der Anblick der Warenfülle und die Umgangskultur, besonders der höfliche Ton in den Geschäften der Bundesrepublik, bei mir einen positiven Eindruck. Aber den Rasen fand ich dennoch nicht grüner als bei uns.

Seitdem ich den rüden Ton der sowjetischen Behörden und Verkäufer für eine Zeitlang hinter mir gelassen – und beinahe vergessen – hatte, weilte ich wie in einer anderen Welt. Bald aber musste ich wieder zurück nach Saporoshje, ich fuhr praktisch aus dem Ungewissen ins Ungewisse.

Für die DDR und ihre Menschen wünschte ich mir, dass das Leben leichter werden würde und der Pluralismus des Runden Tisches erhalten bliebe. Dann würde alles gut werden. Es schien eine Zeit der Hoffnung zu sein, der Aufbruch bot die Chance, vieles besser zu machen als früher. Blühende Landschaften sollten in nicht allzu ferner Zukunft Realität werden. Daran glaubte man gerne.

In der zerfallenden UdSSR glaubten die Menschen allerdings an nichts mehr, nicht einmal mehr an sich selbst.

Das Grenzregime an den Grenzen zwischen den ehemaligen Sowjetrepubliken ist ein Überbleibsel des alten bürokratischen Apparates der Sowjetunion. Es perfektioniert sich von Jahr zu Jahr und profitiert noch von dem Kadavergehorsam des Homo sovieticus. Auch ein Überbleibsel der alten Zeit.
Ich schiebe eine Kassette in den Autorecorder und drehe extra laut, damit die Grenzer auch etwas davon haben. Sie sollen an Zeiten erinnert werden, als die Menschen begannen, die Wahrheit über sich, ihren Staat, die Partei und ihre Geschichte zu begreifen. Laut schallt es aus den weit geöffneten Fenstern unseres Fahrzeugs:

„Ich bin heute nicht mehr der, der ich gestern war.
Frischer Wind hat meine Flügel aufschwingen lassen.
Die alte Haut an den Nähten aufreißend,
umarme ich in der neuen Haut den weiten Himmel.
Der frische Wind – er weht nicht von ungefähr,
er schüttelte den Staub ab und stieß das Fenster weit auf.
Lange habe ich vom frischen Wind geträumt,
frischer Wind, du und ich – wir sind eins.

Ein frischer Wind hat sich erhoben
ein frischerer Wind, den ich schon lange will.
ein frischer Wind hat sich erhoben,
ein frischerer Wind, von dem ich lange geträumt.

Ich erzähle ihm, wie das mit mir war,
wie man mich von der Freiheit heilen wollte,
wie man wollte, dass ich blind sei,
dem Blinden etwas zu nehmen ist ja so leicht.
Wie man alles für mich entscheiden wollte,
wie ich mich kleiden sollte,
wo ich zu wohnen und wie ich zu atmen hatte,
wie man mir verbieten wollte zu träumen,

aber nun bin ich nicht mehr zu halten.

Ich bin heute nicht mehr der, der ich gestern war,
ich bin hungrig, aber fröhlich und grimmig,
denn ich habe heute nichts zu verlieren,
heute haben andere etwas zu verlieren.
In des Windes Liedern sind die Gedanken so einfach,
es gibt keine andere Wahrheit als den Himmel,
dieses Lied erklingt von oben zu mir herab,
und wer es nicht hört, der ist einfach taub.

Dieses Lied, gesungen von Oleg Gasmanow, war Anfang der neunziger Jahre das Aufbruchslied. Man versuchte, sich von der Vergangenheit zu befreien und ein neues Selbstbewusstsein zu entwickeln. Der frische Wind erhob sich zum Sturm – am Ende aber nur von oben – und ließ die Nähte der Union zerreißen wie die im Lied besungene Haut. Wenig später ebbte er dann zum Lüftchen ab. Am Boden wurden nur die Blätter ein wenig durcheinandergewedelt. Heute spüren wir keinen Sturm mehr, sondern wieder Apathie und Hoffnungslosigkeit. Es leben die alten Zeiten! Wie an der Dekadenwende in der Ukraine, damals noch Unionsrepublik. Noch ein Jahr.

Philosophie und Todesmusik

Wieder zurück in Saporoshje, lag ich erst einmal einen Tag flach. Das passierte mir zum ersten Mal, und später, wenn ich nach längerer Abwesenheit in die Stadt zurückkehrte, immer wieder.

Die Symptome – Fieber bis knapp 40 °C, Schüttelfrost, Mattigkeit – hielten vierundzwanzig Stunden an und verschwanden wieder, ohne irgendein Unwohlsein zu hinterlassen. Ob das mit der besonderen Luft der Stadt zusammenhing?

Nach den Ferien musste ich mich wieder den Seminarvorbereitungen für das neue Semester widmen. Der Historische Materialismus als Themenkomplex stand bevor, und diesen konnte ich nach den politischen Geschehnissen der jüngsten Vergangenheit in Ost- und

Mitteleuropa verständlicherweise nicht mehr in der jahrzehntelang praktizierten Manier abhandeln.

Auf alle alten Quellen und Inhalte konnte und wollte ich aber nicht verzichten, denn ich war nach wie vor überzeugt, dass sich nur mit Hilfe der materialistischen Methode der Geschichtsbetrachtung, die auf Marx und Engels zurückging, ein weitgehend objektives Gesellschaftsbild zeichnen ließ. Der Marx'sche Satz, dass die Menschen erst essen, trinken, sich kleiden und wohnen müssen, bevor sie in der Lage sind, sich mit Politik, Wissenschaft und Kunst zu beschäftigen, stimmte zutiefst. Den Beweis erbrachte die tägliche Realität.

Dennoch konnte ich die Studenten, die, wie wir alle, mit der ungewissen Lage konfrontiert wurden, nicht mehr nur mit Marx, Engels und Lenin abspeisen und ihnen den Historischen Materialismus als Dogma, so wie ich ihn noch an der Universität gelehrt bekommen hatte, anbieten.

Ich musste mich selbst belesen, die aktuellen Ereignisse in einen Rahmen einordnen und alternative Denkweisen mit in den Stoff einbauen. So saß ich jeden Morgen auf dem großen Bett im Wohnzimmer, mitten zwischen Lehrbüchern und Philosophenbiografien und beschrieb Blätter und Zettel, um selbst Klarheit über Vorgänge zu gewinnen, die kaum jemandem klar sein konnten.

Draußen strahlte ein wolkenloser blauer Winterhimmel. Es war bitterkalt und ich war froh, eine Beschäftigung zu Hause zu haben. Gerade war ich damit beschäftigt, mich in die Interpretation des Freiheitsbegriffes als philosophische Kategorie, die im Verlaufe dieses Semesters behandelt werden würde, hineinzulesen, als durch die geschlossenen Fenster von der Straße her ein allmählich anschwellender unmelodischer Lärm in die kreative Stille meines Zimmers drang, der mir einen Schauer über den Rücken jagte.

Als die schrille Orchestermusik direkt unter unserem Balkon zu hören war, hielt ich es nicht mehr aus, stand vom Bett auf, ging zum Balkon, öffnete die Tür und beugte mich mit einem Gemisch von Neugier und Furcht hinaus, denn ich wusste aus Erfahrung, was der Lärm bedeutete. Über die Balkonbrüstung blickte ich in ein gelbes Totengesicht.

Es war nicht das erste Mal, dass ein Leichenzug an unserem Haus vorüberzog. In unserem Haus wohnten so viele, auch alte, Menschen, dass es öfter vorkam, dass jemand starb und auf den letzten Weg gebracht wurde.

Der Tradition entsprechend bahrten die Angehörigen den Toten in seiner Wohnung auf, bis er am Tage der Beerdigung, ansehnlich hergerichtet, im feierlich geschmückten Sarg aus der Wohnung auf die Straße getragen und in einen offenen Wagen gelegt wurde. Von Orchestermusik und Angehörigen, Freunden und Nachbarn begleitet, ging es durch die Straßen der Stadt. Später brachte dann ein kleiner Bus den zugedeckten Sarg nebst Angehörigen zum Friedhof, wo die Bestattungszeremonie erfolgte. Unmittelbar vor dem Moment, da der tote Mensch der Erde zurückgegeben werden sollte, schraubte man ein letztes Mal den Sargdeckel ab, damit sich die nahen Angehörigen für immer von ihm verabschieden konnten. Unter den Wehklagen der schwarzvermummten weiblichen Angehörigen ließen dann die männlichen Verwandten den Sarg in die Tiefe hinab. Diese ergreifenden Augenblicke wurden fotografisch festgehalten und die Fotografien in das Familienalbum eingeklebt.

Zum anschließenden Leichenschmaus versammelten sich nicht nur die Verwandten des Verstorbenen, sondern auch Freunde, Nachbarn und gute Bekannte. An einer langen gedeckten Tafel gedachte man gemeinschaftlich des Toten, indem sich die Trauergesellschaft, bevor sie zum Schmaus überging, still von ihren Plätzen erhob und zum Angedenken ein Gläschen Wodka leerte.

Dem Brauch gemäß trafen sich Angehörige und Freunde des Toten nach vierzig Tagen noch einmal, um des Toten an dessen Grabstätte zu gedenken, weil dessen Seele nun den Körper verlassen hatte und in die Ewigkeit eingegangen war. Es war also die Seele, auf deren Heil man diesmal das Glas zu leeren hatte. Gab es in der Nähe eine Kirche, konnte man dort zum Gedenken ein paar der schmalen weißen Kerzchen anzünden und im stillen Gebet verharren.

Nach diesem aufwühlenden Zwischenspiel, das mich seelisch ein wenig aus dem Gleichgewicht gebracht und zum ernsthaften Nachdenken über den Sinn des Lebens und den Tod angeregt hatte, widmete ich mich erneut den Seminarvorbereitungen.

Mit der Zeit begann ich, die sich im Bereich der Gesellschaftswissenschaften vollziehende Belebung und die Möglichkeiten einer freieren Unterrichtsgestaltung zu schätzen. Der dogmatische Phrasenbrei der alten Lehrinhalte beeindruckte weder Lehrkräfte noch Studenten, da er der gesellschaftlichen Wirklichkeit krass widersprach.

Es begann die Suche nach neuen, alternativen Erklärungen der Dinge, die in die Tiefen des Jahrtausende alten philosophischen Denkens führte, denn wer, wenn nicht die Philosophen, die sich stolz Liebhaber der Weisheit nannten, sollte die Prozesse, die wir als Zeitzeugen emotional erlebten, in rationale Schemata kleiden?

Die Geschichte der Philosophie bot ungezählte Ansätze und Möglichkeiten, das Sein zu interpretieren, sei es vom materialistischen oder idealistischen Standpunkt aus. In dieser Beziehung gingen die Philosophenmeinungen schon immer auseinander. Man konnte sich dem Pessimismus und der Passivität ergeben, indem man dem Menschen eine ihm innewohnende Schlechtigkeit zuschrieb. Für andere bot der Glaube an höhere Mächte den Ausweg aus dem Chaos der Gesellschaft und des eigenen Lebens. Während die einen an der Gesetzmäßigkeit der gesellschaftlichen Entwicklungsprozesse festhielten, zogen es andere vor, Spontanität und Chaos des gesellschaftlichen Seins zu beschwören. Es fiel ungeheuer schwer, die persönlichen Erfahrungen mit dem eigenen Wissen und den weltanschaulichen Systemen der alten und neuen Philosophie in gewissen Einklang zu bringen. Bevor die Welt verändert werden konnte, musste sie zunächst interpretiert werden.

Das Streben nach Denkalternativen erweckte den Wunsch, philosophische Schriften im Original zu lesen und sich eine eigene Meinung darüber zu bilden. Mancher Dozent lehnte die alten sowjetischen Lehrbücher verächtlich als „Kaugummi" ab. Damit meinte man die willkürlich vorgegebene Interpretation philosophischer Werke, das Zitieren zusammenhangloser Passagen und deren Umdeutung im Sinne der herrschenden Ideologie.

Es galt außerdem, das Gesicht vor den Studenten zu wahren und um deren Achtung zu kämpfen, denn – zum Glück – ließ sich ein Teil nicht mehr mit den alten Inhalten abservieren und brachte kritische Äußerungen in das Unterrichtsgespräch ein. Wenn auch die Mehrzahl der Maschinenbaustudenten die Philosophie als notwendiges Übel betrachtete und dem Unterricht ein entsprechend mäßiges Interesse entgegenbrachte, so gab es doch Studenten, die das Gespräch suchten und ernsthaft nach einer akzeptablen Wahrheit suchten.

Bis zur Wahrheit – wenn es sie gab – war der Weg weit. Oft mussten wir uns mit der Konstatierung des Unrechts und der Missstände begnügen. Einer der Studenten legte all seinen Frust und seine Sorge in die Zeilen eines selbst verfassten Gedichtes zum Thema Ökologie, in dem er die menschliche Gleichgültigkeit und Verschwendungssucht anprangerte. Ich konnte sein Bemühen und seine Kreativität zwar würdigen, aber die Lösung der Probleme hing leider nicht von uns ab. Die Zeit machte es uns nicht leicht, Fragen zu beantworten und Probleme zu lösen, vor denen selbst die Führung des Landes kapitulierte.

Auf neuen und alten Wegen

Das Frühjahr 1990 brachte deutliche politische Veränderungen, die nicht nur mich beunruhigten. Der im März einberufene Außerordentliche Kongress der Volksdeputierten der UdSSR beschloss die Streichung des Artikels 6 der Verfassung der UdSSR, der das Machtmonopol der KPdSU gesetzlich verankert hatte. Außerdem wurde das Präsidialamt eingeführt und Michail Gorbatschow zum ersten Präsidenten der UdSSR gewählt.

Den Unabhängigkeitserklärungen einiger Sowjetrepubliken, in erster Linie der Baltischen Republiken, folgte am 12. Juni 1990 die Unabhängigkeitserklärung der Russischen Föderation. Auch in der Ukraine machten sich nationalistische Tendenzen bemerkbar. Die nationalistische ukrainische Bewegung „Ruch" gewann immer mehr Sympathisanten und es war vorauszusehen, dass sich früher oder später auch die Ukraine für unabhängig erklären würde. Als Folge hätten wir binnen kurzer Zeit die ukrainische Sprache erlernen müssen, denn eine nationalistische Regierung würde die Verdrängung alles Russischen aus dem gesellschaftlichen Leben durchsetzen.

Zeitgleich mit dem nationalen Aufbruch in der Sowjetunion und dem Streben nach nationaler Eigenständigkeit vollzog sich im Herzen Europas ein entgegengesetzter Prozess: Bereits im Frühjahr 1990 stand nur noch die Frage nach dem Wie der Vereinigung der beiden deutschen Staaten zur Debatte. Während im Osten auseinanderlief, was jahrhundertelang zusammengehört hatte, kam in Mitteleuropa zusammen, was Jahrzehnte getrennt gewesen war. Aus den Zeitungen, die mir meine Eltern nach Saporoshje schickten, erfuhr ich immer mit zirka zwei Wochen Verspätung, wie sich die Ereignisse in der Heimat weiterentwickelt hatten.

Nachdem sich die neuen Bundesländer konstituiert hatten und die Währungs-, Wirtschafts- und Sozialunion auf die Tagesordnung trat, mussten wir uns klarmachen, welche Konsequenzen die Prozesse, die sich in rasantem Tempo vollzogen, für unsere persönlichen Verhältnisse haben würden. Wir hatten Arbeit, wir hatten noch für ein Jahr Wohnraum, früher oder später würden wir uns nach anderem Wohnraum umsehen müssen. Dieses Problem durften wir nicht aus dem Auge verlieren. Viel wichtiger im Moment war, angesichts der bevorstehenden Währungsunion alles zu unternehmen, damit unsere bescheidenen Ersparnisse nicht „den Bach hinunter gingen". Mein Konto auf der Staatsbank existierte nach wie vor, und in Saporoshje hatten wir uns ebenfalls eine kleine Rücklage für alle Fälle geschaffen. Das gesamte Geld, das wir im Juli in D-Mark umzutauschen gedachten, würden wir später für den Kauf von Wohnraum benötigen, falls sich keine andere Möglichkeit ergeben würde.
In Vorbereitung der Währungsumstellung gab es mehrere Probleme zu lösen. Ich war mit den Kindern als DDR-Bürger polizeilich nirgendwo registriert, denn erstens hatten wir ja keine eigene Wohnung mit eigener Wohnanschrift, unter der wir uns hätten registrieren lassen können, und zweitens durfte bei den Verwandten in der kleinen Zweiraumwohnung außer dem Sohn, dessen Wehrdienst in Kürze zu Ende ging, nur noch eine Person zusätzlich gemeldet werden.
Wer aber nicht wohnungsmäßig registriert war, konnte nicht den Fremdenpass, der in der Sowjetunion lebenden Ausländern mit ständigem Wohnsitz zustand, beantragen. Nur die Vorlage dieses

Dokumentes am Bahnhofsschalter ermöglichte es dem Ausländer wiederum, Fahrkarten für Reisen ins Ausland für einheimische Währung zu kaufen. Nach wie vor gab es die Vorschrift, dass Reisende beim Erwerb von Fahrscheinen ihr Personaldokument vorzuweisen hatten, denn der Fahrkartenpreis hing vom Status und von der Staatsangehörigkeit ab. Ausländer ohne Fremdenpass zahlten in harter Währung.

Wir taten den ersten Schritt vor dem zweiten, indem wir zu allererst die meldebehördliche Angelegenheit unkompliziert regelten. Mehrere große Geldscheine wechselten zweimal ihren Besitzer – und unsere gesamte Familie konnte sich als in der Zweiraumwohnung der Verwandten gemeldet betrachten. Von einem Moment zum anderen spielte es keine Rolle mehr, dass die Wohnung mit sieben Personen nicht den vorgeschriebenen Normativen entsprach.

Als Nächstes beantragte ich in der Abteilung für Pass- und Meldewesen einen Fremdenpass. Auf meine vorsichtige Nachfrage hinsichtlich der Bearbeitungsdauer zuckte die blonde Dame ungewiss mit den Schultern. Gut Ding will Weile haben, sollte das wohl heißen.

Das wochenlange Warten störte mich solange nicht, bis die Sommerferien beängstigend näher rückten. Ich brauchte den Fremdenpass, um die Zugfahrkarten für die Kinder und mich nach Berlin mit selbstverdienten Rubeln zu bezahlen, denn über harte Währung verfügten wir leider nicht. Ich fragte wieder und wieder in der Abteilung nach, rannte offene Türen ein – es kümmerte niemanden. Man empfahl mir, nicht ohne Ironie, mich mit einer Beschwerde an den Genossen Gogolenko im Gebietsexekutivkomitee zu wenden. Ich folgte dem Rat und meldete mich im Büro dieses Genossen, der einen hohen Offiziersrang bekleidete, zur Audienz an.

Dieser „Partokrat" – so wurden die bürokratischen Parteifunktionäre im Volk genannt – enttäuschte auch in keiner Weise meine Erfahrungen mit sowjetischen Behörden. Er, der Machtgewaltige, verwies mich auf den Platz, der mir gebührte – den des Homo sovieticus.

Ohne zum Sitzen aufgefordert zu werden, blieb mir keine andere Wahl, als demütig vor dem riesigen Schreibtisch, hinter dem sich der hemdsärmelige Herr verschanzt hatte, zur Salzsäure zu erstarren und mir anzuhören, was er mir kurz und knapp in gleichgültigem Ton und ohne jede Gemütsregung vortrug.

Ich erfuhr endlich aus kompetenter Quelle, dass mich niemand hierhergebeten hatte und dass im Übrigen die Zahl der Ausländer in Saporoshje, die einen Fremdenpass beantragt hatten, so horrend sei, dass die Bearbeitung halt so lange dauere. „Wsjo – alles". Ich hatte nichts zu entgegnen. Der Mann da hatte Recht, und ich war zu unbedeutend und inkompetent, um das Ausmaß meiner Forderung einschätzen zu können. Einen Gruß nach Beendigung des Monologs vernahm ich nicht.

Nicht zum ersten Mal verließ ich eine sowjetische Behörde mit dem verdammten Kloß in der Kehle, der mich kein Wort des Protestes gegen diese Behandlung hervorbringen ließ, mit vor Erregung zitternden Gliedern und einem bitteren Gefühl ohnmächtigen Zornes.

Wenn sich Genosse Gogolenko aber nun in seinem Zimmer schadenfroh die Hände rieb und glaubte, seine behördliche Pflicht erfüllt zu haben und die Deutsche getrost vergessen zu können, so musste er sich am selben Abend eines Besseren belehren lassen.

Ich fand einen Kavalier, der nichts zu verlieren hatte und das tat, wozu mir die Courage gefehlt hatte. Mit ihm zusammen suchte ich noch einmal das Büro auf, und wir warteten im Vorzimmer, bis sich die Tür zum Heiligtum öffnete und einen der „Homo sovieticus" ausspie. Ohne zu zögern oder auf eine Aufforderung zum Eintreten zu warten, stieß der Kavalier die Tür auf, trat ein und schloss sie heftig hinter sich.

Die im Vorzimmer geduldig wartenden Bürger vernahmen in den nächsten Minuten mit ängstlicher Gespanntheit zwei lautstarke Männerstimmen, bis plötzlich die Tür aufflog und ein verstörter Genosse Gogolenko hastig den nächsten Kunden zum Eintreten aufforderte, weil ihn allem Anschein nach alle Selbstsicherheit verlassen hatte. Es folgte aber niemand der eindringlichen Aufforderung, da Genosse Gogolenko, wie von unsichtbarer Hand gepackt, in sein Heiligtum zurückbefördert wurde und die Tür wieder mit einem Knall ins Schloss fiel. Nachdem ein paar Minuten gespannter Stille vergangen waren, öffnete sich die Tür wieder und man konnte Genossen Gogolenko nachdenklich oder auch erschöpft in seinem Amtssessel zusammengesunken sitzen sehen, während der mutige

Kavalier mit gerötetem Gesicht die Arena verließ, die Tür sanft zuzog, den wie erstarrt Sitzenden zuzwinkerte, mich am Arm nahm und mit mir zusammen das Vorzimmer verließ.

Für ihn selbst unglaublich, war der Bürokrat wahrscheinlich zum ersten Mal auf entschlossenen Widerstand eines furchtlosen Widersachers gestoßen, und es erging ihm wie dem Kampfhund, der genau spürt, dass er sich dem Furchtlosen zu unterwerfen hat. Er war so sehr aus dem Konzept gebracht worden, dass er nicht mehr anders konnte, als seine Zuarbeit in meiner Angelegenheit zuzusichern. Er hatte, wie ich erfuhr, förmlich vor physischer Angst geschlottert. Ich bedauerte sehr, dass ich diesen Anblick nicht hatte genießen können.

Nach weniger als einer Woche bekam ich die Mitteilung, dass ich meinen Fremdenpass in der Abteilung für Pass- und Meldewesen abholen konnte.

Inzwischen war es Mitte Juni geworden. Die Währungsunion sollte am 1. Juli in Kraft treten und bis dahin wollten wir unsere gesamten Rubel-Ersparnisse zuerst in DDR-Mark und diese anschließend in D-Mark umtauschen.

Nun gab es aber von sowjetischer Seite die Festlegung, dass pro Familienmitglied nur eine bestimmte Rubelsumme in DDR-Mark umgetauscht werden durfte. Nachdem wir das erledigt hatten, waren auch die Visa, die wir für die Schwiegereltern für eine fiktive Besuchsreise in die DDR beantragt hatten, fertig. Dieser taktische Schritt ermöglichte es uns, auch deren Geld in den Umtauschprozess einbeziehen zu können. Wir wollten nämlich die maximale Menge DDR-Geld ausführen, welches wir in D-Mark oder einem gegenständlichen Äquivalent wiedereinzuführen gedachten, denn wir waren zu guter Letzt zu der Überzeugung gekommen, dass wir unser Wohnungsproblem nur durch den Kauf einer Wohnung in Saporoshje würden lösen können. Da vorauszusehen war, dass der Rubel durch die Inflation an Wert verlieren würde, wollten wir uns vorsorglich ein D-Mark-Polster schaffen. Damals kostete eine Wohnung von der Größe, die wir benötigten, etwa 35 000 Rubel.

Der offizielle Wechselkurs des Rubels zur DDR-Mark und zur D-Mark stand im Juni 1990 1: 3,20 bzw. 1: 1,60. Für eine D-Mark mussten auf der Ukrainischen Nationalbank schon 5 Rubel bezahlt werden, auf dem Schwarzmarkt kostete eine D-Mark sogar 6 Rubel.

Ein Freund vermittelte uns eine weitere Gelegenheit, an DDR-Mark heranzukommen. Seine Bekannte, Kassiererin der Staatsbank, die also direkt an der Geldquelle saß, machte uns folgendes Angebot: Sie wäre bereit, wenn wir ihr eine Einladung in die DDR beschaffen würden, uns auf eigenes Risiko Reiseschecks von Leuten zu verkaufen, die eine Reise in die DDR geplant und in diesem Zusammenhang die Reiseschecks bestellt hatten und nun aus irgendwelchen Gründen die Reise nicht antreten konnten. Somit wäre uns und ihr geholfen und die Reiseschecks würde sowieso niemand genau nachzählen. Wir nahmen das Angebot an und versorgten uns noch einmal mit DDR-Geld. Mehr war nicht aus der Situation herauszuholen.

An einem der letzten Junitage trafen wir in der DDR ein, um hier den Urlaub zu verbringen. Zunächst erledigte ich das Wichtigste: Ich trug das Geld auf die Staatsbank, wo meine bescheidenen Ersparnisse lagerten, um den Umtausch in D-Mark vorzubereiten.

Zu meinem Unglauben musste ich mir sagen lassen, dass mein Devisenausländergeld zum Kurs von drei Mark für eine D-Mark umgetauscht werden würde. So lautete die Vorschrift. Ich sollte also auf diese Weise um ein Drittel meines erarbeiteten Geldes gebracht werden und irgendwer würde Nutzen daraus schlagen. Als ich meinen Unmut darüber zu äußern wagte, wurde ich von der Kassiererin dahingehend belehrt, dass man eben nicht nur Vorteile genießen könne, wenn man im Ausland lebt. Das verschlug mir glatt die Sprache. Ob die wohl dachte: Westen ist gleich Osten?

Was nun? Kurz entschlossen hob ich meine gesamten Ersparnisse ab und brachte sie samt dem mitgebrachten Geld auf die Sparkasse, wo sie mit dem Geld meiner Eltern am 1. Juli 1990 zum Kurs 2 Mark für eine D-Mark umgetauscht wurden.

Die eigene Wohnung war nach der aufwändigen Umtauschaktion in greifbare Nähe gerückt und damit konnte nun Vorfreude auf den wohlverdienten Genuss der Vorteile als Devisenausländer – ab 1. Juli konnte ich mich tatsächlich so ohne Hochstapelei bezeichnen – aufkeimen.

Abstecher in den Westen

In diesem Sommer ergab sich für mich die Möglichkeit, im Rahmen eines dienstlichen Auftrages für ein paar Tage nach Westdeutschland zu fahren. Im Frühjahr hatte eine westdeutsche Delegation am Maschinenbauinstitut Saporoshje geweilt, um Kontakte zu knüpfen und einen künftigen Jugendaustausch zu vereinbaren. Ich wurde als Dolmetscher der Institutsleitung engagiert und nahm in dieser Eigenschaft an den Verhandlungen teil. Nun stand der Gegenbesuch der ukrainischen Delegation ins Haus und ich hatte mich bereit erklärt, auch dieses Mal zu dolmetschen. Ich freute mich schon auf die zwölf Tage, die ich im Bergischen Land verbringen würde, denn auf diese Weise würde ich die Bundesrepublik und ihre Menschen kennen lernen.

Als Erstes holte ich die ukrainische Delegation, die sich aus dem Prorektor für internationale Angelegenheiten, dem sogenannten Helfer des Rektors und einem Mitglied des Jugendkomitees zusammensetzte, auf dem internationalen Flughafen Frankfurt/Main ab. Dort nahm uns ein Mitarbeiter der einladenden westdeutschen Organisation in Empfang und chauffierte uns ins Bergische Land, wo wir in einem netten kleinen Hotel mit dem für mich heimisch klingenden Namen „Potsdam" untergebracht wurden.

Zwölf Tage schienen mir für Verhandlungen zwecks Abschluss eines Vertrages über einen Jugendaustausch reichlich bemessen. Das Verhandlungsziel stand fest und die Vorgespräche hatten schon vor einigen Monaten stattgefunden. Ich war im Stillen überzeugt, dass die Institutsleitung mit der Reise außer dem Vertragsabschluss noch andere Absichten verfolgte.

Zunächst fanden während der ersten Tag tatsächlich Gespräche mit den Personen statt, die im Frühjahr in Saporoshje geweilt hatten. Dabei ergab sich nicht viel Neues. Man diskutierte beispielsweise die Möglichkeit, Jugendliche aus dem Bergischen Land in den Sommerferien nach Saporoshje auf die Insel Hortiza einzuladen, kalkulierte, was das kosten würde, sprach über einen eventuellen Studentenaustausch etc. Damit schienen die Themen und Möglichkeiten beider Seiten ausgeschöpft.

Meine Aufgabe als Dolmetscher reduzierte sich an manchen Nachmittagen darauf, im Hotelzimmer des Prorektors James Bond-Filme zu übersetzen, die den Mitgliedern der Saporoshjer Delegation großes Vergnügen bereiteten. Sie hatten sich extra von den Gastgebern mehrere Videokassetten ausgeliehen und mochten sich nach der Mittagspause nur ungern von Goldfinger und Sean Connery und Roger Moore trennen.

Mir war es nur recht, dass ich, statt bei Gesprächen und Verhandlungen zu dolmetschen, die Bundesrepublik besser kennenlernte. Ich glaube, die westdeutschen Gastgeber hatten vorausgesehen, dass das Interesse der Ukrainer mehr den westdeutschen Kaufhäusern und Annehmlichkeiten gelten würde als Sachgesprächen. Zum Teil redete man auch aneinander vorbei.

Aus dieser Vorahnung hatten die Gastgeber ein Kennenlernprogramm ausgetüftelt, das die Ansprüche der Gäste vollauf befriedigen musste. Wir besuchten Köln, Düsseldorf, Bonn und die Bayrische Hauptstadt München, wo wir am Samstagabend in eine teure Theateraufführung gingen, im Saal zwischen gutsituierten, intelligenten Münchner Bürgern saßen und uns fühlen durften, als gehörten wir zu dieser noblen Gesellschaft. Nach dem Theaterbesuch bummelten wir noch um Mitternacht durch das wunderschöne Münchner Stadtzentrum, erfreuten uns am Anblick der hellerleuchteten Kirchen und warfen Münzen in Bettelsäcke später Straßenmusikanten, bevor wir in unser gutes Hotel, das gewiss nicht billig war, zurückkehrten.

Für den zweiten Tag des Aufenthaltes in München war ein Ausflug zur Zugspitze geplant, auf die ich mich schon sehr gefreut hatte. Leider zeigten die Ukrainer am höchsten Berg Deutschlands kein Interesse, sondern zogen es vor, einem großen Automarkt einen Besuch abzustatten. Ich fand, dass dies haargenau der ukrainischen Logik entsprach. Wer im westlichen Ausland geweilt hatte und nichts über die flotten Westautos zu erzählen wusste, die er mit eigenen Augen gesehen hatte, galt unter den Männern als nicht normal. Zudem gab es in der Sowjetunion zur Genüge Berge, sogar viel höhere als die Zugspitze. Man fuhr nicht in den Westen, um Berge anzuschauen.

Auf der Rückfahrt ins bergische Land überfiel uns alle plötzlich ein riesiger Hunger. Wir baten unseren Chauffeur um einen Halt auf einer

Autobahnraststätte, setzten uns ins Restaurant und bestellten. In den vergangenen Tagen war eigentümlicherweise noch niemandem aus unserer Delegation der Gedanke gekommen, dass wir den Gastgebern Kosten verursachten. Wir nahmen alle Exkursionen, die Hotelunterbringung und die Verpflegung als Selbstverständlichkeit hin, als Gastgeberpflicht gegenüber den Gästen. Wirtschaftlichkeit und sparsamer Umgang mit Mitteln waren für uns bislang unbekannte Begriffe gewesen.

Als nun der Kellner die riesigen Essensportionen für den riesigen Hunger unserer Delegationsmitglieder auf den Tisch stellte, zog zu unser aller Erstaunen der westdeutsche Begleiter sein Taschentuch aus der Hosentasche und wischte sich den Schweiß aus dem Gesicht, der ihm beim Anblick der gefüllten Teller ausbrach. Er selbst hatte sich nur eine Kleinigkeit bestellt. Das Unbehagen über unsere Gefräßigkeit war ihm deutlich vom Gesicht abzulesen, wohl weniger aus persönlicher Missgunst als wegen finanzieller Nöte.

Als er für einen Moment den Gastraum verließ (um wahrscheinlich sein Geld nachzuzählen), sahen wir uns betreten an und vermuteten, dass er bestimmt wegen uns Ärger mit seinem Chef bekommen würde. Die Rechnung, die der Kellner präsentierte, nachdem wir zum Platzen voll waren, steckte unser Gastgeber als Nachweis für seine Vorgesetzten ein, die, wie wir hofften, Verständnis für den Hunger der Gäste aus dem „armen" Osten aufbrachten.

Die letzten Tage nutzen wir hauptsächlich dazu, die Warenhäuser der Umgebung aufzusuchen und für unser Taschengeld kleine Geschenke für die Familien zu Hause zu kaufen. Die Vorfreude auf die Heimreise wurde zum Ende unseres Aufenthaltes im Westen immer spürbarer, die Ukrainer, der westlichen Essgewohnheiten überdrüssig, schwärmten von gekochten Kartoffeln mit Salzhering und gut gewürztem, geräucherten Speck mit Selbstgebranntem, womit sie sich zu Hause von ihren Frauen verwöhnen lassen wollten. Die allmorgendlichen knusprigen Brötchen mit Butter und Marmelade zum Kaffee, das normale Frühstück des Westeuropäers, konnte die rustikalen Geschmäcker waschechter Ukrainer nicht auf die Dauer zufriedenstellen.

Am letzten Abend fuhr man uns mit dem Auto zum Kölner Bahnhof und setzte uns in den Nachtzug nach Berlin, wo sich dann aller Wege trennten.

Geschäfte

Nun war der Urlaub fast vorbei, ich hatte viel Neues gesehen und erlebt. Bevor wir die Rückreise in unsere Wahlheimat antraten, tätigten wir noch einen Kauf, zu dem uns ein ukrainischer Herr jüdischer Abstammung namens Mischa geraten hatte, den wir in Saporoshje per Zufall während des Geldumtausches auf der Staatsbank kennengelernt hatten.

Dieser Mischa war Spezialist für Geschäfte aller Art, er schien ein unfehlbares Gespür dafür zu haben, wie man, ohne zu arbeiten, aus wenig Geld viel Geld machte. Uns interessierten die Geschäfte des Herrn Mischa nur insofern, weil wir unserem Ziel, welches wir durch unsere tägliche redliche Arbeit niemals erreichen würden, nämlich eine Wohnung zu kaufen, endlich näher kommen wollten.

Früher, zu staatssozialistischen Zeiten, nannte man die Methode der Umwandlung von Geld in mehr Geld Spekulation, sie galt eines sozialistischen Werktätigen als unwürdig und unmoralisch und gehörte in die Welt der Bourgeoisie. Dennoch frönten bestimmte Leute auch im Sozialismus, der durch die Mangelwirtschaft die besten Voraussetzungen dafür bot, diesem Geschäft, das immer günstigeren Nährboden gewann, je größer die Defizite und der Schwund der Zahlungskraft des Rubel wurden.

Wer sich in diesen unsicheren Zeiten des inflationsgefährdeten Rubelgeldes entledigte und es in materielle Werten transformierte, war gut beraten. Trotz der niedrigen Löhne und Gehälter gab es in der Sowjetunion durchaus Menschen, die keine Geldsorgen kannten und immer liquide waren. Zahlreiche Arbeiter und Angestellte hingegen, die ab Beginn der neunziger Jahre in den staatlichen Betrieben aufgrund Geldmangels ihren Lohn in Form von Gebrauchsgegenständen ausgezahlt bekamen, waren gezwungen, diese zu verkaufen, um zu Geld zu kommen und die Familie ernähren zu können. Die Palette des

Lohnersatzes reichte von Motorrollern ukrainischer Hersteller über Lederjacken, Haushaltsgegenstände, eingesacktes Mehl und hing unmittelbar vom Erzeugnisprofil des jeweiligen Betriebes ab. Mitte der neunziger Jahre entlohnten nicht wenige Holzverarbeitungsbetriebe ihre Arbeiter in Form von Holzsärgen. Aber auch diese Erzeugnisse fanden in der Bevölkerung Absatz, denn Bestattungen wurden immer teurer.

Um die Personengruppen, die entweder am Warenverkauf beziehungs- weise am Warenkauf interessiert waren, zusammenzubringen und aus zwei Schuhen ein Paar werden zu lassen, bedurfte es einer Vermittlerschicht. Auf einen solchen Mittelsmann stießen wir in der Person des Lebenskünstlers Mischa, eines Mannes um die dreißig mit dunklem Teint, pechschwarzen Haaren und goldberingten Fingern, der die Nuancen des Marktes recht genau zu kennen schien. Er riet uns, unser in DM umgetauschtes Rubel- und DDR-Geld in eine Videokamera umzusetzen, welche er auf dem Saporoshjer Schwarzmarkt gewinnbringend zu versetzen gedachte. Er kannte, wie er versicherte, genügend Leute, die bereit und imstande waren, selbst einen vielfachen Preis für eine westliche Videokamera zu zahlen, um das ungeliebte, nicht konvertierbare Rubelgeld loszuwerden. Diese Leute kamen vorwiegend aus dem Milieu, dem er selbst entstammte, er würde sich mit ihnen so einigen, dass jeder der Beteiligten auf seine Kosten käme.

Für gewöhnlich spürte Mischa potentielle Verkäufer defizitärer materi- eller Dinge wie Waschmaschinen, Kühlschränke, Videorecorder, Vide- okameras, die sich gut an- und verkaufen ließen, mit Hilfe von Ver- kaufsanzeigen auf, die vor jedem Geschäft und an jeder Bushaltestelle an den Informationstafeln klebten. Wer ein Tauschgeschäft machen wollte, setzte potentielle Interessenten mittels kurzgefasster Angebotsmitteilungen unter Angabe einer Telefonnummer in Kenntnis. Mischa war immer auf dem Laufenden, wo es etwas zu kaufen oder zu verkaufen gab, wer Devisen hatte und wer Devisen suchte, und da er selbst meist unterwegs war, hielt er drei Frauen in Lohn und Brot, die für ihn Telefondienste leisteten.

Wir folgten also dem Rat des erfahrenen Geschäftsmannes und kauften eine Videokamera der Marke Panasonic für umgerechnet zehntausend Rubel, wodurch wir einen Teil unserer gerade in DM umgetauschten

Ersparnisse anlegten. Wieder in Saporoshje, übergaben wir Mischa gegen Quittung diese Kostbarkeit, er versprach, einen geeigneten Käufer ausfindig zu machen. Nach etwa zwei Wochen konnten wir uns tatsächlich um fünftausend Rubel reicher nennen, aber Mischa war durch das Geschäft auch nicht ärmer geworden. „Es lebe sich doch nicht schlecht in der heutigen Zeit", so sein Kommentar zu seinen Geschäften.

Er verstehe nicht, weshalb es manche Bürger jüdischer Abstammung vorzögen, nach Israel auszuwandern. Dor fände man doch nur Arbeit als Straßenfeger oder Hausmeister. Hier zu Hause aber liege das Geld auf der Straße, man müsse es nur sehen und zugreifen, womit er auf seine Weise zweifellos Recht hatte. Mischas Geschäfte florierten sichtbar gut, das bezeugten seine drei Callgirls, die noble Wohnungsausstattung, sein Auto und die Goldringe an seinen Fingern. Mischa verstand eben besser zu leben als andere. Know how.

Kurze Zeit, nachdem wir die fünfzehntausend Rubel für die Videokamera bekommen hatten, meldete sich bei uns ein weiterer Vermittler, der von unseren Bekannten erfahren hatte, dass wir eine Kamera verkauften. Sein Angebot hätte uns das Doppelte eingebracht. Aber wir hatten mit dem Verkauf nicht warten wollen und es eilig gehabt, die Kamera los zu werden, als wäre sie mit etwas Anrüchigem behaftet. Nun konnten wir das Geschäft nicht mehr rückgängig machen. Und dies sollte nicht unser letzter Verlust sein. Mit Bitternis mussten wir ein halbes Jahr später feststellen, dass diejenigen, die ihr Geld in materielle Werte umgesetzt hatten, vorausschauender als wir gewesen waren. Bis wir die geplante Geldsumme zusammenhatten, um eine Wohnung zu kaufen, waren die Wohnungen für uns unbezahlbar geworden. Die Ersparnisse, die wir in Rubel zurückgelegt hatten, um im Frühjahr 1991 eine Wohnung zu kaufen, fielen der Inflation zum Opfer, es bleib nur ein Bruchteil ihres früheren Wertes übrig.

Eine unserer Familiengröße entsprechende Wohnung hätte Ende 1990 noch ungefähr fünfunddreißigtausend Rubel gekostet, und zusammen mit dem Erlös des Kameraverkaufes wären wir – unter der Voraussetzung der Stabilität der alten Preise – im Frühjahr 1991 gerade so in der Lage gewesen, diese Summe aufzubringen. Die Umstände brachten es jedoch mit sich, dass nach dem Jahreswechsel gute materielle Werte nur noch in frei konvertierbarer Währung, vorzugsweise in US-Dollar, gehandelt wurden. Rubel wollte niemand mehr haben. Das Ende der Rubelwährung war greifbar nahe gerückt. Die Kaufkraft nahm rapide ab. Dafür stiegen die Preise für Waren mit dauerhaftem Wert auf dem Schwarzmarkt an. Dazu gehörte selbstverständlich auch Wohnraum.

Im Frühjahr 1991 unternahmen wir einige letzte Versuche, Wohnraum zu erwerben. Zunächst versuchte ich es in der Wohnungsgenossenschaft. Hier wurde ich wieder einmal, nunmehr mit einem grünen bundesdeutschen Reisepass ausgestattet, als „Devisenausländer" betrachtet. Ich war ja nun Bundesbürger, aber ohne D-Mark-Einkommen. Trotzdem erwartete man von mir, dass ich in harter Währung bezahlte. Als ob man mir im Maschinenbauinstitut als neugebackenem Bundesbürger das Assistentengehalt automatisch in D-Mark umgestellt hätte! Ich konnte das nicht einmal mehr komisch finden.

Am Ende blieb uns nur noch die Variante, mit Hilfe von Bekannten und Arbeitskollegen Leute ausfindig zu machen, die aufgrund ihrer jüdischen Volkszugehörigkeit die Genehmigung für eine Ausreise nach Israel, in die USA oder nach Deutschland bekommen hatten.

Dass solche Leute ausgerechnet in Deutschland ein neues Leben beginnen wollten, verwunderte mich anfangs sehr, war doch die Vernichtung der europäischen Juden damals von Deutschland ausgegangen. Wie konnte es möglich sein, dass die Nachkommen der Opfer in dieses Land zogen, das den Juden so viel Leid gebracht hatte?

In Gesprächen mit Ausreisewilligen erfuhr ich dann, dass Deutschland für viele nur als Ersatzvariante vorgesehen war, falls man in Amerika oder Israel aus irgendwelchen Gründen nicht Fuß fassen würde. Schlimmstenfalls zog man dann eben nach Deutschland. Man gab mir unumwunden zu verstehen, dass wir Deutschen einiges gutzumachen hätten. Diese Pauschalierung befremdete mich einigermaßen. Es gab nach meiner Auffassung nicht *die* Deutschen schlechthin und nicht *die* Juden, die Anspruch auf Wiedergutmachung hatten.

Diese sensible Thematik erforderte ein ebenso sensibles und vor allem differenziertes Herangehen. Noch nie hatte ich mich selbst in Verbindung mit den faschistischen Verbrechen gebracht, die an Juden im zweiten Weltkrieg verübt worden waren.

Meine Großeltern und Eltern hatten nicht weniger unter der Hitlerdiktatur gelitten als andere, der Großvater hatte im Konzentrationslager gesessen und war 1944 nach dem Attentat auf Hitler erschossen worden, die Großeltern und Eltern waren aus der Tschechoslowakei ausgesiedelt worden und hatten alles verloren. Ließ sich menschliches Leid etwa in mehr oder weniger, in deutsches, russisches, jüdisches, englisches oder japanisches teilen? Ich kannte Buchenwald, in der Schule hatten wir über die Nutznießer des Krieges und der Judenvernichtung (das deutsche Finanzkapital) gehört, und ich war im Sinne der Völkerverständigung erzogen worden, ich hatte mit Studenten Dutzender Nationalitäten gemeinsam studiert und keiner galt mehr als der andere.

Hier aber, im ukrainischen Saporoshje, brachten Menschen jüdischer Volkszugehörigkeit, die kaum älter als ich waren, die wie ich an einer sowjetischen Hochschule studiert hatten, hier lebten und besser lebten als ich, und die nicht in faschistischen Ghettos gelitten hatten, mir gegenüber dieses Thema zur Sprache und ließen sich mit Arroganz über ihre Ansprüche gewissermaßen mir gegenüber aus, denn ich symbolisierte für sie anscheinend *die* Deutschen.

Da wir im Moment jedoch praktische Fragen zu lösen hatten, kam es nicht zu tiefergehenden Diskussionen, die nur Frust und Antipathie erzeugt hätten.

Wir ließen uns also von Bekannten Termine mit mehreren solcher ausreisewilligen Familien vermitteln, die noch einen Käufer für ihre Wohnung suchten. Im Zuge der Privatisierung hatten sie den Wohnraum noch für einen Spottpreis von etwa zehntausend Rubel als Eigentum erworben. Nun boten sie ihn zum Verkauf an.

Für den Kauf einer Wohnung hätten wir umgerechnet maximal fünftausend D-Mark zur Verfügung gehabt. Der Kaufpreis, für den man uns nun im Frühjahr 1991 die Wohnungen anbot, überstieg jedoch unsere Möglichkeiten um ein Vielfaches. Man verlangte mindestens zehntausend D-Mark bzw. fünftausend US-Dollar in bar und zeigte sich verwundert, als wir abwehrend und bedauernd die Hände hoben. Ich hätte doch wohl Eltern in der DDR, hörte ich, da dürfte doch ein solches Sümmchen kein Problem sein. In der mehr als naiven Vorstellung dieser Menschen mussten alle Bundesbürger wohlhabend oder reich sein.

Man zeigte nur Unverständnis für mich, die ich die Chancen, die mir meine exklusive Verbindung zum Westen bot, nicht zu meinem Vorteil zu nutzen verstand.

Die neue Identität

Den 3. Oktober 1990 begingen wir gemeinsam mit einer befreundeten Familie, einer der wenigen, die ebenso wie wir nach Abschluss des Studiums aus der DDR in die Ukraine gezogen war. Vor einigen Wochen hatten sich die Mitarbeiter der DDR-Botschaft in Kiew von uns in der Ukraine sesshaften Bürgern des ablebenden Staates DDR brieflich verabschiedet, wünschten uns alles Gute für die Zukunft und empfahlen uns zwecks künftiger Zusammenarbeit die bundesdeutsche Botschaft in Kiew.

Über Nacht wurden wir Bürger der Bundesrepublik Deutschland, wir stießen still mit Sowjetischem Sekt (dessen Herstellername den Hersteller noch über einen längeren Zeitraum überleben sollte) auf diese wesentliche Veränderung an, wussten aber noch nichts Richtiges mit unserer neuen Identität anzufangen.

Diese begann mit der Klärung der passrechtlichen Angelegenheiten. In einem Schreiben riet uns die Deutsche Botschaft, rechtzeitig den alten DDR-Reisepass in einen bundesdeutschen umzutauschen, damit es im Falle einer Heimreise an der Grenze keine Schwierigkeiten mit den Grenzbehörden gäbe.

Da ich beabsichtigte, in den Winterferien nach Hause zu fahren, um Erkundigungen bezüglich der Bedingungen für einen eventuellen Umzug ins vereinigte Deutschland einzuholen, entschloss ich mich, sobald wie möglich nach Kiew zu fahren und das Dokument zu beantragen.

Die Idee, im vereinigten Deutschland neu zu beginnen, existierte zunächst nur als Variante für den Fall, dass sich die Lebensbedingungen drastisch verschlechtern würden und wir unter keinen Umständen mehr eine Möglichkeit sehen sollten, Wohnraum zu finden. Es zeichnete sich ja deutlich ab, dass keine Besserung der gesellschaftlichen Lage eintreten würde.

Für ein weiteres Verbleiben in der Ukraine sprach nur unsere Arbeit, die wir trotz der geringen Gehälter weiterhin gern taten. Wir hatten sogar an der Saporoshjer Universität angefragt, ob die Möglichkeit der Aufnahme einer Fernaspirantur bestünde. Dies würde kein Problem darstellen, versicherte uns der Professor des Lehrstuhls für Politologie. Da uns bekannt war, wie wenig die Wissenschaftler an den Hochschulen verdienten, mussten wir unseren beruflichen Idealismus gegen die ökonomischen Notwendigkeiten der Sicherung der leiblichen Existenz abwägen.

Die Beantragung und Ausstellung des bundesdeutschen Reisepasses barg keinerlei Schwierigkeiten in sich, ich war angenehm überrascht von der Freundlichkeit der Mitarbeiter der Deutschen Botschaft und wurde korrekt bedient.

Ich konnte mich wahrhaftig glücklich preisen, einen deutschen Pass bekommen zu haben, der es in der Zukunft ermöglichte, ungehindert und außer der Reihe in die Botschaft eingelassen zu werden. Nicht jeder, ja nur wenige, konnten dieses Privileg vorweisen. Der Vorteil des Besitzes eines deutschen Passes hatte folgenden Hintergrund.

Mit der Lockerung der Ausreisebestimmungen unter Gorbatschow nahm die Zahl der Ausreisewilligen in der Sowjetunion drastisch zu, jeder Sowjetbürger durfte nun einen Reisepass beantragen, was früher mit der Überwindung großer bürokratischer Hürden verbunden gewesen war. Die Auswirkungen der Lockerung der Bestimmungen zeigten sich in den ungeheuer langen Warteschlangen vor den deutschen Botschaften und Konsulaten, in denen Leute jeglichen Alters und Berufes ausharrten, um Visa für die Einreise in die Bundesrepublik zu beantragen, sei es zu Besuchszwecken, sei es zur ständigen Wohnsitznahme. Immer mehr sowjetische Bürger deutscher und jüdischer Volkszugehörigkeit beantragten die Genehmigung für die Einreise zur ständigen Wohnsitznahme in Deutschland. Die Konsulate waren dem Ansturm der Bittsteller nicht mehr gewachsen.

Um halbwegs Ordnung in die Warteschlangen zu bringen, wurden Zettel mit Nummern vergeben. Jeder Wartende hatte eine Nummer, und er wurde bedient, wenn seine Nummer an die Reihe kam. Manchmal warteten die Menschen tagelang, bei sengender Hitze und klirrender Kälte, auf der Straße vor dem Konsulat stehend, Schritt für Schritt dem

Ziel näherkommend. Wie überall im Land der Defizite gelang es auch hier einigen Cleveren, Gewinn aus der misslichen Lage der Menschen zu schlagen. Für bares Geld ließen sich bessere Plätze in der Warteschlange kaufen, Zettel und Geldscheine wechselten die Besitzer. Der „Warteschlangenbusiness" bezog offensichtlich auch die Wachposten vor dem Konsulat ein, und einen kleinen Zusatzverdienst lehnte natürlich niemand ab.

Überall diese Zettelchen, die Geld kosten; wie gut für die einheimischen Bürokraten und Möchtegernbürokraten, dass es in Osteuropa soviel verwertbaren Wald gibt. „Von der Wiege bis zur Bahre..." .

Und nicht nur mit Zettelchen wird ein schwunghafter Handel betrieben, wenn es darum geht, persönliche Angelegenheiten effektiver und schneller zu regeln. Mit Särgen wurde gehandelt, mit Videokameras, mit Wohnraum, mit der ethnischen Abstammung...Es gibt kaum etwas, was sich in der ehemaligen Sowjetunion nicht in Bares ummünzen lässt bzw. was man nicht mit Barem erstehen kann.

Ich erinnere mich für einen Moment einer der Reisen nach Russland, genauer gesagt in die russische Hauptstadt Moskau. Ja, das war vor 1998. Wir hatten uns vorgenommen, unsere Kinder mit den Sehenswürdigkeiten dieser Stadt bekannt zu machen. Moskau gefiel ihnen sehr. Die goldglänzenden Kuppeln der Kremlkirchen und das bunte Ensemble der historischen Gebäude des Kreml und des Roten Platzes, die Relikte der jahrhundertealten Autokratie – die kostbaren Zarenkronen, die Kutschen, in denen die Herrscherfamilien Stadt und Land bereisten, die Kleider, die sie einst trugen, die in der Rüstkammer des Kreml ausgestellt sind, vermitteln dem modernen Menschen ein Bild von einstigem Glanz und Reichtum (der herrschenden Kaste). Märchenhaftes Moskau früher und heute. Es ist immer eine Reise wert.

Beim Kauf der Eintrittskarte für die Rüstkammer werden übrigens die Pässe kontrolliert, damit die Spreu vom Weizen oder der Einheimische vom Ausländer geschieden sei, denn Ausländer haben tiefer in die Tasche zu greifen, für sie ist der Eintritt um das Mehrfache teurer. Marktwirtschaftliche Selektion.

Zu den Sehenswürdigkeiten gehört auch die weltbekannte Geschäftsstraße „Arbat". Hier treffen die Gegensätze des heutigen

Russland aufeinander, aber die gutgekleideten Herrn in Anzügen, mit Handy, Mercedes, Chauffeur und Bodyguard sind in dieser Straße in der Mehrzahl, in der selbst wir (aus dem goldenen Westen) trotz des Fotoapparats in unseren Jeans und T-Shirts beinahe ärmlich wirken.

Wie wir so die Einkaufsstraße entlang schlendern, kommen wir zu einem Markt, auf dem außer glitzernden Kostbarkeiten, importierten Kleidungsstücken und Büchern lauter praktische Dinge gehandelt werden. An einem Verkaufsstand werden dargeboten: Blanko-Personalausweise, Reisepässe, Arbeitsbücher, Rentenbücher, Diplome mit blauem und rotem Einband, Führerscheine...Es fehlen nur die Familienstandsurkunden. Niemand braucht wegen seiner natürlichen sozialen und intellektuellen Grenzen, die jeden gesetzt sind, zu verzweifeln. Hier werden Sie geholfen.

Ein paar Dollar oder einen Haufen Rubel, einen guten Scanner und schon kann man sich, ohne seine Lebenszeit in Hörsälen zu verplempern, zum Diplom-Wissenschaftler oder Führerscheininhaber hochstapeln. Gute Bekannte mit Dienstsiegel hat wohl jeder, und wenn nicht – ein paar Dollar oder ein Haufen Rubel lösen das Problem auf einfachste Weise.

Mit Personenstandsurkunden ist das Geschäft weitaus schwieriger, die Standesbeamten riskieren nicht so gerne ihren Job. Aber hier und dort, sagt man, in manchen Regionen, lassen sich auch Geburtsurkunden kaufen, die Volkszugehörigkeitseintragung kann dem Wunsch des zahlungskräftigen Kunden angepasst werden. Solche Fälle kommen seltener vor, denn bei weitem nicht jeder bringt soviel Geld auf (unter vorgehaltener Hand ist die Rede von mehreren Tausend US-Dollar). Wer aber das Geld dafür wahrhaftig hat, schafft es auch, in der weiten Welt auf seine Kosten zu kommen. Der auf den ersten Blick als Verlustgeschäft erscheinende Deal rentiert sich später. Zum Beispiel in der Bundesrepublik Deutschland

Alles ist käuflich und verkäuflich – das ist die Freiheit. Gewissensfreiheit heißt hier allerdings, kein Gewissen mehr zu haben. Das ist eben die Freiheit.

Das Lenkrad ist zum Lenken da

Meine erste Reise ins vereinigte Vaterland trat ich im Februar 1991 als frisch gebackener Führerscheinbesitzer an.

Nur mit Widerwillen hatte ich mich dazu überreden lassen, die komplizierte Kunst des Autofahrens zu erlernen. Aber gewichtige Gründe sprachen dafür, dass dies jetzt und hier geschehen musste. Falls wir tatsächlich nach Deutschland ziehen würden, wäre ein Führerschein auf jeden Fall von Nutzen, außerdem kostete der Erwerb eines solchen in der Ukraine zum damaligen Zeitpunkt nur sechzig Rubel. In Deutschland, so hatten wir gehört, kostete der Erwerb eines Führerscheines Tausend D-Mark.

Nachdem ich mich im Herbst 1990 in einer der wie Pilze nach dem Regen aus dem Boden schießenden Fahrschulen angemeldet und in Erfahrung gebracht hatte, welche *Zettelchen* vonnöten waren, um überhaupt zur Ausbildung zugelassen zu werden, musste ich mich um den Erwerb dieser *Zettelchen* kümmern. Kraftfahrer in der Ukraine sind grundsätzlich kerngesunde Leute, vorausgesetzt, die medizinischen Nachweise sind nicht gekauft.

Beim Lesen des Merkblattes hinsichtlich der Instanzen, die zu durchlaufen waren, um als fahrschultauglich eingestuft zu werden, wurde mir ganz mulmig, ich glaubte fast, mich für eine Kosmonautenausbildung beworben zu haben. Dass die Sehkraft überprüft wurde, fand ich noch normal. Ein Blinder kann kein Fahrzeug führen. Was aber hatten die Körperorgane, mit denen die Natur nur Frauen ausgestattet hat, mit dem Führen von Fahrzeugen zu tun?

Der obligatorische Gesundheitscheck erwies sich als Mammutprogramm, das bei weitem mehr als nur den Sehtest umfasste. Ich hatte zu konsultieren: einen Allgemeinmediziner, einen Facharzt für Chirurgie, einen Hals-Nasen-Ohrenarzt, einen Facharzt für Psychiatrie und Neurologie, einen Facharzt für Narkologie, um auszuschließen, dass ich drogensüchtig war, und − einen Facharzt für Gynäkologie. Letzteres fand ich besonders kurios, was bezweckte man wohl damit? Meine Phantasie ließ mich dieses Rätsel nicht lösen.

Es blieb mir nichts weiter übrig, als mich in Trab zu setzten und in Erfahrung zu bringen, wo ich all die Fachärzte finden konnte.

Wenn sie ja nur alle in einer Poliklinik praktiziert hätten! Aber so verbrachte ich eine geschlagene Woche damit, die vereinbarten Termine in verschiedenen medizinischen Einrichtungen wahrzunehmen, denn der Facharzt für Narkologie praktizierte beispielsweise am entgegengesetzten Ende der großen Stadt und die Gynäkologin, ein barsches, altes Weib, beorderte mich zweimal in ihre Sprechstunde, was mich jedes Mal eine halbe Stunde Busfahrt kostete. Ich konnte mir am Ende nicht verkneifen, in der Fahrschule zu hinterfragen, ob denn der Gerechtigkeit halber die männlichen Fahrschulkandidaten einen Urologen aufsuchen müssten, um Prostataprobleme auszuschließen.

Vorschriftsmäßig lieferte ich zu Beginn der Ausbildung das ansehnliche Häuflein beschriebener und bestempelter *Zettelchen* ab und konnte mir dessen gewiss sein, dass ich, was meine Fahrtauglichkeit anbelangte, keine Gefahr für die Allgemeinheit darstellte.

Die Fahrschule befand sich im Kellergeschoß eines mehrgeschossigen Wohnblocks. Gemeinsam mit acht anderen Frauen und Männern begann ich, mich in die Geheimnisse der Straßenverkehrsordnung einweihen zu lassen. Mit der theoretischen Ausbildung gaben sich die Ausbilder viel Mühe. Jedenfalls hatte ich vor der Prüfung das gute Gefühl, nicht durch unerwartete Fragen und Varianten aufs Glatteis geführt werden zu können. Was die Ausbildung in punkto Fahrzeugtechnik betraf, so nahm man hier besondere Rücksicht auf das gestörte Verhältnis der Mehrheit der weiblichen Fahrschüler zur Fahrzeugtechnik und deutete an, dass wir in dieser Beziehung auch bei den Prüfern auf Verständnis hoffen durften.

Die Theorieprüfung, die in der Milizinspektion abgelegt wurde, bestand ich fehlerfrei. Den Frauen teilten die Prüfer besonders einfache Fragen zur Fahrzeugtechnik zu, um sie durch die Prüfung zu bringen.

„Wozu dient die Fahrzeuglenkung?" Diese Frage in meinem Fragebogen ließ mich innerlich jubilieren, und meine präzise, aber kurze Antwort „Zum Lenken des Fahrzeuges" – wurde als richtig bewertet!

Die bestandene Theorieprüfung vermittelte mir das Selbstbewusstsein, mich tatsächlich mit den Vorschriften, Paragrafen und Verkehrsschildern auszukennen.

Mit wachsender Sorge sah ich jedoch der praktischen Fahrausbildung entgegen. An einem milden Oktobertag war es soweit. Nach einer schier schlaflosen Nacht mit besorgniserregenden Visionen fuhr ich mit dem Bus bis an den Stadtrand hinaus, wo sich eine riesige freie Fläche befand, die als Übungsplatz für Anfänger diente. Ein paar fahrschuleigene blaue und rote Shigulis krochen bereits in den niedrigsten Fahrgängen über den Platz.

Ich brauchte nicht erst lange warten, bis eines der Fahrzeuge frei wurde. Mit zitternden Knien stieg ich zum ersten Mal in meinem Leben auf der Fahrerseite in den roten Shiguli, neben mir nahm der Fahrlehrer Platz. Als Erstes wurde ich bei noch ausgeschaltetem Motor in die Geheimnisse des Anfahrens eingewiesen. Dann durfte ich starten. Das Anfahren ohne zu Rucken klappte natürlich nicht auf Anhieb, aber nach und nach legte sich meine Aufregung und ich durfte sogar auf den zweiten Gang schalten. Nach einer großen Zahl von Fahrtrunden, die ich immer wieder im Kreis fuhr, hart am Rand des Übungsplatzes entlang, war meine erste praktische Fahrübung zu Ende. So schlimm schien das Autofahren gar nicht zu sein, den Beginn empfand ich jedenfalls vielversprechend.

Als ich mich an einem nebligen Novembertag zur zweiten Fahrstunde einstellte, fand ich zu meinem Erstaunen einen anderen Fahrlehrer vor. Ich schätzte ihn auf Anfang bis Mitte zwanzig. Er stellte sich als Witali Stepanowitsch vor und teilte mir kurz und emotionslos mit, dass mein erster Fahrlehrer im Alkoholrausch das Fahrschulauto in Klump gefahren hatte. Das gab es also auch.

Mit Witali Stepanowitsch dufte ich mich zum ersten Mal in den Straßenverkehr der Großstadt Saporoshje einordnen. Die Fahrstrecke führte zunächst durch die weniger befahrenen Straßen des Stadtbezirkes, in dem sich die Fahrschule befand. Aufgrund meiner extremen Unsicherheit am Lenkrad traute ich mir nicht zu, schneller als im zweiten Gang zu fahren, trat aber gleichzeitig unvermindert auf das Gaspedal. Eine ganze Weile saß Witali Stepanowitsch schweigend neben mir, bis er mich plötzlich anfuhr, ich solle doch gefälligst endlich auf den dritten Gang schalten, ob ich denn siebzig Jahre alt und taub sei und wohl nicht hörte, wie der Motor bei siebzig Stundenkilometern erbärmliche Heultöne von sich gab! Nach diesem liebenswürdigen

Hinweis fragte ich mich erschreckt, ob mir der Hals-Nasen-Ohrenarzt etwa vorsätzlich meine Taubheit verschwiegen hatte.

Das Fahren mit dem sonst wortkargen Witali Stepanowitsch, dessen fahrschulpädagogische Fähigkeiten sich vielleicht erst in reiferen Jahren entwickeln würden, hatte den zweifelhaften Vorteil, dass ich immer dieselbe Strecke zurückzulegen hatte. Ich konnte also nicht viel falsch machen. Mein Fahrunterricht fand regelmäßig in der Mittagszeit vor den Seminarveranstaltungen statt, also zu einer Tageszeit, da Witali Stepanowitsch regelmäßig vom Mittagshunger geplagt wurde. Und so chauffierte ich ihn Tag für Tag zum wohlverdienten Mittagessen nach Hause. Ich stellte den Shiguli im Hof hinter dem Wohnblock ab, in dem Witali Stepanowitsch wohnte, blieb selbst in dem kalten Fahrzeug sitzen und vertrieb mir die Zeit mit dem Durchblättern uralter angeschmuddelter Zeitschriften, die in der Fahrertürablage steckten, während Witali Stepanowitsch eine halbe Stunde oder auch länger seine Mahlzeit einnahm. Anschließend fuhr ich ihn in die Fahrschule zurück.

So vergingen der November und der Dezember. Die Fahrprüfung gedachte ich im Januar, vor meiner Heimreise, abzulegen, konnte mir allerdings nicht vorstellen, wie ich sie bestehen sollte. Ich hatte nicht gelernt, in verschiedenen Situationen zu reagieren und empfand immer noch Furcht vor entgegenkommenden Fahrzeugen.

Nachdem Witali Stepanowitsch kurz vor dem Jahreswechsel zu einer anderen Fahrschule übergewechselt war, was ich übrigens keineswegs bedauerte, bekam ich einen anderen Fahrlehrer zugeteilt, mit dem ich ein paar Mal abends nach dem Unterricht durch die vereisten Straßen desselben Wohnbezirkes fuhr. Aber auch diesem war es nicht beschieden, mich zur Prüfung zu führen. Nachdem zu meinem Pech mein dritter Fahrlehrer für längere Zeit in den Krankenstand getreten war, ließ man mich noch zweimal mit einem Fahrlehrer, der das Rentenalter bedeutend überschritten hatte, durch dieselben Straßen fahren, bis der Prüfungstag bevorstand.

Da ich mir im Klaren war, dass ich mit Pauken und Trompeten durch die Prüfung fallen würde, fasste ich mir ein Herz und nutzte zum ersten Mal meine bescheidenen Beziehungen. Ich unterrichtete im Institut einen Studenten des Lehrstuhls Automobiltechnik, dessen Onkel,

Hauptmann der Straßenverkehrspolizei, sich für ein Geschenk bereiterklärte, mich durch die Prüfung zu bringen.

Am Prüfungstag konnte ich ganz ruhig sein. Als mein Name aufgerufen wurde, ging ich gelassen zum Auto. Der Prüfer, ein Milizionär, der wohl glaubte, dass ich noch nie in einem Fahrzeug gesessen hatte, startete sogar für mich den Motor. Ich hatte mich ans Lenkrad zu setzen und zur Wahrung des Scheins zirka einhundert Meter auf der rechten Straßenseite vor dem Milizgebäude entlangzufahren, das Fahrzeug zum Stillstand zu bringen und den Motor abzustellen. Mit der Note „befriedigend" war ich vollauf zufrieden, denn ich hatte bestanden und konnte am Nachmittag desselben Tages meinen Führerschein, ein rotes Büchlein, in der Milizabteilung in Empfang nehmen.

Heute ist das Autofahren für mich eine Selbstverständlichkeit. Allerdings brachte ich es nicht fertig, mich, ohne noch einmal ein paar Fahrstunden genommen zu haben, in Deutschland ans Lenkrad zu setzen.

Der Verkehr in Deutschland unterscheidet sich von dem in der ehemaligen Sowjetunion durch seine hohe Dichte und die Nutzung des weitverzweigten Autobahnnetzes, leider aber waren Autobahnfahrten nicht Bestandteil der ukrainischen Fahrschule gewesen.

Großzügige Landschaften, breite Straßen, weitherzige Menschen – schön wäre es, wenn mit dieser Definition alles, was dieses geheimnisvolle Land zu bieten hat, gesagt wäre. Aber da ist seine Geschichte, da war Stalin, der allmächtige Machtapparat, die sogenannte Nomenklatur (die Posteninhaber), die vielen kleinen und großen Bürokraten und Möchtegernbürokraten, das Dickicht Tausender Kleinigkeiten und Kleinlichkeiten, der Zettelchen, ohne die der Mensch nicht leben und nicht sterben kann.

Letzte Geschäfte

Mein letzter Deutschlandtrip in den Semesterferien im Winter 1991 verfolgte den Zweck, unsere Perspektiven im vereinigten Deutschland zu erkunden. Leider war die Ausbeute an schlüssigen Informationen ausgesprochen mager, da auf den neugegründeten Ämtern niemand etwas mit meiner Person anfangen konnte. Ja, man hatte auf dem Arbeitsamt schon gehört, dass da Deutsche aus der Sowjetunion nach Deutschland kämen, die nannten sich wohl Aussiedler und hätten auch Anspruch auf diese und jene Leistungen, jedenfalls ließe man sie nicht verhungern. Mit der Zusicherung des Arbeitsamtsmitarbeiters, sich bis zum kommenden Sommer, dem Zeitpunkt des geplanten Umzugs unserer Familie, kundig zu machen, ob wir wie Aussiedler zu behandeln seien, reiste ich wieder ab.

Gutbezahlte Arbeit sollte es vor allem im Westen geben, so lautete die vage Information, wir als diplomierte Lehrer und Historiker würden sicher etwas finden. Und dann auf jeden Fall gut verdienen, denn Lehrer als Staatsbedienstete, hieß es, kämen in den Genuss guter Gehälter und Pensionen.

Wohnen würden wir zunächst bei den Eltern, mit der Zeit würde sich schon alles Weitere finden.

So wie die Dinge lagen, konnte es mit unserer beruflichen Perspektive in Deutschland gar nicht schlecht stehen. Auf jeden Fall hatten wir nichts zu verlieren – außer unserer interessanten, aber miserabel bezahlten Arbeit, den netten Arbeitskollegen und Freunden, insbesondere der kinderreichen Nachbarsfamilie, mit der wir uns hervorragend verstanden und Freud und Leid und in der Not auch die Lebensmittel miteinander teilten.

Zurück in Saporoshje, stellten wir allmählich die Weichen auf einen erneuten Wohnsitzwechsel.

Das Jahr 1991, das mit der Auflösung der UdSSR endete, brachte die unumstößliche Gewissheit, dass Gorbatschows Perestroika ihre Ziele nicht erreicht hatte. Das zentristische Verhalten Gorbatschows, sein Schwanken zwischen den Reformgegnern und Reformbefürwortern gereichte ihm selbst nur zum Schaden. Noch sprach sich die Mehrheit der Bevölkerung der Sowjetunion auf dem Märzreferendum für den Erhalt eines einigen Vaterlandes aus, gleichzeitig jedoch gegen den Erhalt der alten Staatsmacht.

Fast drei Viertel der Bevölkerung hatten kein Vertrauen mehr zur Kommunistischen Partei. Gorbatschow konnte sich nur dank der am 23.

April geschlossenen Vereinbarung mit den Führern von neun Unionsrepubliken über die Unterzeichnung eines neuen Unionsvertrages (diese Vereinbarung wurde unter der Bezeichnung 9+1 „neun Republiken plus ein Präsident" bekannt) auf seinem Posten halten.

Der ungestüme Drang nach Selbstbestimmung ließ sich im Frühjahr 1991 kaum noch zügeln. Besonders die Westukrainer strebten die Loslösung von Russland an und drängten auf eine schnelle Ukrainisierung des gesellschaftlichen Lebens. Die Organisation „Ruch" trat immer häufiger in Aktion und warb auf Meetings um Zustimmung für eine unabhängige Ukraine. Langfristig orientierte man auf die Ablösung der russischen Sprache durch die ukrainische, einschließlich der Unterrichtssprache in den Bildungseinrichtungen.

Auf die Stimmungen der damaligen Zeit zurückblickend, äußerte sich im Jahr 1993 sogar ein führender ukrainischer Politiker, Vizepremier der Ukraine Landyk, kritisch in Bezug auf die damalige antirussische Kampagne, indem er feststellte, dass die „Westler" – die Anhänger des westukrainischen Nationalismus – damals alles getan haben, was sie tun konnten, um die gegenseitigen Beziehungen zwischen Russland und der Ukraine zu vergiften.

Nicht nur, dass uns als Bürger nichtukrainischer Volkszugehörigkeit die nationalistischen Ausfälle zu beunruhigen begannen, wir empfanden auch die wirtschaftliche Lage als immer unerträglicher.

Um dem Abschwemmen der Waren entgegenzuwirken, wurden schon seit einiger Zeit die Löhne und Gehälter gleichzeitig in Rubel und Kupons ausgezahlt. Eine bestimmte Anzahl Kupons entsprach einer bestimmten Geldmenge, und diese Kupons galten nur für den Kauf ganz bestimmter Waren des täglichen Bedarfs, das heißt, es gab Kupons für Seife, Kupons für Waschpulver, für Zahnpasta, für Kleidung etc. Die Einkäufe in den staatlichen Geschäften konnten also nur noch gleichzeitig mit Bargeld und den entsprechenden Kupons getätigt werden.

Außerdem war die Umsetzung der Kupons an den Wohnsitz gebunden. Ich konnte also meine in Saporoshje empfangenen Kupons nicht einfach in Kiewer Warenhäusern realisieren. Mit dieser Maßnahme sollten der Schwarzhandel mit defizitären Waren und die Schattenwirtschaft eingedämmt werden, denn wer keiner geregelten Arbeit nachging und nur über Bargeld verfügte, nicht aber über die Kupons, die vom Arbeitgeber zusammen mit den Löhnen und Gehältern ausgegeben wurden, hätte theoretisch auch nichts kaufen können.

Allein diese Maßnahme brachte keine spürbare Besserung der Versorgungssituation, im Gegenteil, nun kamen weitere Spekulationsobjekte hinzu – die Kupons selbst.

Ende März verschwanden die letzten Waren aus den Verkaufsregalen, und es trat ein, was noch nie eingetreten war – in den Brotgeschäften gähnten leere Regale. Die Situation ähnelte vom Grundsatz her der Situation in der DDR in den letzten Junitagen 1990, als die Händler sehnsüchtig der D-Mark entgegenfieberten. Anlass für das Warenvakuum vor den Osterfeiertagen war die Ankündigung der Regierung, zum 1. April 1991 erstmals die Warenpreise zu erhöhen. Die Geschäfte hielten ihre Waren einfach zurück, und zum Osterfest gab es weder Eier noch Mehl, gerade dass wir es noch rechtzeitig schafften, uns in den letzten Märztagen mit Brot einzudecken.

Aber wer geglaubt hatte, dass die Preiserhöhung eine Warenexplosion herbeiführen würde, sah sich leider getäuscht. Am 1. April gab es wieder Lebensmittel zu kaufen, und diese zu deutlich höheren Preisen, das Warensortiment aber hatte sich entgegen der allgemeinen Hoffnung nur geringfügig vergrößert. Dies änderte sich auch in der Folgezeit nicht. Die Menschen mussten sich mit einer erneuten einschneidenden Absenkung ihres Lebensniveaus abfinden. Die Schmerzgrenze des Erträglichen schien in absehbarer Zeit erreicht zu sein.

Wie alle Maßnahmen der Regierung riefen auch die sogenannten wirtschaftsfördernden Maßnahmen mehr Konfusion als Stimulation hervor. Die neue Wirtschaftspolitik sollte auf Öffnung und mehr unternehmerische Freiheit orientieren.

Private Kleinbetriebe, die sich in der Regel als wissenschaftliche Kleinbetriebe und Genossenschaften bezeichneten, schossen wie Pilze nach dem Regen aus dem Boden. Sie hätten aber aufgrund ihrer Kapitalschwäche ihre Tätigkeit keinesfalls als unabhängige Subjekte entfalten können. Somit hing ihre Existenz unmittelbar von der Wirtschaftstätigkeit der Produktionsbetriebe ab, die vor allem Erzeugnisse herstellten, die sich auf dem Binnenmarkt großer Nachfrage erfreuten. Der Existenzzweck der Kleinbetriebe bestand schlicht und einfach darin, die Erzeugnisse der Betriebe gewinnbringend zu verkaufen und neue Absatzmöglichkeiten aufzuspüren.

Der Staat, der den Betrieben diese neue Freiheit zugestand, bestand auf einer Gegenleistung in Form von Steuern, die auf den Gewinn zu entrichten waren. Dies bewog die Betriebe ihrerseits, sich der Steuereintreibung so effektiv wie möglich zu entziehen. Sowieso herrschte damals noch keine richtige Klarheit über die Modalitäten der Steuerabführung. Dies nutzten die Kleinbetriebe zu ihrem Vorteil aus.

Wir hatten uns angesichts der hoffnungslosen Situation in der Ukraine im Frühjahr 1991 endgültig für eine Übersiedlung nach Deutschland entschieden. Darüber setzte ich auch meine Kollegen des Lehrstuhls für Philosophie in Kenntnis. Meine Absicht, der Ukraine Lebewohl zu sagen, brachte einen meiner Kollegen auf die Idee, für seinen Bekannten, Leiter eines der wissenschaftlichen Kleinbetriebe, ein Rendezvous mit mir zu arrangieren.

Das Interesse an meiner Person rührte daher, dass ich als Ausländer, der demnächst dem Land den Rücken kehren würde, ein gutes Alibi bot. Der Kleinbetrieb dieses Bekannten sah seinen Auftrag im Verkauf der Erzeugnisse eines der Saporoshjer Betriebe und hatte Dank eines guten Geschäfts eine stattliche Summe Rubel auf sein Geschäftskonto überwiesen bekommen. Diese Summe durfte erst nach abgeschlossener Versteuerung abgehoben und weiterverwendet werden.

Um der Steuerbehörde ein Schnippchen zu schlagen und den Gewinn ohne Verluste verwenden zu können, war dem Leiter des Kleinbetriebes der Einfall gekommen, das Geld auf ein anderes Konto umzubuchen, zu dem der Staat keine Zugriff hatte. Der Staat hatte für gewöhnlich keinen Zugriff auf Konten natürlicher Personen, und ich bot als natürliche Person zusätzlich den Vorteil, dass ich in Kürze außer Landes sein würde. Kurzum, man bot mir einen Deal an, der mir eine Provision einbringen würde, von der ich die Fahrkarten nach Deutschland würde bezahlen können.

Meine Aufgabe bestand darin, auf der zentralen Sparkasse ein Konto zu eröffnen, auf das man mir die besagte Summe von dem besagten Geschäftskonto überweisen würde. Anschließend sollte ich dieses Geld unverzüglich abheben, um es dem Eigentümer unversteuert auszuhändigen. Dieses Geschäft, so versicherte man mir, barg absolut kein Risiko in sich.

Ich sah keinen Grund, das Angebot abzuschlagen. Ich eröffnete also ein neues Konto, und alsbald konnte ich mich kurzfristig als reich betrachten, entsprach also wenigstens ein einziges Mal dem verbreiteten Klischee vom wohlhabenden Devisenausländer.

Das Szenario des Geldabhebens am folgenden Nachmittag musste bei Augenzeugen für Augenblicke den Eindruck entstehen lassen, als seien sie Statisten in einem Wildwestfilm.

Zu dritt betraten wir – zwei Männer und eine Frau – die Saporoshjer Zentralbank und ließen uns vor den misstrauischen Augen Dutzender ärmlich gekleideter Bankkunden dicke Geldnotenbündel über den Zahltisch schieben. Um den Akt so schnell wie möglich über die Bühne zu bringen, hatten wir vorher die Rollen verteilt: Einer hielt das für die Aktion mitgebrachte lederne Aktenköfferchen, genannt „Diplomat", auf, während die beiden anderen die Geldnotenbündel hurtig Stück für Stück hineinsortierten. Zu unserem Verdruss reichte das Fassungsvermögen des „Diplomat" am Ende nicht aus und die Geldpäckchen quollen über den Kofferrand hinaus, so dass sich das verfluchte Ding trotz allen Drückens und Schiebens beim besten Willen nicht schließen ließ. Uns blieb nichts anderes übrig, als die restlichen Geldpäckchen eiligst in Jacken- und Hosentaschen zu verstauen. Dann verließen wir mit dem mit aller Gewalt zusammengepresstem Koffer, aus dem die Geldscheine an allen Seiten heraushingen, fluchtartig den Kassenraum, bevor jemand auf die Idee kam, die Miliz zu rufen. Die Blicke der Bankkunden und Kassierer im Nacken spürend, sprangen wir in den vor dem Bankgebäude wartenden Saporoshez, der in Bereitschaft sitzende Chauffeur startete augenblicklich den Motor und wir verließen auf der Stelle diesen Ort.

Von dem Haufen Geld erhielt ich die mir zugesagte Provision, womit der Deal einen erfreulichen und erfolgreichen Ausgang nahm.

Das Geld kam uns sehr gelegen, denn wir hatten, bevor wir unsere Zelte endgültig abbrachen, noch Mietrückstände zu bezahlen und die Vorbereitung auf die Reise kostete unsere letzten Ersparnisse.

Unsere paar Möbel ließen wir selbstverständlich zurück, aber das, was uns teuer war – Hunderte Bücher – verpackten wir sorgfältig in große

Holzkisten. Außer den Büchern verstauten wir noch ein wenig Kücheninventar (buntbemalte Holzlöffel und Brettchen, ein Silberlöffelbesteck) und etwas Bettwäsche in den Kisten und beförderten diese mit Hilfe von Bekannten zum Zolldienst außerhalb der Stadt, wo sie in einer großen Halle abgeladen wurden.

Dort mussten wir sie öffnen und den Inhalt Stück für Stück vor dem Zollbeamten ausbreiten. Seinen wachsamen Augen entging nicht, dass sich unter unseren Büchern auch Nachschlagewerke und fachspezifische Lexika befanden, deren Ausfuhr ins Ausland untersagt war. Da war nichts zu machen, die Lexika verblieben also in Saporoshje bei unseren Bekannten.

Für den Containertransport der Kisten per Bahn bezahlte ich vor Ort cash; die Transportkosten hielten sich zum Glück in Grenzen. Allerdings konnte ich nur die Kosten bis zur polnisch-deutschen Grenze in Rubel begleichen.

Das dicke Ende sollte ein paar Wochen später kommen, und zwar in Form einer Rechnung des deutschen Transportdienstes von Frankfurt/ Oder bis zum Wohnort. Für den Transport der beiden mit Büchern und Kleinigkeiten gefüllten Holzkisten durch deutsches Territorium hatte ich fast achthundert D-Mark aufzubringen, den mehrfachen Preis dessen, was an Wert in den Kisten steckte!

Wieder ein Neubeginn

Im neuen Deutschland gaben wir uns keinen trügerischen Hoffnungen auf Starthilfen seitens des Staates hin. Wir trafen auf eine Gesellschaft, die sich nicht mehr im hoffnungsvollen Aufbruch befand wie vor Jahresfrist, sondern deren Mitglieder nun ganz und gar in der individuellen Suche nach einem möglichst sicheren Platz in einem System aufgingen, das von der solidarischen Gesellschaft starker, freier Individuen ebenfalls Lichtjahre entfernt war.

Für den Runden Tisch aus der Umbruchsphase gab es im vereinigten Deutschland keine Verwendung mehr. Die etablierten Parteien Westdeutschlands, hinter denen die Wirtschaftsmächtigen standen, hatten auch im Osten Fuß gefasst und bestimmten die Politik.

Bei der Beobachtung der Verteilung der Reste des „Stellenkuchens" musste ich an die biblische Weisheit denken, dass die Ersten die Letzten und die Letzten die Ersten sein werden.

Mein erster flüchtiger Eindruck, dass auch in diesem System die weltanschauliche (politische und konfessionelle) Position sowie persönliche Beziehungen mehr galten als Sachkompetenz, schien sich in den Folgejahren, je länger wir hier lebten, bestätigen. Es blieb für mich ein Rätsel, auf welch wundersame Art und Weise manche Menschen, die ich von früher kannte, auf verantwortungsvolle Positionen der Verwaltungsstrukturen des Landkreises gekommen waren. Außerdem spielte die katholische Religion eine viel größere Rolle als früher, so dass die Trennung von Staat und Kirche keine klaren Grenzen mehr aufwies.

Es schien, als hätte ich nie hier gelebt, so hatte sich alles verändert. Wir kamen als Außenseiter und blieben Außenseiter in Bezug auf die hiesige Wendedynamik in ihrer scheinheiligen Verbrämung und die Fähigkeit, die eigene Vergangenheit zu verleugnen und sich einflussreichen Personen eines sicheren Arbeitsplatzes wegen anzudienen.

Selbstverständlich gelang es uns nicht sofort, eigenen Wohnraum zu finden, denn die Nachfrage war noch längere Zeit größer als das Angebot. Wir kamen in der Dreizimmerwohnung meiner Eltern unter, die uns wieder sehr bereitwillig aufnahmen. Natürlich hofften wir, trotz des Wohnungsmangels recht bald eine eigene Wohnung beziehen zu können. Allerdings verließen wir uns dabei nicht allein auf die offiziellen Stellen, die mit der Zuweisung von Wohnraum beauftragt waren, wir suchten auch selbst und registrierten jedes gardinenlose Fenster.

Außerdem herrschte Unklarheit über unseren Status. Für alle Fälle stellten wir einen Antrag auf Eingliederungsgeld für Aussiedler. Die Bewilligung einer solchen finanziellen Hilfe hätte es uns ermöglicht, uns zunächst beruflich zu orientieren. Niemand konnte uns jedoch die Gewissheit geben, ob wir als Aussiedler zu behandeln seien, aber man machte uns Hoffnung.

Nach mehrwöchiger Bearbeitungszeit kam dann die Ablehnung. Nein, Aussiedler waren wir nicht, wir gehörten aber zwei grundverschiedenen Kategorien an: der Kategorie der Deutschen und der statuslosen

Ausländer. Dieser Zusatz war von grundlegender Bedeutung, denn ein Ausländer ohne Status hatte in punkto Hilfe null Komma nichts von der öffentlichen Hand zu erwarten.

Nur gut, dass wir nicht die Hände in den Schoß gelegt hatten, sondern uns sofort auf Arbeitssuche begeben hatten. Dass mein Mann dank seiner guten physischen Voraussetzungen und seines selbstbewussten Auftretens sehr bald eine Arbeit als Bauhilfsarbeiter fand, betrachteten wir als Glücksfall, auch wenn ihm die erste Stunde seiner Tätigkeit eine Ernüchterung brachte, die er zu verdauen hatte. Da er kaum Deutsch verstand, wurde ihm die anspruchsvolle Technik der Handhabung eines Straßenkehrbesens nicht verbal, sondern in anschaulicher Weise nahegebracht. Denn wer in Deutschland konnte genau wissen, ob im rückständigen Russland neben Reisigbesen auch „moderne" Reinigungstechnik zur Anwendung kam?

Der bescheidene Verdienst als ausländischer Bauhilfsarbeiter zusammen mit dem Kindergeld ermöglichte uns dennoch einen höheren Lebensstandard als jemals zuvor.

Nach intensiver Wohnungssuche – der Wohnungsmangel war damals noch gravierend – fanden wir mit Hilfe von Bekannten ziemlich schnell eine sogenannte Zweieinhalbzimmerwohnung mit Ofenheizung, und über diese und die zum großen Teil von gutherzigen Mitbürgern geschenkten Gebrauchtmöbel waren wir sehr glücklich. Trotz aller Eingewöhnungsschwierigkeiten genossen wir außerdem die relative soziale Sicherheit und Stabilität der gesellschaftlichen Situation und waren froh, der Anspannung des Alltagslebens in der Ukraine und der Unfreundlichkeit der dortigen Behörden entronnen zu sein. Hier sahen wir eine bessere Lebensperspektive für unsere Familie.

Die ABM-Stelle im Bereich der sozialen Betreuung russlanddeutscher Aussiedler, die ich im Herbst des Jahres 1991 bekam, gestattete es uns sogar, einen klapprigen Gebrauchtwagen zu erwerben, der für meine in der Saporoshjer Fahrschule erworbenen Fahrkünste nicht zu schade sein musste.

Nachdem wir uns allmählich aus dem materiellen Tief herausgearbeitet und unserer Meinung nach das durchschnittliche Lebensniveau erreicht hatten, begannen wir unser gegenwärtiges Leben kritischer zu betrachten. Die Analysen waren hauptsächlich vergleichender Art und bezogen sich auf bestimmte, von uns als Ungerechtigkeit empfundene gesetzliche Bestimmungen, die uns persönlich betrafen, aber wer wollte uns das verübeln?

Der Vergleich begann in der eigenen Familie. Wir hatten beide das gleiche Diplom an derselben Universität erworben, und doch wurden die Abschlüsse durch das Thüringer Ministerium für Wissenschaft, Forschung und Kultur in Berufung auf unterschiedliche Regelungen für ehemalige DDR-Bürger und Ausländer mit unterschiedlicher Wertigkeit anerkannt. Offensichtlich sollte damit diplomierten Ausländern der Zugang zu entsprechenden Tätigkeiten erschwert werden. Rechtliche Schritte gegen die Ungleichbehandlung wären von vorn herein zum Scheitern verurteilt gewesen, da der Gleichbehandlungsgrundsatz nur für Deutsche galt.

Ein Briefwechsel mit dem Kultusministerium klärte uns weiterhin darüber auf, dass unsere Abschlüsse als Lehrer für Geschichte und Gesellschaftskunde hier keinen Pfifferling wert waren, und zwar aufgrund „der überwiegenden Ausrichtung der Studieninhalte auf das sowjetische Gesellschaftssystem". War es in der Bundesrepublik Deutschland etwa anders? Was verstand man hier wohl unter den verfassungsmäßigen Begriffen Freiheit von Forschung und Lehre?

Da wir beide aufgrund der Notwendigkeit, unseren Lebensunterhalt von Anfang an aus eigener Kraft zu verdienen, nicht über die Zeit und die Möglichkeiten verfügten, um in unsere gelernten Berufe wieder einzusteigen, ließen wir die staatlicherseits getroffenen – für uns jedoch nicht akzeptablen – Entscheidungen in Bezug auf die Bewertung der Studienabschlüsse unwidersprochen. Es war ja kein Geheimnis, dass im Bereich der Wissenschaften keine neuen Stellen geschaffen, sondern im Gegenteil nur abgebaut wurden. Zwar schickten wir der Form halber unsere Bewerbungen als Historiker an den Fachvermittlungsdienst des Arbeitsamtes in Jena, gaben uns aber keinen großen Hoffnungen hin. Tatsächlich wandte sich der Fachvermittlungsdienst lediglich mit einer Rückfrage an uns, wo wir uns denn bereits beworben hätten, aber in eine angemessene Tätigkeit konnte man uns auch nicht vermitteln. Wir verstanden die Hilflosigkeit des Fachvermittlungsdienstes sehr gut – es gab ja keine Stellen. Das Arbeitsamt hatte wohl vor allem damit zu tun, sich selbst und die Arbeitslosen zu verwalten.

Unsere vergleichenden Betrachtungen erstreckten sich weiterhin auf die anderen Einwanderergruppen mit dem Status von Aussiedlern und jüdischen Kontingentflüchtlingen, mit denen wir beide beruflich, seit 1995 auch mein Mann, unmittelbar in Berührung kamen. Mit der zweitgenannten Gruppe hatten wir ja bereits in Saporoshje Bekanntschaft geschlossen, als wir Anfang 1991 auf der Suche nach Wohnraum gewesen waren. Als Sozialbetreuer für diese Migrantengruppe traf ich übrigens – und ich traute meinen Augen nicht – im Übergangswohnheim des Landkreises Eichsfeld einen meiner ehemaligen Studenten, einen jungen Ukrainer aus Saporoshje, wieder, der mir nun als mittelloser Kontingentflüchtling aus der Ukraine – mit geändertem Namen, dem Familiennamen seiner jüdischen Ehefrau – gegenübertrat.

Unser Vergleich ergab, dass wir in Unkenntnis des Bundessozialhilfegesetzes (das dafür den meisten Statuseinwanderern in Bezug auf ihre Leistungsansprüche bereits vor ihrer Einreise nach Deutschland bekannt war) in den ersten Tagen unseres Aufenthaltes in Deutschland unsere wenigen Ersparnisse aufgebraucht und sofort nach der erstbesten Arbeit gegriffen hatten, um uns materiell abzusichern. Man hätte es auch anders machen können, wie andere Leute, die schlauer waren und ihren Anspruch auf Hilfe zum Lebensunterhalt geltend machten.

Die Eingliederungshilfen, die der deutsche Staat den Einwanderern mit Status zuteil werden ließ: sechsmonatiger, über das Arbeitsförderungsgesetz geförderter Deutschlehrgang, sechsmonatige Eingliederungshilfe, staatliches Akademikerprogramm mit dem Ziel der beruflichen Eingliederung von Zuwanderern mit Hochschulabschluss, Gleichstellung der Bildungsabschlüsse, Recht auf selbständige berufliche Tätigkeit usw. blieben meinem nichtdeutschen Mann ohne Status versagt. Mit dieser Benachteiligung fanden wir uns nur schwer ab, gerade weil uns der Vergleich mit den anderen Zuwanderern täglich von neuem vor Augen geführt wurde.

Gar nicht lustig, eher beschämend für den Ausgang des zwanzigsten Jahrhunderts, fanden wir auch die Vorschriften zum Erwerb der deutschen Staatsbürgerschaft, die noch aus Kaiser Wilhelms Zeiten stammten. Danach konnte ein Ausländer, der mit einer/einem Deutschen verheiratet war, die deutsche Staatsbürgerschaft nur dann erwerben, wenn der deutsche Ehegatte/die deutsche Ehegattin zunächst zweifelsfrei seine/ihre „deutsche Reinblütigkeit" im Rückblick auf die letzten drei Generationen väterlicherseits nachwies. Was die entsprechende Beweisführung an Recherchen kostete, kann man sich leicht vorstellen.

Gewichtige *Zettelchen* entscheiden auch in Deutschland über Sein oder Nichtsein – für uns aus der Terra et patria des Homo sovieticus eigentlich nicht mehr gewöhnungsbedürftig.

Zettelchen, immer Zettelchen, ob in Deutschland, der Sowjetunion, der Ukraine oder Russland.

Wann werden wir genug von den Zettelchen haben, um auf russisches Staatsgebiet zu gelangen und endlich zu Hause zu sein, auszuruhen?!

Der ukrainische Grenzposten liegt weit hinter uns, der russische Grenzposten ist erreicht. Wir stellen unser Fahrzeug in unmittelbarer Nähe der Zollabfertigungsrampe ab, steigen aus und orientieren uns. Was wir zu sehen bekommen, ist nicht gerade ermutigend. Wir haben sie nicht gezählt, die dreiunddreißig Buden links und rechts, aber jemand hat sich offenbar die Mühe gemacht, denn wir schnappen die Zahl zufällig auf. Das Spielchen, das nun mit uns gespielt wird, kennen wir bereits, das Muster gleicht sich erstaunlicherweise überall.

Den Grenzern und Zöllnern ist es schnurzegal, dass wir 2100 Kilometer anstrengender Fahrt hinter uns haben. Ihr Job, den ganzen Tag am Posten zu verbringen, ist ebenfalls anstrengend und bringt nicht einmal viel ein.

Verständnisvoll, wie wir sind, bemühen wir uns, die Beamten nicht mehr als notwendig zu konsultieren. Während wir unseren Pflichten nachkommen, also die Buden oder „Waggontschiki" abklappern, Straßenmautgebühr, Ökogebühr, die befristete Zulassung unseres Fahrzeuges für Russland usw. bezahlen und die entsprechenden Belege („Talontschiki") sammeln, um am Ende den „Talontschik" für die Durchfahrt abgestempelt zu bekommen, stehen die Beamten, die gerade nichts zu tun haben, dabei und schauen interessiert zu, wie die Fahrzeugbesitzer von „Waggontschik" zu „Waggontschik" geschickt werden.

Hinweise zu den Formalitäten bekommt man nur, wenn man sich selbst zu einem der Beamten hinbemüht und nachfragt. Die Antworten fallen in der Regel einsilbig aus. Wo ist die Freude, Landsleute zu Hause begrüßen zu können?

In dieser Beziehung sind unsere Gefühle identisch, die Grenze, das politische Tor zur Heimat, lässt wirklich keine Heimkehrfreude aufkommen.

Als wir ziemlich viel Zeit mit der Erledigung der Formalitäten zugebracht haben und glauben, alle Zettelchen beisammen zu haben, tritt uns just in dem Moment, als wir in Richtung Schlagbaum abfahren wollen, ein junger Mann in den Weg. Da wir ihn nicht über den Haufen fahren wollen, halten wir an und fragen leicht ungehalten nach seinem Begehr. Ohne die Antwort abwarten zu müssen, begreifen wir angesichts des Schildes vor seiner Brust mit der gewichtigen Aufschrift „Inspektor der Militär-Steuer-Versicherung", dass hier noch einer Geld von uns will.

Wir könnten Zeit sparen, indem wir die Gebühr für die Krankenversicherung zahlen, die man uns aufzudrängen versucht. In uns sollen sie aber keine Dummen finden, die ihren unersättlichen Rachen stopfen. Wir streiten lange mit dem neugebackenen Inspektor, der sich sehr selbstsicher gibt. Ich halte ihm meine ADAC-Auslandskrankenversicherung, die für alle Länder der Welt gilt, vor die Nase und gebe ihm außerdem zu bedenken, dass, wenn mich hier an seiner Grenze auf der Stelle ein Infarkt ereilt, seine Militär-Steuer-Versicherung bestimmt die letzte ist, die mir Rettung bringt. Er sieht das zwar anders, kann sich aber nicht unendlich mit uns streiten, drückt schließlich mit Widerwillen den letzen Stempel auf den Zettel und lässt von uns ab. Der Kontrollzettel für die Durchfahrt ist perfekt. Der Posten nimmt ihn uns ab, die Schranke hebt sich – und tschüss, bis in drei Wochen.

Teil III: RUSSLAND HEUTE – zwischen Hoffnung und Hoffnungslosigkeit

Das Erscheinungsbild des Russlands nach der Jahrtausendwende ist von einer Vielzahl von Gegensätzen und schwer durchschaubaren Prozessen gekennzeichnet, deren Ursprünge in der russisch-sowjetischen Vergangenheit zu suchen sind und deren Aufarbeitung spätestens seit der Proklamierung der Transparenzpolitik durch Gorbatschow auf der Tagesordnung steht.

Viele Historiker der postsowjetischen Zeit tun sich bei der Erarbeitung eines annähernd objektiven Bildes der russisch-sowjetischen Vergangenheit ziemlich schwer. Gemeint sind die bewährten Taktiken: „Das Fähnlein nach dem Wind drehen" oder „Wessen Brot ich ess, dessen Lied ich sing".

So verwundert es nicht, dass nach Auffassung eines Teils der neuen Historiker Marktwirtschaft und Rechtsstaat nach europäischem oder amerikanischem Muster schon immer der einzig gangbare, naturgesetzmäßige Weg für das russische Volk in den gesellschaftlichen Fortschritt gewesen wären, wenn nicht die Bolschewiki der natürlichen Entwicklung ein rigoroses Ende gesetzt hätten. Die Volksfreundlichkeit und Friedensliebe des letzten Zaren ist von den sowjetischen Historikern immer nur schmählicherweise verkannt worden, die Oktoberrevolution gilt in der heutigen Geschichtsversion als Abbruch der demokratischen Entwicklung der russischen Gesellschaft.

An Varianten der Beurteilung der sowjetischen Geschichte fehlt tatsächlich nur noch die These, dass ein Sieg der deutschen Wehrmacht für einen wahren Volkswohlstand und eine wahre Demokratie in der Sowjetunion der bessere Weg gewesen wäre. Aber das predigen die russischen Rechten ja schon längst hinter der vorgehaltenen Hand. Nur leben noch zu viele Zeitzeugen, die die schreckliche Zeit des Zweiten Weltkrieges miterlebt haben und für die Hitler der Teufel des 20.Jahrhunderts gewesen ist.

Vom Erscheinungsbild bis zur Erkenntnis des Wesens der postsowjetischen Gesellschaft führt der Weg durch das verschlungene Dickicht der Geschichte Russlands und der Sowjetunion, der gesellschaftlichen Strukturen, der verschiedensten Interessensphären.

Aber auch den Touristen, die das Land mit öffentlichen Transportmitteln bereisen und sich fast ausschließlich an den Vorzeigeorten Russlands tummeln, ohne hinter die Kulissen zu schauen, dürften die Gegensätze zwischen Armut und Reichtum, ökonomischen Zwängen und uneingeschränkter Freiheit sowie die nicht zu übersehenden Anzeichen der Überschwemmung mit westlicher Massenkultur nicht entgehen. Freilich, ob dies als Anzeichen des schweren Anfangs des marktwirtschaftlichen und westlich-freiheitlichen Fortschritts oder einer umfassenden Gesellschaftskrise infolge der Zerstörung alter Strukturen und der Unfähigkeit der Schaffung neuer, fortschrittlicher Strukturen wertet, hängt wohl vom weltanschaulichen Standpunkt des Betrachters ab.

Das Korruptionsproblem im Bereich der Machtstrukturen gehört zu den größten Problemen der Nachfolgestaaten der UdSSR, und solange die soziale Schere klafft, wird es auch nicht zu lösen sein. Nach einer (nicht offiziellen) privaten Schätzung, beruhend auf der persönlichen Erfahrung von Personen, die in den Rechtsschutzorganen arbeiten, sind von 100 Milizionären 85 korrupt. (Die Schätzung stammt aus dem Jahr 2005, die Zahlen mögen sich geändert haben, das grundsätzliche Problem jedoch nicht.)

Wer nicht mit den Wölfen heult, hat es sehr schwer. Wer versucht, nur auf ehrliche Weise seinen Lebensunterhalt zu verdienen, wird niemals wohlhabend. Wer sich aber in das mafiöse Netz wie in ein Spinnennetz einspinnen lässt, riskiert unter Umständen sein Leben und das seiner Familie. Der Staat ist nicht in der Lage (und vielleicht auch nicht daran interessiert), seinen Bediensteten angemessene Gehälter zu zahlen, die für den Lebensunterhalt der Familien ausreichend wären. Die Korruption als Bestandteil des gesellschaftlichen Lebens in Russland durchdringt alle Bereiche, die irgendwie mit staatlicher Aufsicht zu tun haben.

Ich traf im Sommer 2001 einen Oberleutnant des Brandschutzes und kam mit ihm ins Gespräch, während dessen er, nicht ohne Stolz, mehr als einmal zu verstehen gab, nicht zu den Ärmsten zu gehören.

Wohlhabend sein, das bedeutet heute in Russland unter anderem, den Kindern ein Hochschulstudium finanzieren zu können, sich Urlaubsfahrten ins Ausland leisten zu können, ein gutes Auto zu fahren und über Wohneigentum zu verfügen.

Der Brandschutzinspektor erklärte, dass er in der ländlichen Gegend von Kolchos zu Kolchos bzw. zu den landwirtschaftlichen Aktiengesellschaften fahre, um deren Brandschutztechnik und Brandsicherheit zu überprüfen. Diese Tätigkeit läuft auf Folgendes hinaus: Um einer ernsthaften Mängelprüfung und möglichen Investitionsauflagen zur Behebung der Mängel zu entgehen, investieren viele landwirtschaftliche Betriebe statt in Brandschutztechnik in den Inspektor, der sein bescheidenes Gehalt auf diese Weise aufstockt. In gegenseitigem Einvernehmen trinkt man gemeinsam mindestens ein Glas Selbstgebrannten und geht anschließend seinen Geschäften nach. Ungewöhnlich? Keinesfalls, solche Begebenheiten gehören zum russischen Alltag.

Die Zöllner beispielsweise, die direkt an der Warenquelle sitzen, profitieren täglich von ihrer privilegierten Stellung. Anfang des neuen Jahrhunderts wurden Fälle bekannt, wo Zöllner kraft ihrer unmittelbaren Beziehung zum Zollgut Waren manipulierten und hochwertige Waren durch minderwertige ersetzten. So wurde beispielsweise Wodka umgefüllt: Qualitätswodka ersetzte man durch minderwertige, zum Teil ungenießbare oder auch giftige Flüssigkeit, und diese Flaschen gerieten später an ahnungslose Käufer, die nach dem Genuss der Flüssigkeit aus den Wodkaflaschen an Vergiftung starben. Ob den Zollbediensteten, der seine Position ausgenutzt hat, um seine Familie besser zu ernähren, und der das Leben anderer Menschen dabei aufs Spiel setzte, das Gewissen geplagt hat? Schwerlich. Menschenleben sind in Russland noch nie viel wert gewesen, weder unter dem Zaren noch unter Stalin und auch heute nicht. Zum Beispiel wurden vor nicht langer Zeit ohne Skrupel der Verantwortlichen junge Wehrpflichtige im Tschetschenienkrieg sinnlos geopfert. – Wo gehobelt wird, fallen Späne. – Auch heute noch.

Betrachtet man die Lebensumstände der Menschen in den Städten, die Preise der Güter des täglichen Bedarfs, der Kleidung, die Mieten, so lässt sich einiges verstehen, auch für die Korruption findet sich eine Rechtfertigung. Bei Gesprächen mit Vertretern verschiedener Berufsgruppen erfuhr ich, was die Menschen gegenwärtig in Russland verdienen.

Dass die Löhne und Gehälter in erster Linie von Beruf, Stellung im Betrieb und Arbeitsort abhängen, ist an und für sich nicht ungewöhnlich. Aber die Schere zwischen hohen und niedrigen Einkommen ist gravierend.

Verhältnismäßig hoch sind beispielsweise die Löhne von Spezialisten der Erdgasgesellschaft „Gasprom". Wer in den unwirtlichen Gebieten der Russischen Föderation arbeitet, zum Beispiel in der Nähe des Polarkreises, wo der Winter Ende September Einzug hält und die Erde bis in den Juni gefroren ist, wo die Temperaturen im Winter bis auf 40 und 50 °C unter Null sinken und in zwei Wintermonaten die Polarnacht herrscht, wo die Kinder ab minus 30 °C kältefrei bekommen, der verdient verhältnismäßig gutes Geld.

Der Preis dafür ist die Gesundheit. In diesen Regionen wirken sich die lange Dunkelheit und der Mangel an frischem Obst und Gemüse langfristig negativ auf die Gesundheit und den psychischen Zustand der Menschen aus. Die Preise für Obst, Gemüse und Fleisch sind dort sehr hoch.

Zu Beginn des neuen Jahrtausends wurden die Gehälter häufig erst im Sommer zum Urlaub in einer Summe ausgezahlt, damit sich die Mitarbeiter mit ihren Familien im russischen Süden am Meer erholen konnten, bevor ihnen wieder eine lange Winternacht bevorstand. In solchen Fällen lebte man das Jahr über „von der Hand im Mund", griff auf Erspartes zurück, versuchte durch Handel etwas hinzuzuverdienen und lebte auf jeden Fall sparsam und bescheiden.

Neben dem täglichen Überlebenskampf spürt man im russischen Norden aber auch einen Hauch von Freiheit. Das bedeutet Romantik und die Möglichkeit, am Lagerfeuer in der Taiga auf selbstgeschnitzten Holzspießen selbst eingelegte Schaschliks zu grillen, in der heißen Asche des Lagerfeuers gebackene Kartoffeln zu essen, mit guten Freunden Selbstgebrannten zu trinken und in der Stille der Taiga, wo es niemanden stört, zu Gitarrenklängen Lieder zu singen.

Viele Männer besitzen Gewehre, mit denen sie in der Taiga Kleintiere jagen, zum Beispiel Fischotter, während die Frauen und Kinder Blaubeeren und Pilze sammeln, um diese zu marinieren und für den nächsten Winter einkochen.

Die Würze des Lebens im russischen Norden sind Ausflüge mit Familie und Freunden in die Natur, in die Taiga. Und dort ist vieles erlaubt, was im zivilisierten Europa verboten ist. Schon in der ehemaligen Sowjetunion galt der Grundsatz: Wenn man wenig hat, muss man aus dem Wenigen etwas machen. Nicht umsonst sind die Russen Meister der Improvisation.

Sparsam leben muss in Russland fast jeder, der nicht im Bereich des sogenannten „großen Business" beschäftig ist. Das betrifft gleichermaßen Arbeiter wie zum Beispiel auch Angestellte des Bildungswesens und des Gesundheitswesens. Gerade in diesen Bereichen werden heute Unmengen von Schmiergeldern gezahlt. Wer kein Geld hat, kann seinen Kindern keinen Hochschulabschluss finanzieren, außerdem stirbt er früher als andere. Da nutzt auch die obligatorische Krankenversicherung nichts.

Arm dran ist ein Großteil der Rentner in den Städten. Wenn man bedenkt, dass die Miete einen Teil der kargen Rente verschlingt, dazu die Nebenkosten bezahlt werden müssen, reicht das Geld kaum für die notwendigen Lebensmittel, geschweige denn für medizinische Behandlungen oder gar Urlaubsreisen. Die Rentner in den Dörfern haben wenigstens keine Mietkosten.

Es lässt sich auch kaum vorstellen, wie alleinerziehende Frauen ohne Unterhaltszahlungen über die Runden kommen. Da wird es verständlich, warum viele Frauen es vorziehen, bei ihren alkoholtrinkenden, prügelnden, aber geldverdienenden Männern zu bleiben, als diese zum Teufel zu jagen. Das kleinere Übel wird dem größeren vorgezogen. Überleben ist angesagt.

In jeder Stadt sitzen an den Straßenrändern und auf den Märkten alte, ärmlich gekleidete Frauen mit Kopftüchern, die Handel treiben, um ihre magere Rente aufzubessern. Sie handeln mit gerösteten Sonnenblumen-kernen, die gern von Jung und Alt gekauft werden, mit natürlichen und künstlichen Blumen, mit Schmand, selbstgestrickten Socken, Petersilie, Dill, Obst und Gemüse. Jeder bietet an, was er eben anzubieten hat, und da der Zusatzverdienst nicht gerade groß ist, leben viele alte Menschen am Rande des Existenzminimums.

Bei den Rentnern handelt es sich um die soziale Schicht, die sich am schwersten mit der neuen postsowjetischen Ordnung oder Unordnung in den Nachfolgestaaten der UdSSR abfinden kann, weil sie zu den Verlierern der gesellschaftlichen Umwälzungen gehört und sich deshalb größtenteils das sowjetische System zurückwünscht. „Unter Stalin war wenigstens Ordnung", sagen viele Rentner, die heute unter den permanenten Reformen und Veränderungen im Staat leiden, die meist zu Lasten der sozial Schwachen gehen.

Unter Stalin standen die Menschen in ihrer Eigentumslosigkeit auf einer sozialen Ebene, was sie auf gewisse Weise verband. Und wie Stalins Regime eine als straffe Ordnung empfundene relative gesellschaftliche Stabilität hervorbrachte, die jedoch mit einem Verlust an persönlicher Freiheit und Bürgerrechten sowie mit einem hohen Blutzoll Unschuldiger bezahlt werden musste, so hatten die Menschen unter Breshnew ihr tägliches Brot zu erschwinglichen Preisen und relative soziale Sicherheit.

Was braucht der genügsame Mann der Arbeit mehr als das tägliche Brot, Ordnung und Stabilität. Diese gab es nur um den Preis der persönlichen Freiheit, aber heute gibt es weder Ordnung noch billiges Brot noch – unter den Bedingungen des neuen Wirtschaftsordnung Russlands, der ökonomischen Zwänge und des täglichen Überlebenskampfes – wahre Freiheit.

Der um die Früchte seines Arbeitslebens und seine Hoffnung auf die gerechte, wohlstandversprechende kommunistische Ordnung betrogene Rentner sieht sich am Rande der Gesellschaft dahinvegetieren; als Arbeiterklasse und Klasse der werktätigen Kolchosbauern und Schöpfer des gesellschaftlichen Reichtums stand er einst im Mittelpunkt des gesellschaftlichen Seins, in allen Lehrbüchern und auf allen Spruchbändern galt er als Held der Arbeit. Nun weiß er nicht mehr, was er eigentlich ist; er ist verbittert und weiß eigentlich nur, dass es anderen, die nicht arbeiten, viel besser geht als ihm. Und dass die Regierung mit Sprüchen von Marktwirtschaft und Rechtsstaatlichkeit eine Politik gegen ihn betreibt.

In Moskau sitzt der Feind

„In Moskau sitzt der Feind – und nicht nur einer!" hörte ich während meines Aufenthaltes im russischen Dorf S. im Gebiet Kursk eine alte Frau, eine lebenserfahrene Bäuerin, sich äußern. Man muss nicht hochgebildet sein, sondern nur über etwas gesunden Menschenverstand und Lebenserfahrung verfügen, um das Spiel, das in den oberen Schichten gespielt wird, einigermaßen zu durchschauen.

Während sich die täglichen Sorgen der Städter um die niedrigen Löhne, die ständig steigenden Lebenshaltungskosten, Preise und die hohe Arbeitslosigkeit drehen, haben die Bauern andere Sorgen.

In der ferneren Vergangenheit stellten die Bauern die Mehrheit der Bevölkerung. Jede bäuerliche Familie verfügte über ein kleines Stück Land, das sie bearbeitete, welches jedoch nicht ihr gehörte, sondern dem Staat, den Gutsbesitzern, der Kirche. Die Bauern mussten Abgaben leisten oder einen Teil ihrer Arbeitszeit für ihren Gutsbesitzer arbeiten. Da unter diesen Bedingungen zahlreiche Bauern ihren Grundbesitzer wechselten oder sich auf Land niederließen, das noch niemandem gehörte, und sich diese relative „Freizügigkeit" der Bauern negativ auf die Wirtschaft der Gutsbesitzer auswirkte, beschränkte Zar Iwan III. durch das Gerichtsbuch von 1497 das Abzugsrecht der freien Bauern auf eine Woche vor und eine Woche nach dem St-.Georgs-Tag. Damit wurde die Bindung der Bauern an die Scholle eingeleitet. Manche Jahre verboten die Zaren aber auch per Verordnung, die Scholle zu wechseln, außerdem war das Wechseln von einem Herrn zum andern für die Bauern mit bestimmten Auflagen verbunden. 1649 fand die bäuerliche Leibeigenschaft ihre endgültige gesetzliche Verankerung.

Während in anderen Ländern Europas im Ergebnis der bürgerlich-demokratischen, antifeudalen Revolutionen die Leibeigenschaft der Bauern als Hemmschuh für die kapitalistische Entwicklung bereits um Jahrhunderte früher beseitigt worden war, wurde diese in Russland erst Mitte des 19. Jahrhunderts – im Jahr 1861 – abgeschafft. Aber auch nach 1861 konnten die Bauern nicht ohne weiteres freie Eigentümer des Bodens werden, es mussten große Ablösesummern gezahlt werden, über die die meisten Bauern natürlich nicht verfügten. Außerdem waren die

Bauern zwangsläufig in ihrer ländlichen Gemeinde eingebunden, in der alle gleich arm waren.

Pjotr Arkadjewitsch Stolypin, von 1906 bis 1910 russischer Premierminister, äußerte 1904: „Der russische Bauer drängt mit Leidenschaft darauf, alle gleichzumachen, alle auf ein Niveau zu bringen, da man aber die Masse nicht auf das Niveau des Fähigsten, Unternehmerischsten und Klugen heben kann, werden die besten Elemente auf das Verständnis und das Bestreben der schlechten und trägen Mehrheit herabgedrückt."

Jahrhundertelange Traditionen, Leibeigenschaft, die Bande der bäuerlichen Gemeinde, das Patriarchat und die Unwissenheit hatten in der russischen Bauernschaft keine Landeigentümermentalität aufkommen lassen, so dass die russischen Bauern weit davon entfernt waren, an einer Entwicklung der Landwirtschaft interessiert zu sein.

Nach der ersten Russischen Revolution zu Beginn des 20. Jahrhunderts gab es staatlicherseits einzelne Versuche, die archaischen rechtlichen Beschränkungen für die Bauern aufzuheben und günstigere Bedingungen für die Herausbildung privater kleiner bäuerlicher Wirtschaften zu schaffen. (Die Bauern waren bis Anfang des 20. Jahrhunderts von der Ausübung staatsbürgerlicher Rechte, unter anderem des Wahlrechts, ausgeschlossen; bis Mitte des 20. Jahrhunderts besaßen zahlreiche Bauern keinen eigenen Pass, weshalb viele der älteren Dorfbewohner ihr genaues Geburtsdatum nicht kennen.)

Die Reformen sollten auf der Unantastbarkeit des Privateigentums an Boden basieren, das heißt, das Land der Gutsbesitzer blieb unantastbar. Als Möglichkeiten zur Schaffung bäuerlichen Eigentums kamen die Veräußerung staatlicher Ländereien an die Bauernbank, die Schaffung eines staatlichen Bodenfonds, beispielsweise in kaum bevölkerten Gebieten Russlands und die Umsiedlung von Bauern aus den dichtbesiedelten Gebieten Zentralrußlands sowie der weitere Verkauf des Gutsbesitzerlandes an die Bauern in Frage.

Die Auflösung der Bande der dörflichen Gemeinde und die eigentumsrechtliche und besitzmäßige Differenzierung der Bauern wären die Voraussetzungen für die Entwicklung der Bauern zu Subjekten der marktwirtschaftlichen Beziehungen gewesen.

Die landwirtschaftliche Reform im zaristischen Russland Anfang des 20. Jahrhunderts verlief schleppend, nicht zuletzt wegen des Desinteresses der Bauern, so kam es nicht zu den erwünschten Veränderungen.

Die Oktoberrevolution in Russland brachte die Partei der Bolschewiki an die Macht, die sich die Beseitigung des Privateigentums an Produktionsmitteln (einschließlich des Bodens als Produktionsmittel) als Hauptursache für die soziale Ungerechtigkeit auf die Fahnen geschrieben hatte. Die Umgestaltung der Produktionsverhältnisse in der Landwirtschaft in der Sowjetunion begann mit der Vergesellschaftung des Bodens durch das „Dekret über den Boden".

Im Zuge der Umsetzung dieses Dekrets wurden die Ländereien der Gutsbesitzer und Adligen an die Bauern verteilt, wodurch die Zahl der bäuerlichen Wirtschaften immens stieg. Allerdings blieben die neugebackenen Bodenbesitzer nicht lange im Besitz ihrer Wirtschaften.

Die erneute Vergesellschaftung des Bodens nach Lenins Tod seit Ende der zwanziger Jahre in Form zunächst freiwilliger, im Weiteren zwangsweiser Bildung von Kollektivwirtschaften (Kolchosen) und Staatsgütern (Sowchosen), führte erneut zu einer Entfremdung der Bauern vom Boden und zum Verlust des privaten Interesses an der Steigerung der landwirtschaftlichen Produktion. Wenn allen alles gehört, gehört niemandem etwas.

Zahlreiche Besitzer bäuerlicher Wirtschaften, die Initiative entfalteten und durch ihren Fleiß und umsichtiges Wirtschaften zu bescheidenem Wohlstand gelangten, fielen Anfang der dreißiger Jahre im Zug der Enteignung der Großbauern (der sogenannten Kulaken) ebenfalls Enteignungen zum Opfer. Man siedelte sie samt Familien und Hab und Gut nach Sibirien um, ihr Boden aber wurde den wenig effektiv wirtschaftenden Kolchosen zugeteilt. So kam es dazu, dass das aktive bäuerliche Element ausgerottet wurde.

Schweren Schaden fügten der sowjetischen Landwirtschaft auch diverse Experimente zu, die von der sowjetischen Staatsführung veranlasst wurden. Man denke dabei beispielsweise an die Maiskultivierungsversuche nach dem Besuch des sowjetischen Staatchefs Nikita Chrustschows in Amerika, die versuchte Offenstallhaltung von Kühen, die Neulandgewinnung in Kasachstan, die Teil der extensiven

Landwirtschaftspolitik war. Man ging mit dem, was man hatte, bedenkenlos und verschwenderisch um, in der Annahme, dass die Ressourcen unerschöpflich seien.

Die Kolchosen wurden in den Jahrzehnten nach dem Krieg immer mehr zum Selbstbedienungsladen der Kolchosbauern, viele nahmen sich für die eigene Wirtschaft, was sie brauchten: Getreide wurde in der Dunkelheit säckeweise fortgeschleppt, Maschinen und Diesel privat genutzt. Auch die Arbeitsmoral wurde immer lascher, das Trinken von Alkohol während der Arbeitszeit und sogenannte Arbeitsbummelei waren keine ungewohnten Erscheinungen. So kam es, dass viele Kolchosen zum Ende der Sowjetära kaum noch existenzfähig waren.

Diese heruntergekommenen Wirtschaften strukturierte man in den neunziger Jahren zum großen Teil in Aktiengesellschaften um, in Anpassung an die neuen wirtschaftlichen Ziele und wohl in der Hoffnung, damit zu höherer Effektivität zu gelangen. Allerdings war nun der Preis für die jahrhundertelange Entfremdung vom Eigentum zu zahlen, denn die frischgebackenen Aktionäre fühlten sich bei weitem nicht als Landeigentümer mit der dazugehörigen Verantwortung. Dazu kamen ungünstige äußere Faktoren, die eine Entwicklung im Bereich der Landwirtschaft hemmten: Die Aufkaufpreise für landwirtschaftliche Erzeugnisse waren niedrig, die Verkaufspreise im Gegensatz dazu hoch. In den Maschinenparks stand lediglich veraltete Technik und die Aktiengesellschaften verfügten über keine Mittel, neue Landmaschinen zu erwerben; von günstigen Krediten konnte keine Rede sein.

Nicht zu übersehen in den Dörfern war in diesem Zusammenhang die überall umherliegende verschrottete Landtechnik, die es nicht einmal wert war, als Schrott verarbeitet zu werden; diese ausgemusterte Technik diente bestenfalls den Dorfkindern als Klettergerüst und Spielplatz.

Während die Frauen tagtäglich dafür sorgten, dass die bäuerliche Wirtschaft in Schuss gehalten wurde, wussten die Männer in den Aktiengesellschaften nichts Richtiges mit sich und den neuen Strukturen anzufangen, denn es herrschte keine richtige Ordnung und Klarheit darüber, wie man die Arbeit effektiv hätte gestalten können. Die Aktiengesellschaften und ihre Vorstände waren im Hinblick auf eine sachgerechte Kalkulation und Planung ihrer Wirtschaftstätigkeit recht ahnungs- und hilflos, in unzähligen Diskussionen wurde viel Pulver verschossen, ohne Ergebnisse zu erzielen.

In der Aktiengesellschaft des Dorfes S., die über 4000 Hektar gemeinsamen Schwarzerdebodens verfügte, wurden damals nur 800 Hektar bebaut! Warum, fragt man sich, lagen 3200 Hektar fruchtbaren Schwarzerdebodens brach? Wer trug und trägt die Verantwortung dafür, dass die russischen Wirtschaften bis heute nicht fähig sind, die Böden effektiv zu bewirtschaften, um sich selbst und die Menschen des Landes zu ernähren?

Selbst das rückständige zaristische Russland war vor dem ersten Weltkrieg in der Lage, in Jahren mit günstigen Witterungsbedingungen Getreide mit solchem Überschuss zu produzieren, dass es ins Ausland exportiert werden konnte.

Ebenso war die Arbeitsmoral war nicht besser als früher, der Teufel Alkohol spielte seine Rolle wie ehedem, und es ist nicht übertrieben zu behaupten, dass er die Reihen der Männer in den russischen Dörfern deutlich dezimiert hat. Nicht nur ältere, auch junge Männer leiden durch den regelmäßigen und übermäßigen Alkoholkonsum an organischen Krankheiten und sterben lange vor ihrer Zeit. Was noch tragischer ist, dass immer mehr Frauen in ihrer Hoffnungslosigkeit zur Flasche greifen. Alkoholtrinken gehört im russischen Dorf zur Arbeits- und Freizeitkultur.

Viele Höfe besitzen Destillierapparate, mit denen Schnaps gebrannt wird, der einerseits vom Hersteller selbst konsumiert wird, andererseits aber auch als Zahlungsäquivalent unter den Dorfbewohnern dient. Hilfsarbeiten in der Landwirtschaft werden mit Wodka und selbstgebranntem Schnaps entgolten.

Die Selbstverständlichkeit, mit der Alkohol auf den Dörfern konsumiert wird, ist erschreckend. Es scheint ein Teufelskreis zu sein: Solange sich die Lebensweise in den russischen Dörfern nicht wandelt, wird der Alkohol weiterhin einen wesentlichen Platz im Leben der Menschen einnehmen. Wiederum wird sich die Lebensweise nur zum Positiven wenden, wenn die Menschen dort die Notwendigkeit einsehen, dass sie die Gestaltung ihres Lebens und ihrer Arbeit selbst in die Hand nehmen und sich von vielen Gewohnheiten – auch vom maßlosen Trinken – lossagen müssen.

Da die ländlichen Bewohner Russlands kaum Ärzte aufsuchen, kann ihnen im Krankheitsfall auch nicht geholfen werden. Im Übrigen ist auch keine Zeit für Arztbesuche in der Stadt, da die Wirtschaft täglich versorgt werden muss. Ohne die eigene Wirtschaft – den Kartoffelacker, das Gemüsebeet, die eigenen Kühe, Schweine und das Geflügel – wäre die Ernährung der Familien auf dem Land gefährdet.

Eines ließ die Bauern der Aktiengesellschaft des Dorfes S. im Jahr 2000 aufhorchen: In ihrem Kreis hatte ein deutscher Landwirt aus Sachsen, angezogen von der fruchtbaren Schwarzerde, ein Stück Land gepachtet; er ließ den Boden mit moderner Landtechnik und russischen Arbeitskräften bearbeiten und man schaute gespannt, ob der Deutsche bessere Erträge als die Russen erzielte. Als man gewahr wurde, dass seine Arbeitsmethoden Erfolg hatten und seine Erzeugnisse Absatz fanden, begann man von Seiten der Kreislandwirtschaftsverwaltung vor lauter Neid, ihm und seiner Tätigkeit immer mehr bürokratische Steine in den Weg zu legen, bis sich der deutsche Unternehmer aus S. zurückzog. Heute ist er in einer anderen ländlichen Region der Russischen Föderation erfolgreich tätig; seine Erzeugnisse sind gefragt und er selbst gehört zu den Wohlhabenden der Region.
Bis heute hat sich das Bild der Landwirtschaft im Gebiet der ehemaligen sowjetischen Kolchose „Iljitschs Vermächtnis" deutlich gewandelt. Nachdem die Bodenanteile der Aktiengesellschaft im Zuge der weiteren Privatisierung an die Bauern verkauft worden waren, drängt man diese nun, ihre Äcker wieder zu verkaufen – an die Herren großer Schweinemastanlagen, von denen mehrere im Umkreis des Dorfes S. errichtet wurden.
Auf den fruchtbaren Schwarzerdeböden! Mit den Bäuerinnen, deren Männer größtenteils relativ jung gestorben sind und die, auf sich allein gestellt, mit den großen Äckern nichts anfangen können, hat man ein leichtes Spiel. Für ein paar Tausend Rubel pro Ackerfläche von 9,8 ha werden diese aufgekauft und dienen den neuen Eigentümern zur Profitgewinnung aus den Mastanlagen.
In den Dörfern geht die Befürchtung um, dass man nun mit Hilfe der Verwaltungsmafia und Zwangsmaßnahmen versuchen wird, die kleinen Wirtschaften mit ihrer Schweinehaltung in die Enge zu drängen und

ihnen das „Wasser abzugraben". Das Monopol der Schweineproduktion duldet keine Konkurrenz neben sich und sei sie noch so unbedeutend. Übrigens soll Gerüchten zufolge auch der russische Premier Medwedew seine Hand in diesem Spiel haben. Nichts ist unmöglich.

Wo zu Sowjetzeiten goldener Weizen reifte, werden heute Mais, Raps und Sonnenblumen angebaut. Kultivierte Felder sind natürlich besser als der traurige Anblick, den die unbestellten Felder in den Jahren nach der Jahrtausendwende boten. Man fragt sich aber: Wozu braucht das Zentrale Schwarzerdegebiet der Russischen Föderation eigentlich noch seine Schwarzerde?

So schließt sich der Teufelskreis wieder einmal: Russland ist in der glücklichen Lage, über einen exklusiven Reichtum an fruchtbaren Böden zu verfügen. Leider ist man nicht Willens und in der Lage, diesen so zu nutzen, dass es den Menschen Vorteile bringt. Die Politik der russischen Regierungen in Bezug auf die Förderung der Landwirtschaft und den Erhalt des ländlichen Raumes, des Lebensraumes eines Großteils seiner Bevölkerung, ist von Interesselosigkeit und Gleichgültigkeit gekennzeichnet. Abgehängt von der allgemeinen Entwicklung und ohne jede Zukunftsperspektive wird sich das Dorfsterben, das jetzt schon augenfällig ist, auch künftig fortsetzen.

In diesem Kontext verschärft sich in Russland weiter die Tendenz der gesellschaftlichen Polarisierung: Am härtesten sind immer wieder diejenigen betroffen, die sowieso kaum etwas haben, während ein Bruchteil der Bevölkerung immer reicher wird.

Dass zu dieser Minderheit nun ausgerechnet auch mehrere bekannte russische Bürger jüdischer Volkszugehörigkeit gehören, weckt den alten Argwohn gegenüber den Juden.

Die Herren Beresowski, Gusinski, Abramowitsch und Chodorkowski zum Beispiel, die, wie erzählt wird, ihre Millionen sicher im Ausland angelegt haben, sind jüdischer Abstammung und als herausragende Vertreter der Neureichen in Russland im Volk nicht gerade beliebt. Und so ist es nicht verwunderlich, dass die Juden, wie immer in Zeiten schreiender sozialer Ungleichheit, ins nähere Blickfeld der Aufmerksamkeit geraten. Gleichzeitig wird nicht wahrgenommen, dass Tausende anderer jüdischer Mitbürger ihre kompetente, ehrliche Arbeit in der Produktionssphäre, der Medizin, in Wissenschaft und Forschung in den Dienst ihrer Mitmenschen stellen und sich nicht aus der Masse der ethnischen Bevölkerungsmehrheit durch abartige Bereicherungssucht abheben.

Ungerecht ist das System im Ganzen, weil es eine so starke soziale Differenzierung hervorbringt, dass der überwiegende Teil der Bevölkerung um seine Existenz bangen muss, während eine verschwindend kleine Minderheit ihren nicht durch Arbeit erworbenen Reichtum verprasst.

Was im Sommer 2001 ebenfalls die Gemüter der Russen bewegt hat, war die Entscheidung der Regierung, die Einfuhr von atomarem Müll aus dem Ausland nach Russland zu gestatten. Viele Russen empfanden dies im Hinblick auf die Havarie des Kernkraftwerkes Tschernobyl und deren Folgen ganz einfach als Instinktlosigkeit gegenüber dem Volk.

Unter Gorbatschow und besonders unter Jelzin, so sagt man, wurde das Land heruntergewirtschaftet und ausverkauft, seitdem geht es mit der Wirtschaft und dem Lebensniveau unaufhaltsam bergab. Nun will die Regierung Atommüll nach Russland, das noch lange mit den Folgen der Havarie in Tschernobyl zu kämpfen haben wird, einführen, um dadurch Milliardeneinkünfte zu erzielen, die aber nicht etwa dem Volk zugute kommen, sondern „nach oben" fließen werden. In dieser Frage hat die russische Regierung zweifellos zahlreiche Gegner im Volk, was sie aber nicht gehindert hat, die Vereinbarungen umzusetzen.

Die wirtschaftliche Lage Russlands wird sich jedenfalls auch durch die Atommülleinfuhr kaum wesentlich verbessern. Man muss nicht Wirtschaftsexperte sein, um ungefähr einschätzen zu können, was der russischen Wirtschaft guttun würde.

Selbst in der gegenwärtigen angespannten Situation werden in Russland Gewinne erwirtschaftet, die zu einem nicht geringen Teil ins Ausland geschafft werden, weil die unsichere Gesamtsituation im Land nicht gerade einladend wirkt, das Kapital in der eigenen Wirtschaft anzulegen. Dazu tragen weder die für das freie Unternehmertum ungünstige Steuergesetzgebung noch die Inflation des Rubels und die allgemeine Instabilität bei. Während die Wirtschaftsentwicklung vergeblich nach Investitionen lechzt, lebt die Creme der High Society of Russia in Saus und Braus und verjubelt die Dollars im In- und Ausland.

Nicht zu übersehen sind zum Beispiel die Palästen ähnelnden, wie Pilze aus dem Boden schießenden Einfamilienhäuser, mit kitschigen Cinderellatürmchen, an den Stadträndern der größeren Städte, die mit dem bestmöglichsten Luxus ausgestattet sind und westlichen Nobelhäusern um nichts nachstehen.

Meist haben die neugebackenen Hausbesitzer auch genügend Geld, um sich Bedienstete und Bodyguards zu leisten und sich jährlich mit der Familie im Ausland zu erholen: in Dubai, Zypern, Spanien, den Kanaren, der Türkei oder Griechenland. Von dort kehren die Hausfrau und die erwachsene Tochter in der Regel mit einem noblen Zobelpelzmantel heim, der Preis von mehreren Tausend Dollar spielt dabei keine Rolle. Der Wolga als privates Fahrzeug ist „out", man ist seit Jahren auf „Inomarki" – Autos westlicher Herstellung – umgestiegen. Die Autoklaubanden in den an Deutschland grenzenden ehemaligen Ostblockstaaten arbeiten meist auf Bestellung und sorgen dafür, dass der Nachschub an Topfahrzeugen fließen kann.

Und wer dies alles nicht glauben will, erinnere sich an eine Reportage, die ein deutscher Fernsehsender vor ein paar Jahren ausstrahlte: Sie zeigte den russischen Präsidentenkandidaten Prynzalow in seiner Prunkgarage, in dem ein Kronleuchter im Wert von sechzigtausend Dollar hing!

Reichtum und Glitzer wirken in einer Zeit, in der die Mehrheit des Volkes Tag für Tag ums Überleben kämpft und der Wirtschaft die so dringenden Investitionen fehlen, eindeutig deplatziert.

Aber solange es für diejenigen, in deren Händen die Geldmassen konzentriert sind, günstiger ist, das Geld privat zu verschleudern oder es ins Ausland zu bringen, wird die Wirtschaft in Russland auf keinen grünen Zweig kommen.

Von Marktwirtschaft westlicher Tradition ist gegenwärtig in Russland noch kaum etwas zu spüren, da einfach die Voraussetzungen dafür fehlen. Das in Russland existierende Gesellschaftsmodell lässt sich schwer in einen definitiven Rahmen einordnen.

Es bleibt nur zu hoffen, dass der Kreislauf, der immer wieder Korruption und Armut hervorbringt und die Gesellschaft zermürbt, irgendwann durchbrochen wird und den einfachen Menschen Russlands, die sich mit ihrer Hände Arbeit das tägliche Brot verdienen, ein würdigeres Leben beschert.

Dieser Durchbruch kann aller Wahrscheinlichkeit nur „von oben" kommen und wird viel Zeit in Anspruch nehmen, es sei denn, dass außergewöhnliche Umstände (Krieg, Naturkatastrophe) dem gemeinen Volk nur noch eine Alternative lassen, seinen aufgestauten (noch ohnmächtigen) Zorn gegen das System selbst zu richten.

Ein Ausweg

Dass ziviler Ungehorsam eher unwahrscheinlich ist, bezeugt die immer stärkere Hinwendung der Menschen zum russisch-orthodoxen Glauben und zur Kirche.

In einer Gesellschaft, die von Hoffnungslosigkeit beherrscht wird, muss es ein Ventil geben, durch das wenigstens ein Hoffnungsstrahl strömt, der das schwere Leben im Diesseits etwas versüßt, den Menschen innere Ruhe verschafft, sie kurzzeitig den Alltagssorgen entreißt, den Handlungen einen gewissen – höheren – Sinn schenkt, in einer unmoralischen Gesellschaft Moral propagiert, vergangene Werte wieder aufleben lässt.

Seit der Oktoberrevolution war das Volk getreu der Leninschen Definition, dass die Religion „das Opium des Volkes" sei, konsequent atheistisch erzogen worden, Kirchen wurden geschlossen, zerstört oder zweckentfremdet. Der Glaube an die Erfolge des sozialistischen Aufbaus und der bevorstehenden Errichtung der gerechten kommunistischen Gesellschaft ersetzten den Gottesglauben – bis zu dem Moment, als mit dem Zusammenbruch der Sowjetunion auch der Glaube an die helle Zukunft im Zeichen des Kommunismus und an die eigene Kraft zur Veränderung der Gesellschaft zusammenbrach, die bisher gültigen gesellschaftlichen Werte ihre Bedeutung verloren und teilweise ins Gegenteil umgekehrt wurden.

An die Stelle der kollektiven Geborgenheit traten Egoismus und Karrierestreben, die Begriffe „Unternehmertum" und „Business" wurden in den Rang von Zauberformeln und zum Heiligtum der aufstrebenden neuen Reichen erhoben und dienen als Rechtfertigung für

Unternehmungen, die man früher als schlicht unmoralisch bezeichnet und verurteilt hätte.

Die „neue Freiheit" brachte neue Abhängigkeiten mit sich, die noch härter zu ertragen sind als das Defizit an individueller Freiheit und Demokratie innerhalb des sowjetischen Systems, denn sie entscheiden über die physische Existenz der Menschen. Ohne Demokratie kann der Mensch zur Not leben, aber nicht ohne Nahrung und ein Dach über dem Kopf.

Und wer alles verloren hat, wie zum Beispiel die Frauen von Grosny (Hauptstadt der Tschetschenischen Republik – d. Autor) ihre Männer und Söhne, ihre Häuser und ihre Zukunft, dem bedeutet auch die Zukunft anderer Mitmenschen nichts mehr, und der verlorene Glaube an menschliche Gerechtigkeit wird zum verzweifelten Glauben an die höchste Instanz und rechtfertigt jedes unschuldige Opfer.

Die erneute Zuwendung der Menschen zur Kirche ist der verzweifelte Versuch, in der neuen, kalten Gesellschaft einen Halt zu finden; der Glaube an etwas Höheres, Beständigeres als an die gesellschaftlichen Ideale, die wie Seifenblasen geplatzt sind, tritt wie immer in gesellschaftlichen Umbruchzeiten mit zunehmender Kraft hervor.

So suchten auch die Menschen des dem Untergang geweihten Römischen Imperiums Trost im Glauben, und nicht von ungefähr fand das entstehende Christentum, das ungleiche Menschen unter dem Schirm der Gleichheit zu vereinen bestrebt war, günstige Bedingungen für seine Verbreitung vor.

Die russisch-orthodoxe Kirche ist sich ihrer wachsenden gesellschaftlichen Rolle und ihres zunehmenden Zuspruchs durch Menschen, die die Verlierer der heutigen Gesellschaft sind, durchaus bewusst und ihre Autorität wird durch den Staat gezielt gefördert.

Es ist anzunehmen, dass die russischen Staatsführer nicht nur aufgrund ihrer Sympathie für den christlichen Glauben russisch-orthodoxen Zeremonien beiwohnen, sich in aller Öffentlichkeit bekreuzigen und somit ein Stück Konformität mit den Untertanen demonstrieren. Auch die Beisetzung der sterblichen Überreste der 1918 ermordeten Zarenfamilie in St. Petersburg erfolgte unter religiösen Zeremonien der russisch-orthodoxen Kirche und in Anwesenheit des russischen Präsidenten.

Anfang der neunziger Jahre begann der noch fortdauernde Prozess der Restaurierung orthodoxer Kirchen, die goldenen Kuppeln der Moskauer Kirchen erstrahlen inzwischen wieder in ihrem alten Glanz und verkünden einen neuen Aufbruch des Dritten Rom.

Inzwischen haben sich in vielen russischen Städten Sonntagsschulen etabliert, in denen die Kinder regelmäßig mit Bibel und Religion vertraut gemacht werden. Auch in der Schule gibt es nun Religion als Unterrichtsfach.

Wachsenden Andrangs erfreuen sich die als heilig geltenden Quellen, die zu Pilgerzielen geworden sind. Eine seit langer Zeit berühmte Quelle befindet sich im Gebiet Kursk und ist unter dem Namen „Korennaja Pustyn" bekannt. Umgeben von einer lieblichen Landschaft von Hügeln, Feldern und Wäldern ziehen die Quellen Menschen, die sich vom heiligen Wasser Stärkung und Heilung bestimmter Krankheiten versprechen, aus nah und fern an.

Es sind mehrere Quellen, die nicht weit voneinander entfernt liegen und zu denen ganze Familien, jung und alt, mit großen und kleinen Wasserbehältern und leeren Flaschen pilgern, um das heilige Wasser zu schöpfen. Man sagt, das Wasser der Quelle der Heiligen Serafima sei gut gegen alle Krankheiten, während das Wasser anderer Quellen nur bestimmte Krankheiten heilt. Da in ferner Vergangenheit das Wasser einer dieser Quellen einem Menschen sein verlorenes Augenlicht wiedergegeben hat, gilt das Wasser dieser Quelle als heilsam bei Augenkrankheiten.

Die meisten Quellen sind mit religiösen Requisiten versehen, vor denen sich die Menschen bekreuzigen, bevor sie das Wasser mit der hohlen Hand schöpfen, um es andächtig zu trinken und anschließend die Vorratsbehälter zu füllen. Meist werden zu Hause einige Flaschen als Reserve aufbewahrt – für alle Fälle. Man sagt auch, dass das heilige Wasser selbst nach einigen Jahren der Lagerung in den Behältern seine geschmacklichen und genesungsfördernden Qualitäten nicht einbüßt.

Auch das Baden im klaren Wasser des zirka fünfzehn Meter breiten Flusses gehört zum Ritual der Pilger. Hierbei ist erstaunlicherweise nichts von der üblichen Prüderie der Russen zu spüren, hier badet man einträchtig gemeinsam – Männer, Frauen, Kinder, Junge und Alte, mit Badebekleidung und im Notfall auch ohne. Besonders großer Andrang herrscht bei sommerlichen Temperaturen, wo ein kühles Bad ein Genuss ist und man das Nützliche mit dem Angenehmen verbindet. Das Wasser soll nach Aussagen der Pilger dem Körper eine ungewohnte Leichtigkeit geben und die seelischen und körperlichen Kräfte stärken.

Was die heilende Wirkung des Wassers anbelangt, kann man geteilter Meinung sein. Aber in einem Land, in dem das Gesundheitswesen große Defizite aufweist und die Behandlung sehr teuer und für viele einfache Menschen unerschwinglich ist, kann auch die psychologische Wirkung eines Bades im „heiligen" Wasser die Gesundheit positiv beeinflussen.

Zur „Korennaja Pustyn" gehören natürlich auch Gotteshäuser, die auf dem Hang oberhalb der Quellen angesiedelt sind und die sich mit ihrem weißen Anstrich, den grünen Kirchendächern und den goldenen Kuppelspitzen wunderschön in die liebliche Landschaft einfügen.

Das Betreten des Kirchengeländes unterliegt einem strengen Besucherreglement. Jeder Besucher muss angemessen gekleidet sein, das heißt für Männer keine Shorts, für Frauen mindestens knielanger Rock, Kopftuch und Schulterbedeckung. Eine Aufsichtsperson wacht am Eingangstor über die Einhaltung der Vorschriften.

Außerdem gibt es auf dem Gelände einen kleinen Laden, in dem man die Möglichkeit hat, Ikonen aller Farben, Größen und mit unterschiedenen Motiven zu erwerben, außerdem Bücher mit religiösem Inhalt, Kruzifixe und Silberketten mit dem orthodoxen Kreuz.

Eine Ikone im Haus beschützt dieses und seine Bewohner vor Unbilden, eine Kreuzkette, auf der Brust getragen, bringt ihrem Besitzer Glück. Es werden sogar – und das ist neu – Miniikonen für Autos verkauft, die an die Innenseite der Frontscheibe geklebt werden können und durch die die Insassen vor Verkehrsunfällen gefeit sind. Die Effektivität dieser Schutzmaßnahme ist allerdings noch nicht wissenschaftlich nachgewiesen.

Sicher ist jedoch eins: nämlich dass der Laden mit der Unsicherheit und der Angst der Käufer kein schlechtes Geschäft macht. Und Business gehört heute zum Leben in alten Russland.

Vieles haben wir auf unserer diesjährigen Reise erlebt, nichts verwunderte uns, wir kannten das System aus eigener langjähriger Erfahrung. Überlebt hat das, was sich in Jahrzehnten etabliert hatte und zum Wesen dieser Gesellschaft – nennen wir sie einfach sowjetische, denn sozialistisch im Sinne von humanistisch war sie ja nie – gehörte: das Spinnennetz der Bürokratie. Was sie von früher unterscheidet: Sie arbeitet heute anstatt unter Hammer und Sichel unter der weiß-blau-roten oder blaugelben Flagge. Für eine verschwindend kleine Minderheit ist der Wohlstand noch größer geworden, die meisten Menschen halten sich gerade so am Leben. Von der vielgepriesenen Freiheit haben die wenigsten etwas. Ökonomische Zwänge lassen die Menschen nicht frei werden. In dieser kurzen Zeit und unter den postsowjetischen Bedingungen haben sich auch die Menschen nicht sehr verändert, sie tragen ihr Kreuz stillschweigend weiter und sie üben sich in Geduld. Der Homo democraticus ist noch nicht lebensfähig, es lebe der Homo sovieticus!

Überall trifft man diese Spezies an, besonders hier, ja wo sind wir denn hier – Moment mal, das Szenario kommt uns sehr bekannt vor. Wieder eine Grenze!
Unter den Wartenden findet man allerdings nur sehr wenige Touristen aus dem westlichen Ausland, die meisten Fahrzeuge tragen russische, ukrainische, weißrussische und polnische Kennzeichen, einige kommen aus Lettland, Litauen oder Moldau. Viele reisen aus kommerziellen Zwecken ins Nachbarland: um dort zu handeln, zu verkaufen oder zu kaufen. Häufig werden auch Fahrzeuge mit Überführungskennzeichen aus Deutschland, Holland oder Frankreich in die osteuropäischen Länder gebracht, die dort weiterverkauft werden.
Gerade der Handel mit Autos aus Westeuropa, der in den Ländern der ehemaligen Sowjetunion schwunghaft betrieben wird, und die zweifelhafte Herkunft so manchen Autos führen dazu, dass die Zollabfertigung an den Grenzen immer komplizierter und für den Reisenden als Nebeneffekt immer teurer wird.
Diejenigen, die zu kommerziellen Zwecken reisen, haben es in der Regel nicht sehr eilig, da der Handel ihr Broterwerb ist. Diesen Menschen kann es gleichgültig sein, ob sie fünf oder fünfzehn Stunden oder länger in der Warteschlange stehen, ob die Abfertigung zügig oder stockend erfolgt. Das Warten können gehört seit jeher zur hiesigen Mentalität.

Man unterhält sich mit anderen Kraftfahrern, die ebenso geduldig dem Lauf der Dinge harren, trinkt gemächlich eine Büchse Bier, hört Musik aus dem Autoradio oder schläft sogar am Lenkrad, wenn die Stockung länger dauert, was häufig vorkommt. Für diese Menschen gibt es keinen Grund, das Grenzregime zu verdammen. Man ist daran gewöhnt und man will sich nicht mit der Miliz und den Grenz-und Zollbeamten streiten, so wie man sich auch zu Hause am besten nicht mit den Behörden anlegt. Man legt Schafsgeduld an den Tag.

Anders empfinden die wenigen Reisenden, die in Urlaub fahren oder deren Urlaub zu Ende geht oder die es aus irgendwelchen anderen Gründen eilig haben, die schier endlose Warterei. Wer das ganze Jahr arbeitet und wem für die Urlaubsreise nur ein bestimmtes Zeitlimit zur Verfügung steht, möchte nicht Stunden und Tage der kostbaren Urlaubszeit in Warteschlangen stehend verbringen. Aber welche Alternativen bieten sich in dieser Situation?

Man steht zunächst wie alle anderen am Ende der Reihe, mit dem Vorsatz, das Schicksal mit Ruhe und Gelassenheit zu ertragen. Man glaubt, mit Unterhaltung und Essen die Zeit voranzubringen und wird von Stunde zu Stunde nervöser, ungeduldiger und gereizter, weil sich der Abstand zum Schlagbaum kaum verringert und nach Passieren des Schlagbaumes immer noch die Hauptsache bevorsteht: die Abfertigung am Grenz- und Zollposten des Ausreiselandes und am Grenz- und Zollposten des Einreise- bzw. Transitlandes, was wiederum Stunden in Anspruch nimmt. Man empfindet die Situation als bedrückend und nicht enden wollend. Je länger man steht, desto größer wird die Entschlossenheit, irgendetwas zu unternehmen, auszuscheren, vorwärtszustürmen.

In den Jahren zuvor, während früherer Russlandreisen, als wir genauso standen und sinnlos warteten, wünschte ich mir immer einen Diplomatenpass, der zur Abfertigung außer der Reihe berechtigt. Dieser Wunsch war leider eine Utopie und so mussten wir kleine Tricks anwenden, um vorwärtszukommen. Meistens half eine Kiste mit vor dem Urlaub gesammelten Medikamenten und Verbandmitteln, die für eine russische Klinik bestimmt waren und die die Herzen der Grenzbehörden erweichen ließen, beziehungsweise half auf dem Rückweg eine

Empfangsbescheinigung der russischen Klinik, in deren Besitz die Humanitäre Hilfe übergegangen war.

Manchmal besaßen wir auch einfach die Frechheit, an den Wartenden mit der „Schafsmentalität" vorbei zu rauschen, bis vor zum Milizposten, um uns vor dessen Nase in die Warteschlange einzuschmuggeln, natürlich, nicht ohne dem Fahrer, der uns vor seinem Fahrzeug in die Reihe hineinschlüpfen ließ, einen kleinen Obolus als Dankeschön zukommen gelassen zu haben. Der Ärger mit dem Milizposten ließ sich ertragen, Hauptsache, wir kamen vorwärts.

Heute und hier zeigt sich wieder einmal, und diesmal allzu offensichtlich, dass das in der heutigen Form existierende Grenzabfertigungsregime zur „Businesszone" geworden ist und wer dessen Nutznießer sind.

Unsere Fahrt endet – wie immer! abrupt als Schlusslicht in einer Autoschlange, in der Dutzende Fahrzeuge stehen, die alle halbe Stunden ein paar Meter nach vorn rücken. In unmittelbarer Nähe der wartenden Autos erblicken wir ein bekanntes Bild: Eine Reihe der berüchtigten Buden und „Waggontschiki", mit Aufmerksamkeit heischenden, in grellbunten Farben aufgetragenen Aufschriften, wie: „Erwerb der grünen Karte", „Kauf einer Krankenversicherung", „Ökogebühr", „Devisenumtausch", „Imbiss" usw. , in denen man kaufen kann, was später bei der Grenz- und Zollabfertigung sowieso verlangt wird.

Auch wenn sich Fahrzeugführer in Russland gewohnheitsgemäß bei einem Unfall ohne Versicherung untereinander einigen, benötigt man zur Einreise eine grüne Karte. Auch wenn in Russland die Krankenversicherungspflicht eine Farce ist, weil der Patient, angefangen von der Bettwäsche bis zu den Medikamenten, Verbandmitteln und Einwegspritzen alles selbst ins Krankenhaus mitbringen muss, um behandelt zu werden, und dem Arzt vorher ein privates Honorar zu zahlen hat, um gut behandelt zu werden, hat man bei der Einreise eine Krankenversicherung abzuschließen. Auch wenn unser Fahrzeug mit Katalysator um ein Vielfaches weniger Abgase an die Umwelt abgibt als die russischen Lastkraftwagen und Omnibusse, muss eine Ökogebühr entrichtet werden.

Kann der Reisende die entsprechenden Nachweise nicht vorlegen, muss er sie käuflich erwerben. Und damit keiner durchs Netz schlüpft, ohne bezahlt zu haben, befinden sich unter dem Dach des Grenzpostens genau solche Buden wie am Ende der Warteschlange.

In der Nähe der Warteschlangen tauchen ausgerechnet bei den Fahrzeugen mit ausländischen (westlichen) Kennzeichen immer wieder Männer unterschiedlichen Alters mit Gürteltaschen auf, die sich um die Ungeduldigen unter den Wartenden „kümmern" – die „Seelsorger" der Warteschlange. Das Angebot, das zur Erleichterung der Lage führt, steht: 150 DM kostet es, um an der Schlange vorbei bis zum Zoll geschleust zu werden. Der Schleuser lässt sogar mit sich handeln, aber nicht bis auf weniger als 130 DM, das ist der Minimalpreis für diese Dienstleistung, denn jeder Beteiligte möchte seinen Teil haben: der Schleuser selbst, der Milizposten am Schlagbaum, der Grenzposten und auch der Zöllner.

Ist es nicht nur gerecht, wenn der gut verdienende westliche Tourist einen winzigen Teil seines Einkommens an die schlecht verdienenden Grenz- und Zollbediensteten abgibt, um als Gegenleistung schneller abgefertigt zu werden? Wer nach Russland fahren will, hat sowieso zahlungskräftig zu sein: das Einreisevisum kostet 150 DM (heute 100 Euro), das Transitvisum durch die Ukraine 60 DM, und an der Grenze hat der westliche Tourist wiederum Gelegenheit, seinen Reichtum mit Ärmeren teilen. Dafür ist das Benzin in der Ukraine und in Russland noch! billiger als in Deutschland, ein zweifelloser Vorteil.

Der unbeteiligte Beobachter in der Warteschlange sieht genau, wer gezahlt hat oder wer sonst noch zu den auserwählten Personen zählt, die den Schlagbaum außer der Reihe passieren dürfen. Immer wieder scheren einzelne Fahrzeuge aus, fahren an den Posten heran, die Fahrer verhandeln kurz und werden dann mit kurzem Handwinken zum Passieren des Schlagbaums aufgefordert.

Zu den bevorzugten Personen gehören, wie uns die Posten erklären, unter anderem auch Personen mit Passierscheinen bestimmter ukrainischer und polnischer Städte und Kriegsinvaliden. Diese Auskunft entlockte mir ein zweifelndes Lächeln, denn die Veteranen des Großen Vaterländischen Krieges waren inzwischen uralt und aller Wahrscheinlichkeit nach reiseunfähig. Aber außer diesen Kriegern gibt es seit den achtziger Jahren noch die jüngeren Invaliden des Afghanistankrieges. Inoffiziell gehören – natürlich – auch die anderen, die das Problem auf geschäftliche Art und Weise erledigen. Diesmal, das haben wir uns geschworen, bekommen die kein Geld mehr. Es geht auch anders. Ich wechsle das Thema und frage an, ob für unsere Familie, die wieder Medikamente als Humanitäre Hilfe nach Russland gebracht hat, vielleicht eine Ausnahme zulässig sei. (Wir hatten tatsächlich, wie jedes Jahr, Medikamente mitgebracht und im Dorf S. abgeliefert, wo sie dem medizinischen Stützpunkt zugute kamen.)

Ja, das sei möglich, auch wenn wir die Medikamente leider nicht in die Ukraine, sondern nach Russland gebracht hätten – bekomme ich zur Antwort. Das genügt mir. Wieder im Auto, holen wir das Blankoblatt der Gemeindeverwaltung S. hervor, das man uns für alle Eventualitäten mit auf den Weg gegeben hat, schreiben drei Zeilen Text, aus dem hervorgeht, dass die oben genannten Bürger der Bundesrepublik Deutschland eine Kiste mit Medikamenten als Humanitäre Hilfe nach Russland gebracht hätten. Unterschrift und Gemeindesiegel sind auf dem Formular vorhanden.

Und siehe – dank dieser selbst verfassten Zeilen gehören wir ab sofort zu den Auserwählten, dürfen außer der Reihe, ohne einen Pfennig Schmiergeld bezahlt zu haben, den Schlagbaum passieren, gerade noch rechtzeitig, bevor an der Grenze der eineinhalbstündige Schichtwechsel beginnt. Wahrscheinlich ist in dem Grenzpolizisten der Mensch zum Vorschein gekommen, der nicht nur für schmutziges Geld passieren lässt, sondern auch einmal ausnahmsweise für eine menschliche Tat, die seinen Landsleuten Nutzen gebracht hat.

Mit demselben **Zettelchen** gelingt es uns auch, das Herz des ukrainischen Grenzpostens zu erweichen, welcher uns bis an den Anfang der Warteschlange passieren lässt. Wie üblich dauert die Abfertigung sehr lange, aber der kleine harmlose Trick hat uns doch geholfen, viele sinnlose Wartestunden einzusparen. Gegen ein Uhr nachts lassen wir die ukrainisch-polnische Grenze hinter uns – nach nur 6 Wartestunden! Nach einer kurzen Nachtruhe im Fahrzeug setzen wir in den frühen Morgenstunden unsere Reise fort, überqueren gegen 14 Uhr die polnisch-deutsche Grenze und sind am Abend, als die Sonne am Horizont versinkt, wieder zu Hause.

Nachwort

Unser Zuhause ist auch unsere Erinnerung. Wir sind aber nicht in der Erinnerung zu Hause, sondern in der real existierenden Welt voller Gegensätze, die wir als gegeben zu akzeptieren haben. Wir fahren einmal jährlich nach Russland, nicht um dem neuen System unsere Aufwartung zu machen oder gar Sympathie zu bekunden, sondern um uns zu überzeugen, dass es den Schwiegereltern, dem Bruder und der Schwester mit ihren Familien heute nicht schlechter geht als gestern, dass die Bekannten, Freunde und Freundinnen von gestern, aus der unbekümmerten Jugendzeit, noch leben, Arbeit haben und sich nicht der allgemeinen Hoffnungslosigkeit hingeben.

Einige haben den großen Sprung über den Abgrund, der das Gros der Bevölkerung und die Oberschicht der Gesellschaft unüberwindbar trennt, geschafft. Man kann sie allerdings an den Fingern abzählen. Auch sie leben in großen, durch überflüssigen Luxus geschmacklos wirkenden, mit Eisenzäunen abgeschotteten und Mikrokameras überwachten „Palästen" und sind durch ihre Sorgen, die sich von den Sorgen der anderen grundlegend unterscheiden, gealtert, krank. Wer viel hat, kann viel verlieren. Sie bemühen sich krampfhaft, uns gegenüber zu beweisen, dass sie die alten Zeiten und Freunde nicht vergessen haben, man möchte es auch gern glauben. Das Verständnis füreinander ist aber nicht mehr vorhanden und man redet aneinander vorbei.

Andere fristen ihr Dasein als Angehörige der uniformierten staatlichen Organe, geben sich – notgedrungen – dubiösen Geschäften hin. Mit diesen lässt es sich stundenlang debattieren: über Autos, Ware, Preise und Geschäfte aller Art, die mit dem Ausland in Verbindung stehen. Einer hat es geschafft: Mit Mitte dreißig und feistem Gesicht als Zollbeamter pensioniert, plant er, entweder bei der nächsten Wahl als Gebietsgouverneur zu kandidieren oder, als Alternative für einen möglichen Wahlmisserfolg, in das große Business (ich kann das Wort nicht ausstehen!) einzusteigen. Wir gaben ihm zu verstehen, dass wir ihn um sein Los nicht beneiden.

Und ein kleiner Teil der bekannten und ehemaligen Dorfnachbarn kommt dem Abgrund Jahr für Jahr bedrohlich näher – diejenigen, die dem Alkohol nicht mehr entsagen können. Mit diesen Menschen können wir nicht mehr reden. Sie weinen, wenn sie wider ihren Willen nüchtern sein müssen, sie weinen auch, wenn ihr Hirn wodkaumnebelt ist.

All diese Menschen sind durch die Umstände anders geworden, ebenso wie auch wir uns verändert haben. An dieser Tatsache kommt niemand vorbei. Wir fragen uns manchmal, welches das wahre Wesen des Menschen ist: der nach Macht und Reichtum strebende Teil der Persönlichkeit, welcher immer wieder auf seine Kosten kommt, oder der Teil, der edel, hilfreich und gut, aber eben arm ist. Beide Teile scheinen einander auszuschließen.

Welche Wünsche haben wir heute, in Anbetracht dessen und derer, die wir jährlich wiedertreffen, worauf können wir hoffen?

Wir leben nur einmal auf dieser Welt und wünschen uns, dass sich die Menschen das Leben gegenseitig nicht schwer, sondern im Gegenteil leichter machen.

Wir wünschen uns, dass unsere Kinder, die inzwischen groß sind, auch als künftige Erwachsene ihr Verständnis für die Probleme der Menschen und ihre Verwandten in dem Land bewahren, in dem sie selbst einst zu Hause waren, und dass die Kontaktfäden nicht zerreißen werden.

Wir wünschen uns, dass die Menschen in den Ländern der ehemaligen Sowjetunion zu einem besseren Lebensstandard kommen, ohne ihre Lebensgewohnheiten, durch die sie nicht nur schwach, sondern auch stark sind, dem trügerischen Glanz einer ausschließlich gewinn- und konsumorientierten Gesellschaft auf den Opferaltar tragen müssen.

An Russland kann man nichts als glauben...